ちくま文庫

論語

齋藤孝 訳

筑摩書房

#『論語』目次

はじめに 5
学而第一 7
為政第二 21
八佾第三 40
里仁第四 62
公冶長第五 80
雍也第六 105
述而第七 129
泰伯第八 157
子罕第九 174
郷党第十 199

先進第十一　217
顔淵第十二　244
子路第十三　269
憲問第十四　297
衛霊公第十五　337
季氏第十六　366
陽貨第十七　384
微子第十八　411
子張第十九　425
堯曰第二十　446
解説　455

はじめに

『論語』は、孔子を中心とする孔子一門の言行録です。孔子の直接の弟子、その弟子の弟子が記録したもの、と伝えられています。その意味では『新約聖書』に似ていて、『聖書』がイエスの著作でないように、『論語』も孔子自身が書いたものではありません。また、ほとんどは孔子が言ったこと、行なったことを記録したものですが、それ以外に、弟子たちの言葉も収められています。

孔子は、古代中国の思想家で、いまから約二千五百年前の人物です。しかし、その言葉は『論語』に残り、中国で、そして日本で長く読まれ、多くの人に影響を与え続けてきました。まさに古典中の古典と言えるでしょう。

それだけ有名な本ですから、よい訳も、よい解説書もたくさんあります。その上で、あえてここにあたらしい現代語訳に踏み切ったのは、「すっと読めて」「完全にわかる」『論語』というものを提示したいと思ったからです。

訳文を作るにあたっては、バランスのよさ——『論語』の言葉でいえば、まさに「中庸《ちゅうよう》」です——を第一に心がけました。精確さを期するあまり、訳文が固くならないよう、また敷居を下げるためにくだけすぎないようにと考えて訳しています。意味は取りやすく、原文の品と力、そして香りは残したい、という方針です。

また本来であれば注釈で解説すべきところ、またそれぞれの発言の文脈なども、本文の中に入れ込んで訳すようにしました。また、発言や行動について、やや「解釈」的に言葉を付け足した方が、理解に便利であろう、と思われるところについては、（　）内に言葉を補った箇所もあります。

古典はわずらわしいもの、堅苦しいもの、と感じることなく、気軽に触れていただくことによって、多くの人——学生、ビジネスパーソン、あるいは仕事を引退した人たち、どんな立場の人であっても、「学びたい」という意欲のある人はみな『論語』の想定読者です——に、直接、孔子の発する言葉や行動の「意味」に触れてほしい、そういう願いをもって、この本を訳しています。

また今回、現代語訳に加えて本文と書き下し文を収録したのは、『論語』の表現、特にその書き下し文自体が、日本語の優れた財産となっており、訳とあわせて触れてほしいと考えたからです。中でも重要だと思われる書き下し文については書体でも強調しました。ぜひこれらの表現を刻み込んでほしいと思います。

学而第一

I

子《し》曰《い》わく、「学《まな》びて時《とき》に之《こ》れを習《なろ》う、亦《ま》た説《よろこ》ばしからず乎《や》。朋有《ともあ》り遠方《えんぽう》より来《き》たる、亦《ま》た楽《たの》しからず乎《や》。人知《ひとし》らずして慍《うら》みず、亦《ま》た君子《くんし》ならず乎《や》」

子曰、學而時習之、不亦說乎、有朋自遠方來、不亦樂乎、人不知而不慍、不亦君子乎、

先生がいわれた（以下、先生は孔子のこと）。「学び続け、つねに復習する。そうすれば知識が身につき、いつでも活用できる。実にうれしいことではないか。友人が遠くから自分を思い出して訪ねてきてくれる。実に楽しいことではないか。世の中の人が自分のことをわかってくれず評価してくれなくても、怒《いか》ったりうらんだりしない。それでこそ

2

有子《ゆうし》曰《い》わく、「其《そ》の人《ひと》と為《な》りや孝弟《こうてい》にして、而《しか》も上《かみ》を犯《おか》すことを好《この》む者《もの》は鮮《すくな》し。上《かみ》を犯《おか》すことを好《この》まずして、而《しか》も乱《らん》を作《な》すことを好《この》む者《もの》は、未《い》まだ之《こ》れ有《あ》らざる也《なり》。君子《くんし》は本《もと》を務《つと》む。本《もと》立《た》ちて道《みち》生《しょう》ず。孝弟《こうてい》なる者《もの》は、其《そ》れ仁《じん》の本《もと》為《な》る与《か》」

有子曰、其爲人也孝弟、而好犯上者鮮矣、不好犯上、而好作亂者、未之有也、君子務本、本立而道生、孝弟也者、其爲仁之本與、

君子ではないか」

　先生の門人の有子《ゆうし》がいわれた。「孝（父母によく仕えること）と弟《てい》（兄や年長者によく仕えること）ができている人柄でありながら、目上の人に対して道理に外れたことをするのを好む者は、ほとんどいない。目上に逆らうことを好まない者で、乱を起こすのを好む者は、いない。

　君子は本《もと》、つまりものごとの根本に力を尽くす。本、つまり根元が定まって、道、道理が生じる。孝と弟の二つの徳こそ、最高の徳である仁（自然に湧くまごころ、愛情）の本であろう」

3

子《し》曰《い》わく、

「巧言令色《こうげんれいしょく》、鮮《すくな》し仁《じん》」

子曰、巧言令色、鮮矣仁、

4

曾子《そうし》曰《い》わく、

「吾《わ》れ日《ひ》に三《み》たび吾《わ》が身《み》を省《かえ》りみる。人《ひと》の為《た》めに謀《はか》りて忠《ちゅう》ならざる乎《か》。朋友《ほうゆう》と交《まじわ》りて信《しん》ならざる乎《か》。習《なら》わざるを伝《つと》うる乎《か》」


先生がいわれた。

「口ばかりうまく外見を飾る者には、ほとんど仁はないものだ」

（陽貨第十七・17に重出）


先生の門人の曾子《そうし》がいわれた。

「私は毎日、三つのことについて反省する。人のために誠心誠意考えてあげられたか。友人とのつきあいで信（言葉と行ないが一致すること）であったか。しっかり身についていないことを、受

曾子曰、吾日三省吾身、爲人謀而不忠乎、與朋友交而不信乎、傳不習乎、

け売りで人に教えたのではないか、と」

5

子《し》曰《い》わく、「千乗《せんじょう》の国《くに》を道《みち》びくには、事《こと》を敬《つつし》みて信《しん》、用《よう》を節《せつ》して人《ひと》を愛《あい》し、民《たみ》を使《つこ》うに時《とき》を以《も》ってせよ」

子曰、道千乘之國、敬事而信、節用而愛人、使民以時、

先生がいわれた。

「戦車千台を有するような大国を治めるには、事業を慎重に行ない、民《たみ》から信頼を得ること、無駄な出費を抑えて節約し、民を大切にすること、民に労働させるにも農業のひまな時期を選ぶといった気づかいをすること、などが必要だ」

6

子《し》曰《い》わく、

先生がいわれた。

「弟子《ていし》、入《い》りては則《すなわ》ち孝《こう》、出《い》でては則《すなわ》ち弟《てい》。謹《つつし》んで信《しん》。汎《ひろ》く衆《しゅう》を愛《あい》して仁《じん》に親《ちか》づき、行《おこな》いて余力《よりょく》有《あ》らば、則《すなわ》ち以《も》って文《ぶん》を学《まな》べ」

子曰、弟子入則孝、出則弟、謹而信、汎愛衆而親仁、行有餘力、則以學文、

「年少者の心がけとしては、家の中では孝を尽くし、外では年長者に仕えて弟を尽くし、つつしみ深く、誠実であること。そして、世の中の人々を広く愛し、仁者に近づき親しむ。こうしたことを行なってまだ余裕があれば、『詩経《しきょう》』『書経《しょきょう》』などの書物を学ぶことだ」

7

子夏《しか》曰《い》わく、
「賢《けん》を賢《けん》として色《いろ》に易《か》え、父母《ふぼ》に事《つか》えて能《よ》く其《そ》の力《ちから》を竭《つ》くし、君《きみ》に事《つか》えて能《よ》く其《そ》の身《み》を致《いた》し、朋友《ほうゆう》と交《まじわ》るに、言《い》いて信有《しんあ》らば、未《い》まだ

門人の子夏《しか》がいった。
「美人を好むかわりに、賢人を尊敬し、父母に力を尽くして仕え、主君には身をささげて仕え、友には約束を守る〈信〉の気持ちをもって交わる。そんな人物なら、その人が『いや自分の学

学《まな》ばずと曰《い》うと雖《いえど》も、吾《わ》れは必《かなら》ず之《こ》れを学《まな》びたりと謂《い》わん」

子夏曰、賢賢易色、事父母能竭其力、事君能致其身、與朋友交、言而有信、雖曰未學、吾必謂之學矣、

問はまだまだです』といったとしても、私は学問をした人だと評価するだろう」

8

子《し》曰《い》わく、「君子《くんし》は重《おも》からざれば則《すなわ》ち威《い》あらず。学《まな》べば則《すなわ》ち固《こ》ならず。忠信《ちゅうしん》を主《しゅ》とし、己《おの》れに如《し》かざる者《もの》を友《とも》とすること無《な》かれ。過《あやま》てば則《すなわ》ち改《あらた》むるに憚《はばか》ること勿《な》かれ」

先生がいわれた。

「君子は中身のある重厚さがなければ、威厳がない。学べば、固、すなわち頑固でなくなる。内から出たまごころである忠と、うそをつかない信を、生き方の中心にし、自分よりも劣った者を友人にはしないように。もし自分に過

子曰、君子不重則不威、學則不固、主忠信、無友不如己者、過則勿憚改、

失があれば、ぐずぐずしないで改めなさい」

9

曾子《そうし》曰《い》わく、「終《おわ》りを慎《つつし》み遠《とお》きを追《お》えば、民《たみ》の徳厚《とくあつ》きに帰《き》せん」

曾子曰、愼終追遠、民德歸厚矣、

曾子がいわれた。
「人の上に立つ者が、親をしっかり弔《とむら》い、祖先を供養するなら、民の徳も感化されて向上するだろう」

10

子禽《しきん》、子貢《しこう》に問《と》うて曰《い》わく、「夫子《ふうし》は是《こ》の邦《くに》に至《いた》るや、必《かなら》ず其《そ》の政《まつりごと》を聞《き》く。之《こ》れを求《もと》めたる与《か》。

門人の子禽《しきん》が、先輩の子貢《しこう》に、先生についてこうたずねた。
「先生はどこの国に行かれても、その

抑《そもそ》も之《こ》れを与《あた》えたる与《か》」

子貢《しこう》曰《い》わく、「夫子《ふうし》は温良恭倹譲《おんりょうきょうけんじょう》、以《も》って之《こ》れを得《え》たり。夫子《ふうし》の之《こ》れを求《もと》むるや、其《そ》れ諸《こ》れ人《ひと》の之《こ》れを求《もと》むるに異《こと》なる与《か》」

子禽問於子貢曰、夫子至於是邦也、必聞其政、求之與、抑與之與、子貢曰、夫子溫良恭儉讓、以得之、夫子之求之也、其諸異乎人之求之與、

国の君主から政治についての相談を必ずお受けになられますが、あれは、先生がお求めになられるのでしょうか、それとも君主からのお求めでしょうか」

子貢は、こう答えた。

「先生は、温《おん》（温和）・良《りょう》（やすらかですなお）・恭《きょう》（つつしみ深くおごそか）・倹《けん》（倹約で節度がある）・譲《じょう》（人にゆずる謙譲）という五徳を備えていらっしゃるから、君主の方からお求めになるのだ。

しかし、先生御自身もそのような相談を受ける機会を待つところがおありになったはずだから、まったくお求めにならなかったというわけではない。

先生のお求めになり方は、自然に相手を動かすもので、他の人のようなもの欲しげな求め方とはちがっているのだ」

11

子《し》曰《い》わく、「父《ちち》在《い》ませば其《そ》の志《こころざ》しを観《み》、父《ちち》没《ぼっ》すれば其《そ》の行《おこない》を観《み》る。三年《さんねん》父《ちち》の道《みち》を改《あらた》むる無《な》きは、孝《こう》と謂《い》う可《べ》し」

子曰、父在観其志、父没観其行、三年無改於父之道、可謂孝矣、

先生がいわれた。

「父親が生きているうちは父の志を学び、死後は父のなしたことから学ぶ。死後三年間、父の道を変えないのは孝（親孝行）といえる」

12

有子《ゆうし》曰《い》わく、「礼《れい》の和《わ》を用《も》って貴《とうと》しと為《な》すは、先王《せんのう》の道《みち》も斯《こ》れを美《び》と為《な》す。小大《しょうだい》之《こ》れに由《よ》れば、行《おこな》われざる所有《ところあ》り。和《わ》を知《し》って和《わ》すれども、礼《れい》を以《も》って之《こ》れを節《せつ》せざれば、亦《ま》た行《おこな》う可《べ》からざる也《なり》」

有子曰、禮之用和爲貴、先王之道斯爲美、小大由之、有所不行、知和而和、不以禮節之、亦不可行也、

有子がいった。
「礼（儀式のさだめ）の活用は、和と一緒になってうまくいく。かつての聖王のやり方も、礼と和が両輪となって立派だった。実際には和を大切にするだけではうまくいかないことがある。和の精神がわかっていて仲よくしていても礼でけじめをつけないとうまくいかない」

13

有子曰《ゆうしい》わく、「信《しん》、義《ぎ》に近《ちか》づけば、言復《げんふ》むべき也《なり》。恭《きよう》、礼《れい》に近《ちか》づけば、恥辱《ちじよく》に遠《とお》ざかる也《なり》。因《よ》ること、其《そ》の親《しん》を失《うし》なわざれば、亦《ま》た宗《むね》とすべき也《なり》」

有子曰、信近於義、言可復也、恭近於禮、遠恥辱也、因不失其親、亦可宗也、

有子がいった。

「約束を守る信の心が義の精神に沿っていれば、約束を履行できる。丁重に人に接する恭の心は、礼に沿えば人から軽んじられにくい。人に頼るときは、親しむべき人をまちがえなければ、うまくいく」

14

子曰《しい》わく、「君子《くんし》は食飽《しよくあ》くを求《もと》むること無《な》く、

先生がいわれた。

「君子は食に貪欲《どんよく》でなく、住むところにもこだわらない。仕事を素早くこな

居安《きよやす》きを求《もと》むること無《な》し。事《こと》に敏《びん》にして言《げん》に慎《つつし》む。有道《ゆうどう》に就《つ》いて正《ただ》す。学《がく》を好《この》むと謂《い》う可《べ》きのみ」

子曰、君子食無求飽、居無求安、敏於事、而愼於言、就有道而正焉、可謂好學也已、

し、余計なことを言わない。そして、道理をわきまえている人に学んで、自らを正す。こうした人は『学を好む』と言える」

15

子貢《しこう》曰《い》わく、「貧《まず》しくして諂《へつら》うこと無《な》く、富《と》んで驕《おご》ること無《な》きは、何如《いかん》」

子《し》曰《い》わく、「可《か》なり。**未《い》まだ貧《まず》しくして楽《たの》しみ、富《と》んで礼《れい》を好《この》む者《もの》に若《し》かざる**

子貢が先生にこうたずねた。「貧しくてもへつらわず、金持ちでもいばらないというのは、どうでしょうか？」

先生が答えられた。「悪くはないね。だが、貧しくてもなすべき道を楽しみ、金持ちでも礼儀を

也《なり》」

子貢《しこう》曰《い》わく、「詩《し》に、切《せつ》するが如《ごと》く、磋《さ》するが如《ごと》く、琢《たく》するが如《ごと》く、磨《ま》するが如《ごと》しと云《い》うは、其《そ》れ斯《こ》れを之《こ》れ謂《い》う与《か》」

子《し》曰《い》わく、「賜《し》や、始《はじ》めて与《とも》に詩《し》を言《い》うべきのみ。諸《こ》れに往《おう》を告《つ》げて来《らい》を知《し》る者《もの》なり」

子貢曰、貧而無諂、富而無驕、何如、子曰、可也、未若貧而樂、富而好禮者也、子貢曰、詩云、如切如磋、如琢如磨、其斯之謂與、

好むというのには及ばない」

子貢がいった。

「『詩経』に『切るがごとく、磋《す》るがごとく、琢《う》つがごとく、磨くがごとし』（切磋琢磨《せつさたくま》）と書いてあるのは、そのことを言っているのでしょうね」

先生はいわれた。

「子貢よ、それでこそはじめて詩の話をいっしょにできるね。ひとつ言えば、次をわかってくれる（言葉のやりとりが楽しめるね）」

子曰、賜也、始可與言詩已矣、告諸往而知來者、

16

子曰《しい》わく、「人《ひと》の己《おの》れを知《し》らざるを患《うれ》えず、人《ひと》を知《し》らざるを患《うれ》うる也《なり》」

子曰、不患人之不己知、患不知人也、

先生がいわれた。

「自分をわかってもらえないと嘆くより、人を理解していないことを気にかけなさい」

為政第二

I

子《し》曰《い》わく、「政《まつりごと》を為《な》すに徳《とく》を以《も》ってせば、譬《たと》えば北辰《ほくしん》の、其《そ》の所《ところ》に居《い》て、衆《しゅう》星《せい》の之《こ》れに共《むこ》うが如《ごと》し」

子曰、爲政以德、譬如北辰、居其所、而衆星共之、

先生がいわれた。

「政治をするのに徳（人徳・道徳）があれば、不動の北極星をまわりの星がとりまいてあいさつするように、人々の心はその徳のある為政者にしたがうものだ」

2

子曰《しい》わく、「詩三百《しさんびやく》、一言《いちごん》以《も》って之《こ》れを蔽《おお》えば、曰《い》わく、**思《おも》い邪《よこしま》無《な》し**」

子曰、詩三百、一言以蔽之、曰、思無邪、

先生がいわれた。「私たちが教科書にしている『詩経《しきよう》』の詩三百篇を一言で言えば、『思い邪《よこしま》なし』だ（つまり純粋であれということだ）」

3

子曰《しい》わく、「之《こ》れを道《みち》びくに政《まつりごと》を以《も》ってし、之《こ》れを斉《ととの》うるに刑《けい》を以《も》ってすれば、民《たみ》免《まぬが》れて恥《は》じ無《な》し。之《こ》れを道《みち》びくに徳《とく》を以《も》ってし、之《こ》れを斉《ととの》うるに

先生がいわれた。「民を導くのに法令を使い、刑罰で統制しようとするなら、民は法をうまくすりぬけて恥じなくなる。しかし、徳で導き、礼で統制するなら、民は恥を知り、正しい行ないをするようにな

礼《れい》を以《も》ってすれば、恥《は》じ有《あ》りて且《か》つ格《いた》る」

子曰、道之以政、齊之以刑、民免而無恥、道之以德、齊之以禮、有恥且格、

る」

4

子《し》曰《い》わく、「吾《わ》れ十有五《じゅうゆうご》にして学《がく》に志《こころ》ざす。三十《さんじゅう》にして立《た》つ。四十《しじゅう》にして惑《まど》わず。五十《ごじゅう》にして天命《てんめい》を知《し》る。六十《ろくじゅう》にして耳順《みみしたご》う。七十《しちじゅう》にして心《こころ》の欲《ほっ》する所《ところ》に従《したが》って、矩《のり》を踰《こ》えず」

先生がいわれた。「私は十五歳で学問に志し、三十にして独り立ちした。四十になって迷わなくなり、五十にして天命を知った。六十になり人の言葉を素直に聞けるようになり、七十になって思ったことを自由にやっても道を外すことはなくなった」

子曰、吾十有五而志于學、三十而立、四十而不惑、五十而知天命、六十而耳順、七十而從心所欲、不踰矩、

5

孟懿子《もういし》、孝《こう》を問《と》う。

子《し》曰《い》わく、

「違《たご》うこと無《な》し」

樊遅《はんち》、御《ぎょ》たり。子《し》之《こ》れに告《つ》げて曰《い》わく、

「孟孫《もうそん》、孝《こう》を我《わ》れに問《と》う。我《わ》れ対《こた》えて曰《い》わく、違《たご》うこと無《な》し」

樊遅《はんち》曰《い》わく、

「何《な》んの謂《い》いぞや」

魯《ろ》の国の家老孟懿子《もういし》が孝について先生に聞いた。

先生は「親にそむかない、ということです」と答えた。

そのあと、御者をしていた門人の樊《はん》遅《ち》に先生がこのやりとりのことを話すと、樊遅が「どういう意味ですか」と聞くので、こう答えた。

「親が生きているときには礼の決まりにしたがってつかえ、亡くなったとき

子《し》曰《い》わく、「生《い》けるには之《こ》れに事《つか》うるに礼《れい》を以《も》ってし、死《し》すれば之《こ》れを葬《ほう》むるに礼《れい》を以《も》ってし、之《こ》れを祭《まつ》るに礼《れい》を以《も》ってす」

孟懿子問孝、子曰、無違、樊遲御、子告之曰、孟孫問孝於我、我對曰無違、樊遲曰、何謂也、子曰、生事之以禮、死葬之以禮、祭之以禮、

6

孟武伯《もうぶはく》、孝《こう》を問《と》う。
子《し》曰《い》わく、

は礼にしたがって葬り、その後礼にしたがって供養する。（つまり、礼の決まりに沿うということだ）」

孟武伯《もうぶはく》が孝について先生にたずねた。
先生はいわれた。
「父母には病のこと以外で心配をかけ

「父母《ふぼ》をして唯《た》だ其《そ》の疾《や》まいをのみ之《こ》れ憂《うれ》えしむ」

孟武伯問孝、子曰、父母唯其疾之憂、

ないようにせよ、ということです」

7

子游《しゆう》、孝《こう》を問《と》う。子曰《しい》わく、「今《いま》の孝《こう》なる者《もの》は、是《こ》れを能《よ》く養《やしの》うと謂《い》う。犬馬《けんば》に至《いた》るまで、皆《み》な能《よ》く養《やしの》うこと有《あ》り。敬《けい》せずんば、何《なに》を以《も》って別《わか》たん乎《や》」

子游問孝、子曰、今之孝者、是謂能養、至

子游《しゆう》が孝についてたずねた。先生はいわれた。「最近、孝は、親を養うことと思われているが、犬や馬でもみな養うくらいのことはする。尊敬するのが、人間の孝というものだ」

於犬馬、皆能有養、不敬、何以別乎、

8

子《し》夏《か》、孝《こう》を問《と》う。

子《し》曰《い》わく、

「色難《いろかた》し。事有《ことあ》れば、弟子《ていし》其《そ》の労《ろう》に服《ふく》す。酒食《しゅし》有《あ》れば、先生《せんせい》に饌《せん》す。曾《すなわ》ち是《こ》れを以《も》って孝《こう》と為《な》せる乎《か》」


子夏問孝、子曰、色難、有事、弟子服其勞、有酒食、先生饌、曾是以爲孝乎、

子夏《しか》が孝についてたずねた。

先生はこう答えられた。

「親の前で心からやすらぎ楽しむ。意外に難しいことだが、これが孝ということだ。やるべき仕事があれば若い者が働き、酒やごちそうがあれば目上にすすめる。こんな形だけのことでは、孝とはいえない」

9

子《し》曰《い》わく、

先生がいわれた。

「吾《わ》れ回《かい》と言《い》うこと終日《しゅうじつ》、違《たが》わざること愚《ぐ》なるが如《ごと》し。退《しりぞ》きて其《そ》の私《わたくし》を省《かえ》りみれば、亦《ま》た以《も》って発《はっ》するに足《た》れり。回《かい》や愚《ぐ》ならず」

子曰、吾與回言終日、不違如愚、退而省其私、亦足以發、回也不愚、

「顔回《がんかい》と一日話していても、何も反論しないので一見愚かに見える。だが話を終えて普段の顔回の行ないを見ると、私の真意が実現している、と感じる。顔回は愚かどころではない」

10

子《し》曰《い》わく、「其《そ》の以《もち》いる所《ところ》を視《み》、その由《よ》る所《ところ》を観《み》、其《そ》の安《やす》んずる所《ところ》を察《さつ》すれば、人焉《ひといずく》んぞ廋《かく》さんや、人焉《ひといずく》んぞ廋《かく》さんや」

先生がいわれた。

「その人がどう行動するか、何を由《よ》りどころにしているか、何に満足するか。この三点がわかったなら、その人物の本質は、はっきりする。けっして隠せるものではない」

子曰、視其所以、觀其所由、察其所安、人焉廋哉、人焉廋哉、

先生がいわれた。

11

子《し》曰《い》わく、「故《ふる》きを温《たず》ねて新《あたら》しきを知《し》る、以《も》って師《し》と為《な》るべし」

子曰、溫故而知新、可以爲師矣、

先生がいわれた。
「古き良きことをわきまえ、新しいものの良さもわかる。そんな人は、師となれる」

12

子《し》曰《い》わく、「君子《くんし》は器《うつわ》ならず」

先生がいわれた。
「君子は、何かを入れる器ものでない（そんな固まったものではなく、もっ

子曰、君子不器、

13

子貢《しこう》、君子《くんし》を問《と》う。

子曰《しい》わく、

「先《ま》ず其《そ》の言《げん》を行《おこの》うて、而《しこ》うして後《のち》に之《こ》れに従《したご》う」

子貢問君子、子曰、先行其言、而後従之、

14

子曰《しい》わく、

「君子《くんし》は周《しゅう》して比《ひ》せず。小人《しょうじん》は比《ひ》

と自在な存在だ)」


子貢《しこう》が君子についてたずねた。

先生はいわれた。

「君子は、自分の主張をまず行動で表し、その後に主張を言葉にするものだ(つまり、君子は口先の人ではなく、実行の人なのだ)」


先生がいわれた。

「君子は幅広く親交をもち、一部の人となれあわない。小人は、狭い範囲でして周《しゅう》せず」

子曰、君子周而不比、小人比而不周、

なれあって広く人と親しまない」

15

子《し》曰《い》わく、

「学《まな》んで思《おも》わざれば則《すなわ》ち罔《くら》し。思《おも》うて学《まな》ばざれば則《すなわ》ち殆《あやう》し」

子曰、學而不思則罔、思而不學則殆、

先生がいわれた。

「外からいくら学んでも自分で考えなければ、ものごとは本当にはわからない。自分でいくら考えていても外から学ばなければ、独断的になって誤る危険がある」

16

子《し》曰《い》わく、

「異端《いたん》を攻《おさ》むるは、斯《こ》れ害《がい》あるの

先生がいわれた。

「学問する者が聖人の道と違ったこと

み」

子曰、攻乎異端、斯害也已、

17

子《し》曰《い》わく、「由《ゆう》、女《なんじ》に之《こ》れを知《し》ることを誨《おし》えん乎《か》。之《こ》れを知《し》るを之《こ》れを知《し》ると為《な》し、知《し》らざるを知《し》らずと為《な》す。是《こ》れ知《し》る也《なり》」

子曰、由、誨女知之乎、知之爲知之、不知爲不知、是知也、

を研究するのは害があるだけだ（正道を修めることに専心することが大切だ）」

先生がいわれた。

「子路《しろ》よ、お前に『知っている』とはどういうことかを教えよう。はっきりわかっていることだけを『知っている』こととし、よく知らないことは『知らない』こととする。このように『知っていること』と『知らないこと』の間に明確な境界線を引ければ、本当に『知っている』と言える」

18

子張《しちよう》、禄《ろく》を干《もと》めんことを学《まな》ぶ。子《し》曰わく、「多《おお》く聞《き》きて疑《うたが》わしきを闕《か》き、慎《つつし》みて其《そ》の余《あま》りを言《い》えば、則《すなわ》ち尤《とが》め寡《すくな》し。多《おお》く見《み》て殆《あや》うきを闕《か》き、慎《つつし》みて其《そ》の余《あま》りを行《おこな》えば、則《すなわ》ち悔《く》い寡《すくな》し。言《げん》に尤《とが》め寡《すくな》く、行《おこな》いに悔《く》い寡《すくな》ければ、禄其《ろくそ》の中《うち》に在《あ》り」

子張學干祿、子曰、多聞闕疑、愼言其餘、則寡尤、多見闕殆、愼行其餘、則寡悔、言寡尤、行寡悔、祿在其中矣、

若い門人の子張《しちよう》が、どうすれば職に就き、報酬をもらえるようになるのかを知りたがっていた。

そこで先生は、こういわれた。

「たくさんのことを聞いて参考にし、これはあやしいと少しでも思うことは口にせず、慎重にそれ以外の確実なことだけを言うようにすれば、人からとがめられることは少なくなる。たくさんのことを見て参考にし、これはあぶないと思ったことはやらず、慎重にそれ以外の確実なことだけをやるようにすれば、後悔は少なくなる。言うことにまちがいが少なく、悔いるような行

19

哀公《あいこう》問《と》うて曰《い》わく、
「何《なに》を為《な》さば則《すなわ》ち民服《たみふく》せん」
孔子《こうし》対《こた》えて曰《い》わく、
「直《なお》きを挙《あ》げて諸《こ》れを枉《まが》れるに錯《お》けば、則《すなわ》ち民服《たみふく》す。枉《まが》れるを挙《あ》げて諸《こ》れを直《なお》きに錯《お》けば、則《すなわ》ち民服《たみふく》せず」

哀公問曰、何爲則民服、孔子對曰、擧直錯諸枉、則民服、擧枉錯諸直、則民不服、

動が少なくなったならば、そうした人間的成長それ自身の中に、すでに『報酬』があると言える」

孔子の生まれた魯の国の君主哀公《あいこう》が、「どうすれば民をしたがわせることができるだろうか」とおたずねになられた。

先生はこう答えられた。

「心のまっすぐな人たちを評価し登用して、心の曲った人たちは退けるようにすれば、民はしたがうでしょう。反対に曲った人間を評価し、まっすぐな人間を退けるなら、民はけっしてしたがわないでしょう」

20

季康子《きこうし》、問《と》う。「民《たみ》をして敬忠《けいちゅう》にして以《も》って勧《すす》ましむるには、之《こ》れを如何《いかん》」

子《し》曰《い》わく、「之《こ》れに臨《のぞ》むに荘《そう》を以《も》ってすれば則《すなわ》ち敬《けい》。孝慈《こうじ》なれば則《すなわ》ち忠《ちゅう》。善《ぜん》を挙《あ》げて不能《ふのう》を教《おし》うれば則《すなわ》ち勧《すす》む」

季康子問、使民敬忠以勸、如之何、子曰、臨之以莊則敬、孝慈則忠、擧善而敎不能則勸、

魯の国の家老である季康子《きこうし》が、「民が上の者を敬う心と忠実さを持ち、自ら進んで善をなすようにするにはどうしたらいいでしょう」とたずねた。

先生はこういわれた。

「浮つかない威厳のある態度で臨めば、民は敬いの心を持ちます。為政者が親孝行で、民に愛情深く接すれば、忠実になります。善をなす人を評価し、善をなすことのできない者は教えて善の道に導く。そうすれば民は進んで善をなすようになります」

21

或《あ》るひと孔子《こうし》に謂《い》いて曰《い》わく、
「子《し》奚《な》んぞ 政《まつりごと》を為《な》さざる」
子《し》曰《い》わく、
「書《しょ》に云《い》わく、孝《こう》なる乎《かな》惟《こ》れ孝《こう》、兄弟《けいてい》に友《ゆう》なり、政《まつりごと》有《あ》るに施《ほど》こすと。是《こ》れ亦《ま》た 政《まつりごと》を為《な》すなり。奚《な》んぞ其《そ》れ 政《まつりごと》を為《な》すことを為《な》さん」

或謂孔子曰、子奚不爲政、子曰、書云、孝乎惟孝、友于兄弟、施於有政、是亦爲政、奚其爲爲政、

ある人が先生に、「どうしてご自身で政治をなさらないのですか」と聞いた。

先生はこうわれた。

「『書経《しょきょう》』には孝についてこう書かれています。『親孝行で兄弟仲よくできているなら、それも広く考えれば政治をしているということである』。このように自分の身を正し、家をよくするのも政治です。官職に就くことばかりが政治ではありません。私は今のままでも政治をしているのです」

22

子曰《しい》わく、「人《ひと》にして信無《しんな》くば、其《そ》の可《か》なることを知《し》らざる也《なり》。大車輗《たいしゃげい》なく、小車軏《しょうしゃげつ》なくんば、其《そ》れ何《なに》を以《も》ってか之《こ》れを行《や》らん哉《や》」

子曰、人而無信、不知其可也、大車無輗、小車無軏、其何以行之哉、

先生がいわれた。
「人として生きていくのに、言行が一致する信の徳がなければうまくやっていくことはできない。牛馬と車をつなぐものがなければ車はうまく動かないように、自分と人をつなぐ信がなければ、何事もやっていけない」

23

子張問《しちょうと》う、「十世知《じゅっせいし》るべきや」

子張が、「今から十代先の王朝のことがわかりますでしょうか」と聞いた。
先生はいわれた。

子曰《しい》わく、「殷《いん》は夏《か》の礼《れい》に因《よ》る。損益《そんえき》する所《ところ》、知《し》るべき也《なり》。周《しゅう》は殷《いん》の礼《れい》に因《よ》る。損益《そんえき》する所《ところ》、知《し》るべき也《なり》。其《そ》の或《あ》るいは周《しゅう》に継《つ》ぐ者《もの》は、百世《ひやくせい》と雖《いえど》も知《し》るべき也《なり》」

子張問、十世可知也、子曰、殷因於夏禮、所損益、可知也、周因於殷禮、所損益、可知也、其或繼周者、雖百世可知也、

「夏《か》・殷《いん》・周《しゅう》の三代の王朝を見てみると、殷は夏の儀礼や制度といった礼を踏襲していて、夏から何を引き何を足したかを今知ることができる。周は殷の礼を引き継いでいるので同じことが言える。だから、周の後を継ぐ者なら、百代後のことでも推測することはできる（つまり、未来を予言することはできなくても、歴史から未来を推測することはできる、ということだ）」

24

子曰《しい》わく、「其《そ》の鬼《き》に非《あら》ずして之《こ》れを祭《まつ》るは、

先生がいわれた。

「自分の祖先の霊でもない神を祭るの

諂《へつら》い也《なり》。義《ぎ》を見《み》て為《な》さざるは、勇《ゆう》無《な》き也《なり》」

子曰、非其鬼而祭之、諂也、見義不爲、無勇也、

は、幸運を欲しがってへつらっているだけだ。してはならないことをするのはよくない。反対に、人として当然すべきことをしない傍観者的な態度は、勇気がない（霊や神にこびへつらうよりも、人として当然なすべきことをなすことが大切だ）」

八佾第三

1

孔子《こうし》、季氏《きし》を謂《い》わく、「八佾《はちいつ》を庭《にわ》に舞《ま》わす。是《こ》れをしも忍《しの》ぶ可《べ》くんば、孰《いず》れをか忍《しの》ぶ可《べ》からざらん」

孔子謂季氏、八佾舞於庭、是可忍也、孰不可忍也、

先生が魯《ろ》の家老の季氏《きし》についてこう語った。

「季氏は、自分の庭で八列でする舞楽を催したそうだが、これは本来天子のみに許されることだ。こんな礼に反する僭越《せんえつ》なふるまいを許すなら、やがてどんな非礼をなすかわからない（がまんできないふるまいだ）」

2

三家者《さんかしゃ》、雍《よう》を以《も》って徹《てつ》す。子曰《しい》わく、「相《たす》くるは維《こ》れ辟公《へきこう》、天子《てんし》穆穆《ぼくぼく》と。奚《な》んぞ三家《さんか》の堂《どう》に取《と》らん」

三家者以雍徹、子曰、相維辟公、天子穆穆、奚取於三家之堂、

魯の実力者である孟孫《もうそん》、叔孫《しゅくそん》、季孫《きそん》の三家は、先祖供養の祭りの時、本来天子のみに許された雍《よう》の歌で供物を捧げた。

先生はいわれた。

「雍の歌の文句は、『助ける諸侯がいて、天子はうるわしい』とある。天子も諸侯もいない三家の先祖供養にこの歌が歌われるのは、意味をなさない（礼に反する行ないを平気でするのは見過ごせない）」

3

子曰《しい》わく、

先生がいわれた。

「人《ひと》にして仁《じん》ならずば、礼《れい》を如何《いかん》。人《ひと》にして仁《じん》ならずば、楽《がく》を如何《いかん》」

子曰、人而不仁、如禮何、人而不仁、如樂何、

「もし〈仁〉という心の徳がなければ、〈礼〉があっても音〈楽〉があってもどうしようもない（礼楽の根本は心を磨くことにある）」

4

林放《りんぽう》、礼《れい》の本《もと》を問《と》う。子曰《しい》わく、「大《おお》いなるかな問《と》いや。礼《れい》は其《そ》の奢《おご》らん与《よ》りは寧《むし》ろ倹《けん》せよ。喪《そう》は其《そ》の易《おさ》めん与《よ》りは寧《むし》ろ戚《いた》め」

林放問禮之本、子曰、大哉問、禮與其奢也

林放《りんぽう》が、世の中の礼がかざりすぎであることをおかしいと思い、「礼の根本は何か」とたずねた。

先生はいわれた。

「大きな質問だね。礼はぜいたくにするよりも、むしろつつましい方がいい。葬儀では、りっぱにととのえるよりも、死をいたみ悲しむことだ（礼の本質は

寧儉、喪與其易也寧戚、

こまごまとした作法よりも、真情にあるのだ）」

5

子《し》曰《い》わく、「夷狄《いてき》の君《きみ》有《あ》るは、諸夏《しょか》の亡《な》きに如《し》かざる也《なり》」

子曰、夷狄之有君、不如諸夏之亡也、

先生がいわれた。

「わが国の東方の夷《い》や北方の狄《てき》といった文化程度の高くない国でも君主がいて上下の別があるのに、わが中国においては君主をないがしろにしているのはなげかわしい（本来、わが国の文化のよさは秩序を大切にするところにあるのだ）」

6

季氏《きし》、泰山《たいざん》に旅《りょ》す。子《し》、冉有《ぜんゆう》に謂《い》いて曰《い》わく、

季氏が泰山《たいざん》で、本来諸侯がする山川を祭る儀式を、諸侯でもない大夫《たいふ》（家

「女《なんじ》救《すく》うこと能《あた》わざるか」
対《こた》えて曰《い》わく、
「能《あた》わず」
子《し》曰《い》わく、
「嗚《あ》呼《あ》、曾《すなわ》ち泰山《たいざん》を林放《りんぽう》に如《し》かず
と謂《おも》える乎《か》」

季氏旅於泰山、子謂冉有曰、女弗能救與、
對曰、不能、子曰、嗚呼、曾謂泰山不如林
放乎、

老）の身分にもかかわらず行なおうと
していた。
先生は、季氏の執事をしていた弟子
の冉有《ぜんゆう》に、「お前はこれを止めさせる
ことはできないのか」といわれたが、
冉有は「できません」と答えた。
これを聞いて先生は、こうなげかれ
た。
「ああ、あの林放でも礼について知っ
ているのに、泰山の神がそのような非
礼がわからないとでも思っているのか、
季氏は」

7

子《し》曰《い》わく、
「君子《くんし》は争《あらそ》う所無《ところな》し。必《かなら》ずや射《しゃ》か。

先生がいわれた。
「君子と言われる人格者は、人と争う

揖譲《ゆうじょう》して升《のぼ》り下《くだ》り、而《しこ》うして飲《の》ましむ。其《そ》の争《あらそ》いや君子《くんし》なり」

子曰、君子無所争、必也射乎、揖譲而升下、而飲、其争也君子、

8

子夏《しか》、問《と》うて曰《い》わく、

「巧笑倩《こうしょうせん》たり、美目盼《びもくはん》たり、素《そ》以《も》って絢《あや》を為《な》すとは、何《な》んの謂《い》いぞや」

子《し》曰《い》わく、

「絵《え》の事《こと》は素《しろ》きを後《のち》にす」

曰《い》わく、

ことはない。あるとすれば、弓を射る儀礼のときくらいだ。相手ときちんとあいさつを交わし譲り合って、堂に昇り降る。競技後は、勝者が敗者に罰として酒を飲ませる。この争いはどこまでも礼儀正しく、君子的である」

　子夏《しか》が先生にこうたずねた。

「詩に『笑う口元愛らしく、目はあざやかに美しく、仕上げはお白粉《しろい》で』とありますが、何を意味するのでしょうか」

　先生が、「絵というのは、最後に白で仕上げをするのだよ」と答えられると、子夏は「人も様々な教養を積んだ

「礼《れい》は後《のち》か」

子《し》曰《い》わく、

「予《わ》れを起《お》こす者《もの》は商《しょう》なり。始《はじ》めて与《とも》に詩《し》を言《い》うべきのみ」


子夏問曰、巧笑倩兮、美目盼兮、素以為絢兮、何謂也、子曰、繪事後素、曰、禮後乎、子曰、起予者商也、始可與言詩已矣、

後に、お白粉のように礼を身につければ仕上げになるということでしょうか」といった。

これを聞いた先生はよろこんで、

「お前は私を啓発してくれるよね。詩は、解釈次第で価値がますものだ。それでこそ共に詩を語ることができる」

といわれた。

9

子《し》曰《い》わく、

「夏《か》の礼《れい》を吾《わ》れ能《よ》く之《こ》れを言《い》えども、杞《き》、徴《しるし》とするに足《た》らざる也《なり》。殷《いん》の礼《れい》を吾《わ》れ能《よ》く之《こ》れを言《い》えども、

先生がいわれた。

「夏《か》の王朝の礼については話すことができるが、その子孫である杞《き》の国の礼については証拠が足りない。同様に、殷《いん》の礼は話すことができるが、子孫で

宋《そう》、徴《しるし》とするに足《た》らざる也《なり》。文献《ぶんけん》、足《た》らざるが故也《ゆえなり》。足《た》らば則《すなわ》ち吾《わ》れ能《よ》く之《こ》れを徴《しるし》とせん」

子曰、夏禮吾能言之、杞不足徴也、殷禮吾能言之、宋不足徴也、文献不足故也、足則吾能徴之矣、

10

子《し》曰《い》わく、「禘《てい》、既《すで》に灌《かん》して自《よ》り往《のち》は、吾《わ》れ之《こ》れを観《み》るを欲《ほっ》せず」

子曰、禘自既灌而往者、吾不欲観之矣、

ある宋《そう》の国の礼についてははっきりしない。礼の記録も、礼を知っている賢人も不十分だからだ。もし杞や宋の記録が十分にあれば、夏・殷の礼についての私の話を証拠立てることができるのに残念だ」

先生がいわれた。
「魯で禘《てい》という大きな祭りがあった。酒を地にそそいで神を招く儀式までは見ていられたが、その後は礼に外れていてだめだ。誠意に欠けた儀式を私は見たくはない」

11

或《あ》るひと禘《てい》の説《せつ》を問《と》う。子曰《しい》わく、「知《し》らざる也《なり》。其《そ》の説《せつ》を知《し》る者《もの》の天下《てんか》に於《お》けるや、其《そ》れ諸《こ》れを斯《こ》こに示《み》るが如《ごと》き乎《か》」と、其《そ》の掌《たなごころ》を指《さ》す。

或問禘之説、子曰、不知也、知其説者之於天下也、其如示諸斯乎、指其掌、

ある人が禘の祭りの意義を先生にたずねた。

先生は知っておられたが、あえてこう答えられた。

「私は知らない。もしその意義をわかっているほどの人が天下の事に望むなら、天下をここに置いて見るようにうまく治めるだろうね」といって、自分の掌《たなごころ》を指さされた。

12

「祭《まつ》ること在《い》ますが如《ごと》くす。神《かみ》を

先生が御先祖や神を祭られるときは、御先祖や神がそこにおられるかのよう

祭《まつ》ること、神在《かみい》ますが如《ごと》くす」

子《し》曰《い》わく、

「吾《わ》れ祭《まつ》りに与《あずか》らざれば、祭《まつ》らざるが如《ごと》し」

祭如在、祭神如神在、子曰、吾不與祭、如不祭、

13

王孫賈《おうそんか》、問《と》うて曰《い》わく、

「其《そ》の奥《おう》に媚《こ》びん与《よ》りは、寧《むし》ろ竈《そう》に媚《こ》びよとは、何《な》んの謂《い》いぞや」

子《し》曰《い》わく、

「然《しか》らず、罪《つみ》を天《てん》に獲《う》れば、禱《いの》る

に心を込めてなされる。だから、先生はこういわれていた。

「私が直接祭りを行なうことができず、人に代わってもらったときは、その祭りがなかった気さえする（私は祭りをいつも自ら心を込めて行ないたいのだ）」

衛《えい》の実権を握る王孫賈《おうそんか》が、先生に対してこう聞いた。

「『奥の神よりも、かまどの神になじめ』ということわざはどういう意味でしょうか」

これは衛の君主（奥の神）よりも実

所《ところ》無《な》き也《なり》」

王孫賈問曰、與其媚於奧、寧媚於竈、何謂也、子曰、不然、獲罪於天、無所禱也、

権を持つ私王孫賈（かまどの神）になじまないかという探りであったが、先生は、「そのことわざはまちがいです。天に対して罪を犯せば、どこに祈っても無駄です」と探りを巧みにはねつけ、暗に戒められた。

14

子《し》曰《い》わく、
「周《しゅう》は二《に》代《だい》に監《かんが》む。郁郁乎《いくいくこ》として文《ぶん》なる哉《かな》。吾《わ》れは周《しゅう》に従《したが》わん」

子曰、周監於二代、郁郁乎文哉、吾從周、

先生がいわれた。
「周《しゅう》は夏と殷の二代を参考にして、すばらしい礼楽制度を作りあげた。私は周の礼楽にしたがおうと思う」

15

子《し》、大廟《たいびょう》に入《い》りて、事《こと》ごとに問《と》う。或《あ》るひと曰《い》わく、「孰《たれ》か、鄹人《すうひと》の子《こ》を、礼《れい》を知《し》ると謂《い》う乎《や》。大廟《たいびょう》に入《い》りて、事《こと》ごとに問《と》う」

子《し》之《こ》れを聞《き》きて曰《い》わく、

「是《こ》れ礼《れい》なり」


子入大廟、毎事問、或曰、孰謂鄹人之子知禮乎、入大廟、毎事問、子聞之曰、是禮也、

先生が魯の周公《しゅうこう》の霊廟に入り、祭りを手伝われたときは、儀礼を一つひとつ人にたずねられた。ある人がこのことをあげつらって、「誰が鄹《すう》の町の役人（孔子の父のこと）の子が礼を知っていると言ったのか。全部人に聞いているではないか」といった。

先生は、この無礼な言葉を耳にしたが、ただ「このようにつつしみ深くするのが礼なのだ」といわれた。

（郷党第十・18に重出）

16

子《し》曰《い》わく、

「射《しゃ》は皮《まと》を主《しゅ》とせず。力《ちから》を為《な》すこ

先生がいわれた。

「かつては、弓の礼では的を射ること

と科《しな》同《おな》じからず。古《いにし》えの道《みち》なり」

子曰、射不主皮、爲力不同科、古之道也、

17

子貢《しこう》、告朔《こくさく》の餼羊《きよう》を去《さ》らんと欲《ほっ》す。子曰《しい》わく、「賜《し》や、爾《なんじ》は其《そ》の羊《ひつじ》を愛《おし》む。我《わ》れは其《そ》の礼《れい》を愛《おし》む」

子貢欲去告朔之餼羊、子曰、賜也、爾愛其羊、我愛其禮、

を第一とはしなかった。人それぞれで射る能力はちがうからだ。的を射る技術よりも、心の徳を重んじる礼がきちんと行なわれていたのが、古《いにし》えの周時代のやり方である」

古えの時代では、暦は君主から諸侯が頂くもので、毎月、朔日《ついたち》に諸侯はその月の暦を、一匹の羊を供物にして先祖の廟に告げ、その後国内に暦を施行した。しかし、当時の魯の国では、この朔日を告げる告朔《こくさく》の礼がもはや行なわれていないのに、羊のいけにえだけは続いていた。

子貢《しこう》は、これを無益なことだと思い、

18

子曰《しい》わく、「君《きみ》に事《つこ》うるに礼《れい》を尽《つ》くせば、人《ひと》以《も》って諂《へつら》えりと為《な》す也《なり》」

子曰、事君盡禮、人以爲諂也、

やめようとした。しかし、先生はこういわれた。

「子貢よ、お前は羊を惜しがっているが、私はその礼が失われることの方が惜しい（羊のいけにえを続けていれば、礼が復活するかもしれない。一見無駄に見えても意味のあることもある）」

先生がいわれた。

「私が当然なすべき礼を尽くして君主につかえると、人はへつらいだと言う（それほど礼が廃《すた》れたのはなげかわしいことだ）」

19

定公《ていこう》、問《と》う、

「君《きみ》、臣《しん》を使《つか》い、臣《しん》、君《きみ》に事《つこ》うる、之《こ》れを如何《いかん》」

孔子《こうし》対《こた》えて曰《い》わく、

「君《きみ》は臣《しん》を使《つこ》うに礼《れい》を以《も》ってし、臣《しん》は君《きみ》に事《つこ》うるに忠《ちゅう》を以《も》ってす」

定公問、君使臣、臣事君、如之何、孔子對曰、君使臣以禮、臣事君以忠、

魯の国の君主定公《ていこう》が、先生に、「主君が臣下を使い、臣下が主君につかえるには、どうすればいいだろうか」とたずねられた。

先生はこう答えられた。

「主君が臣下を使うには、礼の気持ちを持って丁寧に接し、臣下が主君につかえるには、あざむかない誠実な忠の心構えで臨むことです」

20

子《し》曰《い》わく、

先生がいわれた。

「『詩経《しきょう》』の中にある関雎《かんしょ》の詩は、楽

「関雎《かんしよ》は、楽《たの》しみて淫《いん》せず、哀《かな》しみて傷《やぶ》らず」

子曰、關雎、樂而不淫、哀而不傷、

21

哀公《あいこう》、社《しや》を宰我《さいが》に問《と》う。

宰我《さいが》、対《こた》えて曰《い》わく、

「夏后氏《かこうし》は松《まつ》を以《も》ってし、殷人《いんひと》は柏《はく》を以《も》ってし、周人《しゆうひと》は栗《くり》を以《も》ってす」

曰《い》わく、

「民《たみ》をして戦栗《せんりつ》せしむ」

しい感情でも行きすぎて度を越すことがなく、哀しい感情でも心を痛めすぎることがない（感情表現においても調和が大切だ）」

魯の君主哀公《あいこう》が孔子の門人宰我《さいが》に、土地を祭る社《しや》についてたずねた。社はその土地に合った木を植え、神木とするので、宰我はこう答えた。

「夏では松、殷では柏《ひのき》、周では栗を使い神木としています」

そして、「周の栗《りつ》は、社で行なう死刑によって民を戦慄《せんりつ》（栗）させるということでもあります」と一言付け加え

子《し》、之《こ》れを聞《き》きて曰《い》わく、
「成事《せいじ》は説《と》かず、遂事《すいじ》は諫《いさ》めず、
既往《きおう》は咎《とが》めず」

哀公問社於宰我、宰我對曰、夏后氏以松、殷人以柏、周人以栗、曰、使民戰栗、子聞之曰、成事不說、遂事不諫、既往不咎、

た。

先生はこのやりとりを後に聞き、宰我のこの一言を、本筋から外れた不愉快な失言だと感じられたが、あえて責めないで、こう慨嘆し、反省を促された。

「すでに起こってしまったことには何も言うまい。やってしまったことは責めまい。過去のことはとがめまい」

22

子《し》曰《い》わく、

「管仲《かんちゅう》の器《うつわ》は小《ち》さい哉《かな》」

或《あ》るひと曰《い》わく、

「管仲《かんちゅう》は倹《けん》なる乎《か》」


斉《せい》の桓公《かんこう》が覇者となるのを助け、名宰相と言われていた管仲《かんちゅう》について、先生は、「管仲は人物としての器が小さいね」と否定的にいわれた。

これを聞いたある人は管仲をすぐれ

曰《い》わく、

「管氏《かんし》に三帰《さんき》有《あ》り。官《かん》の事《こと》は摂《か》ねず。焉《いずく》んぞ倹《けん》なるを得《え》ん」

「然《しか》らば則《すなわ》ち管仲《かんちゅう》は礼《れい》を知《し》れる乎《か》」

曰《い》わく、

「邦君《ほうくん》は樹《じゅ》して門《もん》を塞《ふさ》ぐ。管氏《かんし》も亦《ま》た樹《じゅ》して門《もん》を塞《ふさ》ぐ。邦君《ほうくん》は両君《りょうくん》の好《よ》しみを為《な》すに、反坫《はんてん》有《あ》り。管《かん》氏《し》も亦《ま》た反坫《はんてん》有《あ》り。管氏《かんし》にして礼《れい》を知《し》らば、孰《たれ》か礼《れい》を知《し》らざらん」


子曰、管仲之器小哉、或曰、管仲儉乎、曰、管氏有三歸、官事不攝、焉得儉、然則管仲

た人物だと思っているので、「小さいというのは倹約家ということでしょうか」と聞いた。

先生は、「管氏は三つの邸宅を持ち、家臣も仕事ごとに専任をおくというぜいたくをしていた。倹約とはとても言えない」といわれた。

その人は、倹約でないのは礼にお金をかけるからかと考え、「それでは管仲は礼を知っていたということですか」と聞いた。

先生は、「諸侯（君主）は門の内側に小さい塀を建てるが、管氏は諸侯でもないのに同じことをした。二人の君主が外交的なつきあいをする時は、盃《さかずき》をもどして置く台を設けるが、管

知禮乎、曰、邦君樹塞門、管氏亦樹塞門、邦君爲兩君之好、有反坫、管氏亦有反坫、管氏而知禮、孰不知禮、

23

子《し》、魯《ろ》の大師《たいし》に楽《がく》を語《かた》りて曰《い》わく、「楽《がく》は其《そ》れ知《し》るべき也《なり》。始《はじ》めて作《お》こすに翕如《きゅうじょ》たり。之《こ》れを従《はな》ちて純《じゅん》如《じょ》たり。皦如《きょうじょ》たり。繹如《えきじょ》たり。以《も》って成《な》る」

子語魯大師樂曰、樂其可知也、始作翕如也、從之純如也、皦如也、繹如也、以成、

氏もまたそうした台を持っていた。管氏が礼を知るというなら、礼を知らない人などいない」といわれた。

先生が音〈楽〉について、魯の楽官長にこう話された。

「音楽はそうむずかしいものではありません。演奏のはじめは打楽器で勢いをつけ、次に各楽器が自在に音を出し合って調和する。それぞれの音が濁らないではっきりとしていて、音が途切れることなく続いていく。こうして仕上がるのです」

24

儀《ぎ》の封人《ほうじん》、見《ま》みえんことを請《こ》う。曰《い》わく、「君子《くんし》の斯《ここ》に至《いた》るや、吾《わ》れ未《い》まだ嘗《か》って見《み》るを得《え》ずんばあらざる也《なり》」従者《じゅうしゃ》、之《こ》れを見《ま》みえしむ。出《い》でて曰《い》わく、「二三子《にさんし》何《な》んぞ喪《さまよ》うことを患《うれ》えん乎《や》。天下《てんか》の道《みち》無《な》きや久《ひさ》し。**天将《てんまさ》に夫子《ふうし》を以《も》って木鐸《ぼくたく》と為《な》さんとす」**

儀封人請見、曰、君子之至於斯也、吾未嘗

儀《ぎ》という所の国境役人が先生との面会を望んでやって来て、「すぐれた人物がこの地に来たときは、必ず会わせて頂いているのです」といった。先生の供の者が面会できるように取りついだ。その人は面会を終えて出てきて、こういった。「お弟子さんたち、先生が位を失って今放浪しているとしても心配ありません。天下に正道が行なわれなくなって久しいことです。しかし、天は、必ず先生を『天下の木鐸《ぼくたく》』、すなわち人々をいましめる鈴として世に送り、指導者とするでしょう（それほどの大賢人

不得見也、從者見之、出曰、二三子何患於喪乎、天下之無道也久矣、天將以夫子爲木鐸、

です）」

25

子《し》、韶《しょう》を謂《い》わく、「美《び》を尽《つ》くせり、又《ま》た善《ぜん》を尽《つ》くすも也《なり》」武《ぶ》を謂《い》わく、「美《び》を尽《つ》くせり、未《い》まだ善《ぜん》を尽《つ》くさざる也《なり》」

子謂韶、盡美矣、又盡善也、謂武、盡美矣、未盡善也、

かつては天下を取った者は、音楽を作り、神を祭って成功を告げた。先生は、前帝の堯《ぎょう》から位を平和的に譲り受けた舜《しゅん》の音楽を、「美を尽くしていて、また善も尽くしている」と評した。

一方、殷の紂王《ちゅうおう》を征伐して位についた周の武王《ぶおう》の音楽に対しては、「美は尽くしているけれども、善は十分でない」と評された。

26

子曰《しい》わく、「上《かみ》に居《い》て寛《かん》ならず、礼《れい》を為《な》して敬《けい》せず、喪《も》に臨《のぞ》んで哀《かな》しまずんば、吾《わ》れ何《なに》を以《も》ってか之《こ》れを観《み》ん哉《や》」

子曰、居上不寛、爲禮不敬、臨喪不哀、吾何以觀之哉、

先生がいわれた。
「人の上に立つ身でありながら寛容でなく、礼法は正しいが敬意に欠け、葬《とむら》いに際して悲しまない。このように、肝心な精神に欠けているものには、観るべきところはない」

里仁第四

1

子《し》曰《い》わく、「仁《じん》に里《お》るを美《よ》しと為《な》す。択《えら》んで仁《じん》に処《お》らずば、焉《いずく》んぞ知《ち》なるを得《え》ん」

先生がいわれた。「仁の中に居るがごとく、判断を仁におくのが、よい生き方である。あれこれ選んで仁から外れてしまうのは知者とは言えない」

2

子曰、里仁爲美、擇不處仁、焉得知、

子曰《しい》わく、「不仁者《ふじんしゃ》は以《も》って久《ひさ》しく約《やく》に処《お》るべからず。以《も》って長《なが》く楽《たの》しみに処《お》るべからず。仁者《じんしゃ》は仁《じん》に安《やす》んじ、知者《ちしゃ》は仁《じん》を利《り》す」

子曰、不仁者不可以久處約、不可以長處樂、仁者安仁、知者利仁、

先生がいわれた。
「仁の徳を持たない不仁者は、貧しく厳しい環境に長くいると道をはずれてしまうのでよくない。また安楽な環境に長くいると、慢心してよくない。仁の徳と一体になった仁者は、環境にかかわらず、人を思いやる仁の境地に居つづける。知性に富む知者は、仁を体現するほどではないが、仁の価値を理解し活用することができる」

3

子曰《しい》わく、「惟《た》だ仁者《じんしゃ》のみ、能《よ》く人《ひと》を好《この》み、能《よ》く人《ひと》を悪《にく》む」

先生がいわれた。
「人間への情愛を持つ仁者だけが、好むべき人を好み、にくむべき人をにくむことができる（私心があると人を見る目もくもる）」

子曰、惟仁者、能好人、能悪人、

4

子《し》曰《い》わく、「苟《まこと》に仁《じん》に志《こころ》ざせば、悪《あ》しきこと無《な》き也《なり》」

子曰、苟志於仁矣、無悪也、

5

子《し》曰《い》わく、「富《と》みと貴《とうと》きとは、是《こ》れ人《ひと》の欲《ほっ》する所也《ところなり》。其《そ》の道《みち》を以《も》って之《こ》れを得《え》

先生がいわれた。

「本気で仁の徳を身につけようと志す者は、けっして悪をなすことはない」

先生がいわれた。

「富と貴い身分は、人の欲するものだ。しかし、正しい方法で得たものでなければ、そこに安住することはない。貧

ざれば、処《お》らざる也《なり》。貧《まず》しきと賤《いや》しきとは、是《こ》れ人《ひと》の悪《にく》む所也《ところなり》。其《そ》の道《みち》を以《も》って之《こ》れを得《え》ざれば、去《さ》らざる也《なり》。君子《くんし》は仁《じん》を去《さ》りて、悪《いず》くにか名《な》を成《な》さん。君子《くんし》は食《しょく》を終《お》うる間《あいだ》も、仁《じん》に違《たご》うこと無《な》し。造《ぞう》次《じ》にも必《かなら》ず是《ここ》に於《お》いてし、顚沛《てんぱい》にも必《かなら》ず是《ここ》に於《お》いてす」

子曰、富與貴、是人之所欲也、不以其道得之、不處也、貧與賤、是人之所惡也、不以其道得之、不去也、君子去仁、惡乎成名、君子無終食之間違仁、造次必於是、顚沛必於是、

と賤《いや》しい身分は人の嫌がるものだ。しかし怠惰など貧賤に至るのが当然の道筋によるのではなく、偶発的な自分に非のない理由で貧賤に陥った場合はそれを受け止める。

　君子は仁あっての君子である。君子は食事をしている間も仁に外れることはない。あわただしいときでも、突然転倒した時のような突発的事態でも、仁を忘れることはない」

6

子《し》曰《い》わく、「我《わ》れ未《い》まだ仁《じん》を好《この》む者《もの》、不仁《ふじん》を悪《にく》む者《もの》を見《み》ず。仁《じん》を好《この》む者《もの》は、以《も》って之《こ》れに尚《くお》うる無《な》し。不仁《ふじん》を悪《にく》む者《もの》は、其《そ》れ仁《じん》を為《な》すなり。不仁《ふじん》者《しゃ》をして其《そ》の身《み》に加《くわ》えしめず。**能《よ》く一日《いちにち》も其《そ》の力《ちから》を仁《じん》に用《もち》いること有《あ》らん乎《か》、我《わ》れ未《い》まだ力《ちから》の足《た》らざる者《もの》を見《み》ず。**蓋《けだ》し之《こ》れ有《あ》らん。我《わ》れ未《い》まだ之《こ》れを見《み》ざる也《なり》」

子曰、我未見好仁者、惡不仁者、好仁者、

先生がいわれた。

「私はまだ本当に仁を好む人も、不仁を憎む人も見たことがない。仁を好む人は最上だ。不仁を憎む人も、仁をなしていると言える。不仁者の影響を受けることがないからだ。もし一日だけでも仁をなそうと努力する場合、力が足りない者を私は見たことはない。そういう人ももしかするといるかもしれないが、少なくとも私は見たことはない（仁のための努力はだれにでもできるはずだ）」

無以尚之、惡不仁者、其爲仁矣、不使不仁者加乎其身、有能一日用其力於仁矣乎、我未見力不足者、蓋有之矣、我未之見也、

7

子曰《しい》わく、「人《ひと》の過《あやま》ちや、各《おの》おの其《そ》の党《たぐい》に於《お》いてす。過《あやま》ちを観《み》て、斯《ここ》に仁《じんし》を知る」

子曰、人之過也、各於其黨、觀過、斯知仁矣、

先生がいわれた。「人の過ちは、人物の種類によって異なる。過ちの種類を見れば、その人に仁があるかないかは、わかる」

8

子《し》曰《い》わく、「朝《あした》に道《みち》を聞《き》かば、夕《ゆうべ》に死《し》すとも可《か》なり」

子曰、朝聞道、夕死可矣、

先生がいわれた。
「朝に正しく生きる道が聞けたら、その日の晩に死んでもかまわない」

9

子《し》曰《い》わく、「士《し》、道《みち》に志《こころ》ざして、而《しか》も悪衣《あくい》悪《あく》食《しょく》を恥《は》ずる者《もの》は、未《い》まだ与《とも》に議《はか》るに足《た》らざる也《なり》」

先生がいわれた。
「道をめざし、学問をする身でありながら、着るものや食べるものが貧しいことを恥じる者とは、ともに語り合うことはできない」

子曰、士志於道、而恥悪衣悪食者、未足與議也、

10

子《し》曰《い》わく、「君子《くんし》の天下《てんか》に於《お》けるや、適《よ》きも無《な》く、莫《あ》しきも無《な》し。義《ぎ》にのみ之《こ》れ与《とも》に比《した》しむ」

子曰、君子之於天下也、無適也、無莫也、義之與比、

先生がいわれた。

「人格のすぐれた君子が世に事をなすとき、先入見で『これはよい』『これはよくない』とは決めつけない。ただそれが筋が通ったこと、つまり義に合ったことかどうかで決める」

11

子《し》曰《い》わく、

先生がいわれた。

「君子《くんし》は徳《とく》を懐《おも》う、小人《しょうじん》は土《ど》を懐《おも》う。君子《くんし》は刑《けい》を懐《おも》う、小人《しょうじん》は恵《けい》を懐《おも》う」

子曰、君子懐徳、小人懐土、君子懐刑、小人懐恵、

「品性ある君子は、より善く生きるにはどうすべきかを考えるが、品性なき小人は安楽な生活をすることを考える。君子は、あやまちを犯せば罰があることを意識し、身を正す。小人は物質的な幸運を望む」

12

子曰《しい》わく、「利《り》に放《よ》りて行《おこな》えば、怨《うら》み多《おお》し」

子曰、放於利而行、多怨、

先生がいわれた。

「自分の利益ばかり考えて行動していると、怨《うら》まれることが多い」

13

子曰《しい》わく、「能《よ》く礼譲《れいじょう》を以《も》って国《くに》を為《おさ》めん乎《か》、何《なに》か有《あ》らん。能《よ》く礼譲《れいじょう》を以《も》って国《くに》を為《おさ》めずんば、礼《れい》を如何《いかん》」

子曰、能以禮讓爲國乎、何有、不能以禮讓爲國、如禮何、

先生がいわれた。「譲り合う謙遜《けんそん》の心で国を治めるなら、どうして問題が起きようか。この譲る心なく治めようとするなら、礼の決まりがあっても何にもならないだろう」

14

子曰《しい》わく、「位無《くらいな》きを患《うれ》えず、立《た》つ所以《ゆえん》を患《うれ》う。己《おの》れを知《し》ること莫《な》きを患《うれ》えず、知《し》らるべきを為《な》すを求《もと》むる也《なり》」

先生がいわれた。「社会的地位がないことをなげくよりも、そうした地位に立つために必要なことが自分に欠けていることを反省すべきだ。自分を評価してくれる人がいないことをなげくよりも、認められる

子曰、不患無位、患所以立、不患莫己知、求爲可知也、

15

子《し》曰《い》わく、**「参《しん》よ、吾《わ》が道《みち》は一《いつ》以《も》って之《こ》れを貫《つらぬ》く」**

曾子《そうし》曰《い》わく、

「唯《い》」

子《し》出《い》づ。門人《もんじん》問《と》うて曰《い》わく、

「何《な》んの謂《い》いぞや」

曾子《そうし》曰《い》わく、

「夫子《ふうし》の道《みち》は、忠恕《ちゆうじょ》のみ」

だけのことをしようと努力すべきだ」

先生が曾子《そうし》にこういわれた。

「私の道は一つのことで貫かれている」

曾子は「はい」と答えた。

先生が出てゆかれた後、門人が曾子に、「どういう意味でしょうか」と聞くと、「先生の道は、心を尽くし、人を思いやる忠恕《ちゆうじょ》のまごころのみだということです」

子曰、参乎、吾道一以貫之、曾子曰、唯、子出、門人問曰、何謂也、曾子曰、夫子之道、忠恕而已矣、

16

子《し》曰《い》わく、「君子《くんし》は義《ぎ》に喩《さと》り、小人《しょうじん》は利《り》に喩《さと》る」

子曰、君子喩於義、小人喩於利、

先生がいわれた。

「君子はものごとの筋である義がわかっている。小人は損得がわかっている」

17

子《し》曰《い》わく、「賢《けん》を見《み》ては斉《ひと》しからんことを思《おも》

先生がいわれた。

「賢明な人を見れば同じになろうと思

い、不賢《ふけん》を見《み》ては、内《うち》に自《み》ずから省《かえ》りみる也《なり》」

子曰、見賢思齊焉、見不賢而内自省也、

い、賢明でない人を見れば、自分もそうではなかろうかと省《かえり》みることだ」

18

子曰《しい》わく、「父母《ふぼ》に事《つこ》うるには幾《ようや》くに諫《いさ》む。志《こころざし》の従《したが》われざるを見《み》ては、又《ま》た敬《けい》して違《たが》わず。労《ろう》して怨《うら》まず」

子曰、事父母幾諫、見志不從、又敬不違、勞而不怨、

先生がいわれた。「父母にもし悪いところがあったときは、おだやかに諫《いさ》める。それでも言うことを聞いてくれない場合は、つつしみ深く逆らわず、苦労をしても怨みに思わないことだ」

19

子曰《しい》わく、「父母《ふぼ》在《い》ませば、遠《とお》く遊《あそ》ばず。遊《あそ》ぶこと必《かなら》ず方《ほう》あり」

子曰、父母在、不遠遊、遊必有方、

先生がいわれた。「父母が存命の場合は、遠方へ出かけて心配をかけぬよう。仮に行くとしても、行き場所、居場所をはっきりさせることだ」

20

子曰《しい》わく、「三年《さんねん》父《ちち》の道《みち》を改《あらた》むる無《な》きは、孝《こう》と謂《い》う可《べ》し」

子曰、三年無改於父之道、可謂孝矣、

先生がいわれた。「父が亡くなってから三年間、父のやり方を改めないのは、孝行だと言える」

21

子曰《しい》わく、「父母《ふぼ》の年《とし》は、知《し》らざる可《べ》からざる也《なり》。一《ひと》つには則《すなわ》ち以《も》って喜《よろこ》び、一《ひと》つには則《すなわ》ち以《も》って懼《おそ》る」

子曰、父母之年、不可不知也、一則以喜、一則以懼、

先生がいわれた。
「父母の年齢は知っておかねばならない。一つには、それで長寿を喜び、一つには老いを気づかい孝行にはげむためだ」

22

子曰《しい》わく、「古者《こしゃ》、言《げん》を出《い》ださざるは、躬《み》の逮《およ》ばざるを恥《は》ずる也《なり》」

先生がいわれた。
「昔の人が軽々しく言葉を口にしなかったのは、自分の身の行ないがそれに追いつけないのを恥じていたからだ」

子曰、古者言之不出、耻躬之不逮也、

23

子《し》曰《い》わく、「約《やく》を以《も》って之《こ》れを失《しっ》する者《もの》は、鮮《すくな》し」

子曰、以約失之者、鮮矣、

先生がいわれた。
「心を引きしめていて失敗する人は、ほとんどいない」

24

子《し》曰《い》わく、「君子《くんし》は言《げん》に訥《とつ》にして、行《こう》に敏《びん》ならんことを欲《ほっ》す」

先生がいわれた。
「君子は、軽々しいことを言わず、やるべきことはすばやくするようでありたい」

子曰、君子欲訥於言、而敏於行、

25

子曰《しい》わく、

「徳《とく》は孤《こ》ならず、必《かなら》ず鄰《とな》り有《あ》り」

子曰、徳不孤、必有鄰、

26

子游曰《しゆうい》わく、

「君《きみ》に事《つこ》うること数《しばしば》すれば、斯《こ》れ辱《は》ずかしめらる。朋友《ほうゆう》に数《しばしば》すれば、斯《こ》れ疏《うと》んぜらる」

先生がいわれた。

「いろいろな徳は、ばらばらに孤立してはいない。必ず隣り合わせで、一つを身につければ隣の徳もついてくる」

子游《しゆう》がいった。

「主君にとって耳の痛いことを言えば、罰を受けやすい。友人にもうるさく言うと疎遠にされる（つきあいには、適度な距離感が大切だ）」

子游曰、事君數、斯辱矣、朋友數、斯疏矣、

公冶長第五

1

子《し》、公冶長《こうやちょう》を謂《い》わく、「妻《め》あわすべき也《なり》。縲絏《るいせつ》の中《うち》に在《あ》りと雖《いえど》も、其《そ》の罪《つみ》に非《あら》ざる也《なり》」と、其《そ》の子《こ》を以《も》って之《こ》れに妻《め》あわす。

子謂公冶長、可妻也、雖在縲絏之中、非其罪也、以其子妻之、

先生は門人の公冶長《こうやちょう》のことを、「結婚させてよい人物だ。獄中にあったことはあるが、彼の罪ではなかった」といわれ、先生のお嬢さんと結婚させた。

2

子《し》、南容《なんよう》を謂《い》わく、「邦《くに》に道有《みちあ》れば、廃《す》てられず、邦《くに》に道無《みちな》ければ、刑戮《けいりく》より免《まぬが》れん」と。其《そ》の兄《あに》の子《こ》を以《も》って之《こ》れに妻《め》あわす。

子謂南容、邦有道、不廢、邦無道、免於刑戮、以其兄之子妻之、

先生は、門人の南容《なんよう》のことを、「国が治まっているときは登用され、国が乱れているときでも刑死させられることはない人物だ」といわれ、お兄さんの娘さんと結婚させた。

3

子《し》、子賤《しせん》を謂《い》わく、「君子《くんし》なるかな、若《か》くのごとき人《ひと》。

先生は子賤《しせん》のことをこういわれた。「人格的に優れた君子だね、このような人は。しかし、もし魯《ろ》の国に手本と

魯《ろ》に君子《くんし》無《な》かりせば、斯《こ》れ焉《いず》くにか斯《こ》れを取《と》らん」

子謂子賤、君子哉若人、魯無君子者、斯焉取斯、

4

子貢《しこう》問《と》いて曰《い》わく、

「賜《し》や何如《いかん》」

子《し》曰《い》わく、

「女《なんじ》は器《うつわ》なり」

曰《い》わく、

「何《な》んの器《うつわ》ぞや」

曰《い》わく、

なる君子的人物がいなかったならば、どうしてこのような徳を身につけられただろうか（優れた先人や友から学ぶことが大切なのだ）」

自分の評価が気になった子貢《しこう》が、「私はどのようなものでしょうか」と先生におたずねした。

先生は、「お前は器だね」といわれたので、子貢は、「どんな器でしょうか」とおたずねした。

先生は、「大事な祭りのときにお供えを入れる貴重な器だね（君子とまで

「瑚璉《これん》なり」

子貢問曰、賜也何如、子曰、女器也、曰、何器也、曰、瑚璉也、

5

或《あ》るひと曰《い》わく、

「雍《よう》は、仁《じん》にして佞《ねい》ならず」

子《し》曰《い》わく、

「焉《な》んぞ佞《ねい》を用《もち》いん。人《ひと》を禦《ふせ》ぐに口給《こうきゅう》を以《も》ってし、屢《しば》しば人《ひと》に憎《にく》まる。其《そ》の仁《じん》を知《し》らず。焉《な》んぞ佞《ねい》を用《もち》いん」

は言えるかはともかく、どこに行っても有用な人材だ）」と答えられた。

ある人が先生の弟子の雍《よう》（仲弓《ちゅうきゅう》）のことを、「仁はあるが、口がうまくないのが残念だ」と言ったので、先生はこういわれた。「どうして口がうまい必要があろうか。口先だけで人と接するから、にくまれることになるのだ。彼が仁の徳を身につけているかどうかはわからないが、どうして口がうまい必要があろうか」

或曰、雍也、仁而不佞、子曰、焉用佞、禦人以口給、屢憎於人、不知其仁、焉用佞、

6

子《し》、漆雕開《しっちょうかい》をして仕《つか》えしむ。対《こた》えて曰《い》わく、「吾《われ》斯《こ》れを之《こ》れ未《い》まだ信《しん》ずることと能《あた》わず」子《し》説《よろこ》ぶ。

子使漆雕開仕、對曰、吾斯之未能信、子說、

先生が門人の漆雕開《しっちょうかい》を仕官させようとされた。しかし、漆は、「私はいまだ学問の途上であり、そのような任を負うだけの自信はございません」と答えたので、先生はその謙虚さと向学心をよろこばれた。

7

子《し》曰《い》わく、

先生がいわれた。

「道行《みちおこな》われず、桴《いかだ》に乗《の》りて海《うみ》に浮《う》かばん。我《わ》れに従《したが》う者《もの》は、其《そ》れ由《ゆう》なる与《か》」

子路《しろ》之れを聞《き》きて喜《よろこ》ぶ。

子《し》曰《い》わく、

「由《ゆう》や勇《ゆう》を好《この》むこと我《わ》れに過《す》ぎたり。材《ざい》を取《と》る所無《ところな》からん」

子曰、道不行、乗桴浮于海、従我者、其由與、子路聞之喜、子曰、由也好勇過我、無所取材、

「世の中が乱れ、正しい道がなおざりにされている。いっそ、いかだに乗って海に出ようか。私についてくるのは、まあ由《ゆう》（子路《しろ》）くらいかな」

これを伝え聞いた血気盛んな子路は、喜んだ。

それを聞いた先生は、「由が勇ましいのを好むのは、私以上だ。しかし、粘り強く航海を続けるためのいかだの材料は持っていない」と子路の弱点である精神的な成熟や学問の足りないことを指摘し、さとされた。（勇を支える精神の材料が大切である）

8

孟武伯《もうぶはく》、問《と》う、

孟武伯《もうぶはく》が先生に、「子路は仁を持つ

「子路《しろ》は仁《じん》なる乎《か》」

子曰《しい》わく、「知《し》らざる也《なり》」

又《ま》た問《と》う。子曰《しい》わく、「由《ゆう》や、千《せん》乗《じょう》の国《くに》、其《そ》の賦《ふ》を治《おさ》めしむ可《べ》き也《なり》。其《そ》の仁《じん》を知《し》らざる也《なり》」

「求《きゅう》や何如《いかん》」

子曰《しい》わく、「求《きゅう》や、千室《せんしつ》の邑《ゆう》、百《ひゃく》乗《じょう》の家《いえ》、之《こ》れが宰《さい》たらしむ可《べ》き也《なり》。其《そ》の仁《じん》を知《し》らざる也《なり》」

「赤《せき》や何如《いかん》」

子曰《しい》わく、「赤《せき》や、束帯《そくたい》して朝《ちょう》に立《た》ち、賓客《ひんきゃく》と言《い》わしむ可《べ》き也《なり》。其《そ》の仁《じん》を知《し》らざる也《なり》」


人格者ですか」とたずねると、「わかりません」といわれた。

さらに問うので、こう答えられた。

「子路は、大国で兵を訓練させればりっぱな仕事をするでしょうが、仁かどうかはわかりません」

「冉求《ぜんきゅう》（冉有）はいかがでしょうか」

と問われ、「冉求は、千戸を治める卿《けい》・大夫《たいふ》など大きな家の家臣の長となる力はありますが、仁かどうかはわかりません」と答えられた。

「公西赤《こうせいせき》はどうですか」と問われ、

「赤は礼を知っているので、礼服を着て朝廷に立ち、外国の賓客と応接する力はありますが、仁であるかどうかはわかりません（仁というのはたやすい

孟武伯問、子路仁乎、子曰、不知也、又問、子曰、由也、千乘之國、可使治其賦也、不知其仁也、求也何如、子曰、求也、千室之邑、百乘之家、可使爲之宰也、不知其仁也、赤也何如、子曰、赤也、束帶立於朝、可使與賓客言也、不知其仁也、

ものではありません）」

9

子《し》、子貢《しこう》に謂《い》いて曰《い》わく、

「女《なんじ》と回《かい》と、孰《い》ずれか愈《まさ》れる」

対《こた》えて曰《い》わく、

「賜《し》や何《な》んぞ敢《あ》えて回《かい》を望《のぞ》まん。**回《かい》や一《いち》を聞《き》いて以《も》って十《じゅう》を知《し》る。**賜《し》や一《いち》を聞《き》いて以《も》って二《に》を知《し》る」

先生が子貢に、「おまえと回《かい》（顔回《がんかい》）では、どちらがすぐれていると思うか」とたずねられた。

子貢はこう答えた。

「私などがどうして顔回の水準を望めましょう。顔回は一を聞いて十を理解しますが、私は一を聞いて二がわかる程度です」

子《し》曰《い》わく、「如《し》かざる也《なり》。吾《わ》れと女《なんじ》と如《し》かざる也《なり》」

子謂子貢曰、女與回也孰愈、對曰、賜也何敢望回、回也聞一以知十、賜也聞一以知二、子曰、弗如也、吾與女弗如也、

先生は微笑されて、いわれた。「（お前の素直さはいいね）たしかに及ばないね。私もお前と同じで回には及ばないよ」

10

宰予《さいよ》、昼寝《ひるい》ぬ。子《し》曰《い》わく、「朽《く》ちたる木《き》は雕《ほ》る可《べ》からざる也《なり》。糞土《ふんど》の牆《かき》は、朽《ぬ》る可《べ》からざる也《なり》。予《よ》に於《お》いて与《か》、何《な》んぞ誅《せ》めん」

宰予《さいよ》（宰我）がある日なまけて昼に寝ていた。先生はこう厳しくいわれた。「くさった木には彫刻はできない。ぼろぼろになった土塀は、上塗りして修復することはできない。宰予を叱っても、もはやしかたがない」

子曰《しい》わく、「始《はじ》め吾《わ》れ人《ひと》に於《お》けるや、其《そ》の言《げん》を聴《き》きて其《そ》の行《こう》を信《しん》じき。今吾《いまわ》れ人《ひと》に於《お》いてや、其《そ》の言《げん》を聴《き》きて其《そ》の行《こう》を観《み》る。予《よ》に於《お》いて与《か》、是《こ》れを改《あらた》む」

先生は続けてこういわれた。「以前、私は人に対して、その言葉を聴いてその行ないまで信用した。今や、私は人に対して、その言葉を聴いても行ないを観てから判断することにした。宰予のこの一件で考えを改めたのだ」

宰予晝寢、子曰、朽木不可雕也、糞土之牆、不可杇也、於予與何誅、子曰、始吾於人也、聽其言、而信其行、今吾於人也、聽其言、而觀其行、於予與改是、

11

子曰《しい》わく、

先生が、「私はまだ剛という徳を持つ人に会ったことがない」といわれた。

「吾《わ》れ未《い》まだ剛《ごう》なる者《もの》を見《み》ず」

或《あ》るひと対《こた》えて曰《い》わく、

「申棖《しんとう》」

子《し》曰《い》わく、

「棖《とう》や慾《よく》。焉《な》んぞ剛《ごう》なるを得《え》ん」

子曰、吾未見剛者、或對曰、申棖、子曰、
棖也慾、焉得剛、

ある人が、「お弟子の申棖《しんとう》は剛ではないですか」というと、先生は、「棖には欲があります。欲があるのに、どうして強固な意志を持つ剛の徳があると言えましょうか」といわれた。

12

子《し》貢《こう》曰《い》わく、

「我《わ》れ人《ひと》の我《わ》れに加《くわ》うることを欲《ほっ》せざることを、吾《わ》れも亦《ま》た人《ひと》に加《くわ》うること無《な》からんと欲《ほっ》す」


子貢が、「私は人にやられていやなことは、人にはしないようにしようと思っています」というと、先生はいわれた。

「子貢よ、それはおまえにできるよう

子曰《しい》わく、「賜《し》や、爾《なんじ》の及《およ》ぶ所《ところ》に非《あ》らざる也《なり》」

子貢曰、我不欲人之加諸我也、吾亦欲無加諸人、子曰、賜也、非爾所及也、

なことではないよ（言葉にするのは簡単でも、それを生涯実践するのは至難の業だ）」

13

子貢曰《しこうい》わく、「夫子《ふうし》の文章《ぶんしょう》は、得《え》て聞《き》くべき也《なり》。夫子《ふうし》の性《せい》と天道《てんどう》とを言《い》うは、得《え》て聞《き》くべからざる也《なり》」

子貢曰、夫子之文章、可得而聞也、夫子之

子貢が先生を回想してこういった。「先生の学問知識は誰でも聞くことができた。しかし、人の本質と天の道の関係についての先生の考えは深遠なため、先生は話すべき相手を選んだ。だから、めったなことでは聞くことができなかった」

言性与天道、不可得而聞也、

14

子路《しろ》、聞《き》くこと有《あ》りて、未《い》まだ之《こ》れを行《おこな》うこと能《あた》わず。唯《こ》れ聞《き》くこと有《あ》るを恐《おそ》る。

子路有聞、未之能行、唯恐有聞、

子路は、何か有益なことを聞いても、それを自分でできるようになるまでは、さらに何かを聞くことをおそれた（子路は、知るだけで満足する者とはちがい、自ら実践することを重んじた）

15

子貢《しこう》、問《と》うて曰《い》わく、「孔文子《こうぶんし》は何《なに》を以《も》って之《こ》れを文《ぶん》と謂《い》うや」

子貢が、「衛の国の大夫だった孔文《こうぶん》子《し》はどうして、死後、文というりっぱなおくり名をおくられたのですか」とたずねた。

子曰《しい》わく、「敏《びん》にして学《がく》を好《この》み、下問《かもん》を恥《は》じず。是《ここ》を以《も》って之《こ》れを文《ぶん》と謂《い》う也《なり》」

子貢問曰、孔文子何以謂之文也、子曰、敏而好學、不恥下問、是以謂之文也、

16

子《し》、子産《しさん》を謂《い》えらく、「君子《くんし》の道《みち》四《よ》つ有《あ》り。其《そ》の己《おの》れを行《おこな》うや恭《きよう》。其《そ》の上《かみ》に事《つこ》うるや敬《けい》。其《そ》の民《たみ》を養《やしの》うや恵《けい》。其《そ》の民《たみ》を使《つこ》うや義《ぎ》」

先生はこう答えられた。
「生来利発な上に学問を好み、目下の者に質問することも恥じなかった。文は、学問にはげみ、問うことを好むとされている。だから孔文子は、文をおくり名とされるにふさわしいのだ」

先生が鄭《てい》の名宰相の子産《しさん》のことをこういわれた。
「子産は君子の道に沿う四つをそなえていた。行ないにおいては恭、つまりつつしみ深く、目上の人には敬、つまり敬意を忘れず、民に対しては恵、つ

子謂子産、有君子之道四焉、其行己也恭、其事上也敬、其養民也恵、其使民也義、

まり情け深く、民を使うには義、つまり筋を通す（恭・敬・恵・義の四つの徳をそなえ、実践したのは君子の名に値する）」

17

子曰《しい》わく、

「晏平仲《あんぺいちゅう》は善《よ》く人《ひと》と交《まじ》わる。久《ひさ》しくして之《こ》れを敬《けい》す」

子曰、晏平仲善與人交、久而敬之、

先生が斉《せい》の名宰相の晏平仲《あんぺいちゅう》についてこういわれた。

「彼は、交際上手であった。つき合いの長い相手に対しても変わらぬ敬意を持ち続けた（なじめども敬意を忘れず、だ）」

18

子曰《しい》わく、

「臧文仲《ぞうぶんちゅう》、蔡《さい》を居《お》けり。節《せつ》を山《やま》に

先生がいわれた。

「魯《ろ》の大夫の臧文仲《ぞうぶんちゅう》は世間では知者と

し、梲《せつ》に藻《えが》けり。何如《いかん》ぞ其《そ》れ知《ち》ならんや」

子曰、臧文仲居蔡、山節藻梲、何如其知也、

19

子張《しちよう》、問《と》うて曰《い》わく、「令尹子文《れいいんしぶん》、三《み》たび仕《つか》えて令尹《れいいん》と為《な》って、喜《よろこ》ぶ色《いろ》無《な》し。三《み》たび之《こ》れを已《や》むるも、慍《いか》る色《いろ》無《な》し。旧令尹《きゆうれいいん》の政《まつりごと》、必《かなら》ず以《も》って新令尹《しんれいいん》に告《つ》ぐ。何如《いかん》」

子《し》曰《い》わく、「忠《ちゆう》なり」

呼ばれているようだが、君主にのみ許される占いのための大亀の甲羅を持っていた。その亀の甲羅のある部屋の柱の上には山を彫刻し、梁《はり》の上には藻を描いてかざりつけた。こんな出すぎたまねをする者は知者とは言えない」

子張《しちよう》が先生にたずねた。「楚《そ》の国の宰相子文《しぶん》は、三度宰相となってもうれしそうな顔をせず、三度それをやめさせられても怒る表情を見せず、後任の宰相に必ず仕事の引継ぎをきちんとしたということですが、このような人物はいかがでしょうか。」

先生はいわれた。

曰《い》わく、「仁《じん》なりや」

曰《い》わく、「未《い》まだ知《ち》ならず、焉《いずく》んぞ仁《じん》なるを得《え》ん」

「崔子《さいし》、斉《せい》の君《きみ》を弑《しい》す。陳文子《ちんぶんし》、馬十乗有《うまじゆうじようあ》り。棄《す》てて之《こ》れを違《さ》る。他《た》の邦《くに》に至《いた》って、則《すなわ》ち曰《い》わく、猶《な》お吾《わ》が大夫崔子《たいふさいし》がごとき也《なり》と。之《こ》れを違《さ》る。一《ひと》つの邦《くに》に之《ゆ》きて、則《すなわ》ち又《ま》た曰《い》わく、猶《な》お吾《わ》が大夫崔子《たいふさいし》がごとき也《なり》と。之《こ》れを違《さ》る。何如《いかん》」

子《し》曰《い》わく、「清《きよ》し」

曰《い》わく、「仁《じん》なりや」

「忠だね。自分より国のことを考えている」

子張が、「では、仁と言えるでしょうか」というと、こう答えられた。

「仁とは私心のない知者である。子文を仁だとは軽々しくは言えない」

子張がさらにこうたずねた。

「斉の国の家老の崔子《さいし》が君主を殺したとき、同僚であった陳文子《ちんぶんし》は家に馬四十頭を持つほど裕福だったのに、不忠の臣下がいる国を嫌って、財産を捨てて斉を去りました。よその国に行くと、そこでも不忠の者を見て、『ここにも崔子と同じような者がいる』と言って去りました。また別の国に行っても、同じ理由でその国を去りました。この曰《い》わく、「未《い》まだ知《ち》ならず、焉《いずく》んぞ仁《じん》なるを得《え》ん」

子張問曰、令尹子文、三仕爲令尹、無喜色、三已之、無慍色、舊令尹之政、必以告新令尹、何如、子曰、忠矣、曰、仁矣乎、曰、未知、焉得仁、崔子弑齊君、陳文子有馬十乘、棄而違之、至於他邦、則曰、猶吾大夫崔子也、違之、之一邦、則又曰、猶吾大夫崔子也、違之、何如、子曰、清矣、曰、仁矣乎、曰、未知、焉得仁、

人物はいかがでしょう」「清い人物だね」と先生は答えた。「では、仁でしょうか」と子張がたずねると、「彼に完全に私心がなかったかどうかわからないから、仁と軽々しくは言えない（仁とは心全体の徳であり、忠や清という徳があるからといって、仁者であるとは必ずしも言えない）」

20

季文子《きぶんし》、三《み》たび思《おも》うて而《しか》る後《のち》に行《おこの》う。

魯の家老の季文子《きぶんし》は、三度考えてからはじめてそれを実行した。先生はこれを聞かれて、「（考えすぎ

子《し》、之《こ》れを聞《き》きて曰《い》わく、「再《ふたた》びせば斯《こ》れ可《か》なり」

季文子三思而後行、子聞之曰、再斯可矣、

るのもよくない）二度考えたらやるべきかどうかはわかる」といわれた。

21

子《し》曰《い》わく、「甯武子《ねいぶし》、邦《くに》に道《みち》あれば則《すなわ》ち知《ち》、邦《くに》に道《みち》なければ則《すなわ》ち愚《ぐ》。其《そ》の知《ち》は及《およ》ぶ可《べ》き也《なり》。其《そ》の愚《ぐ》は及《およ》ぶ可《べ》からざる也《なり》」

子曰、甯武子、邦有道則知、邦無道則愚、其知可及也、其愚不可及也、

先生がいわれた。「衛《えい》の国の大夫甯武子《ねいぶし》は、国が治まっているときは知者として的確に政治を行なった。しかし、乱れたときは、まるで愚人のように自分の利益を考えないで行動した。彼の知に及ぶことはできても、その大いなる愚はまねができない」

22

子《し》、陳《ちん》に在《あ》りて曰《い》わく、「帰《かえ》らん与《か》、帰《かえ》らん与《か》。吾《わ》が党《とう》の小子《しょうし》、狂簡《きょうかん》にして、斐《ひ》然《ぜん》として章《しょう》を成《な》す。之《こ》れを裁《さい》する所以《ゆえん》を知《し》らず」

子在陳曰、歸與、歸與、吾黨之小子狂簡、斐然成章、不知所以裁之、

先生は流浪中の陳《ちん》の国で、世の中に正しい道が行なわれないことを嘆き、こういわれた。

「ああ、帰ろう、帰ろう。故郷に。魯の若者たちは、志が大きく、錦のように模様や色彩は美しいが、それをどう裁断したらいいかわからないでいる（故郷に帰って、若者たちに生きるべき方向性を見つけさせてやりたい）」

23

子《し》曰《い》わく、

先生がいわれた。

「伯夷《はくい》と叔斉《しゅくせい》は不正を憎んで餓死を選

「伯夷《はくい》・叔斉《しゅくせい》、旧悪《きゅうあく》を念《おも》わず。怨《うら》み是《ここ》を用《も》って希《まれ》なり」

子曰、伯夷叔齊、不念舊惡、怨是用希、

んだほど潔癖な兄弟だが、古い悪事にいつまでもこだわらなかった。そんな度量の大きさがあったから、人から怨《うら》まれることも少なかった」

24

子曰《しい》わく、「孰《た》れか微生高《びせいこう》を直《なお》しと謂《い》うや。或《あ》るひと醯《す》を乞《こ》う。諸《こ》れを其《そ》の鄰《となり》に乞《こ》うて、而《しこ》うして之《こ》れに与《あと》う」

子曰、孰謂微生高直、或乞醯焉、乞諸其鄰、而與之、

先生がいわれた。

「微生高《びせいこう》は直《ちょく》の徳を持っていると言われているらしいが、いったいだれが言っているのだろう。ある人が酢をもらいに行ったとき、隣の家からもらってきて、自分の家の酢のように渡した(こんな見栄張りでは到底、正直とは言えない)」

25

子曰《しい》わく、「巧言《こうげん》、令色《れいしょく》、足恭《すうきょう》、左丘明《さきゅうめい》、之《こ》れを恥《は》ず。丘《きゅう》も亦《ま》た之《こ》れを恥《は》ず。怨《うら》みを匿《かく》して其《そ》の人《ひと》を友《とも》とす、左《さ》丘明《きゅうめい》、之《こ》れを恥《は》ず。丘《きゅう》も亦《ま》た之《こ》れを恥《は》ず」

子曰、巧言令色足恭、左丘明恥之、丘亦恥之、匿怨而友其人、左丘明恥之、丘亦恥之、

先生がいわれた。

「賢人と言われる左丘明《さきゅうめい》は、言葉がうまくて見た目がよく、謙虚すぎるのを恥とした、私もやはり恥とする。また、ある人に対して心の中に怨みがあるのにその人と友達になるのも、左丘明は恥としたが、私もやはり恥とする。」

26

顔淵《がんえん》・季路《きろ》、侍《じ》す。

子《し》曰《い》わく、「盍《なん》ぞ各《おの》おの爾《なんじ》の志《こころざし》を言《い》わざる」

子路《しろ》曰《い》わく、「願《ねが》わくは車馬《しやば》衣軽《いけい》裘《きゆう》、朋友《ほうゆう》と共《とも》にし、之《こ》れを敝《やぶ》りて憾《うら》み無《な》からん」

顔淵《がんえん》曰《い》わく、「願《ねが》わくは善《ぜん》に伐《ほこ》ること無《な》からん。労《ろう》を施《ほどこ》すこと無《な》からん」

子路《しろ》曰《い》わく、「願《ねが》わくは子《し》の志《こころざし》を聞《き》かん」

子《し》曰《い》わく、「**老者《ろうしや》は之《こ》れを安《やす》んじ、**

顔淵《がんえん》（顔回）と季路《きろ》（子路）がおそばにいたとき、先生が、「おまえたちの志を言ってごらん」といわれた。

子路は、「自分の馬車や毛皮の外套《がいとう》を友と共有し、友がそれをダメにしてもうらまないようでありたいです」といった。

顔淵は、「自分の善いところを誇らず、人に対してつらいことをおしつけないようでありたいと思います」といった。

子路が、「どうか先生のお志をお聞かせください」というと、先生がこういわれた。

朋友《ほうゆう》は之《こ》れを信《しん》じ、少者《しょうしゃ》は之《こ》れを懐《なつ》けん」

顔淵季路侍、子曰、盍各言爾志、子路曰、願車馬衣輕裘、與朋友共、敝之而無憾、顔淵曰、願無伐善、無施勞、子路曰、願聞子之志、子曰、老者安之、朋友信之、少者懷之、

「老人には安心されるよう、友人には信頼されるよう、若い人には慕われるようでありたいね」

27

子《し》曰《い》わく、「已《や》んぬるかな。吾《わ》れ未《い》まだ能《よ》く其《そ》の過《あやま》ちを見《み》て、而《しか》も内《うち》に自《み》ずから訟《せ》むる者《もの》を見《み》ざる也《なり》」

先生がいわれた。
「ああ、もうおしまいだなあ。自分の過ちを認めて心の中で自分を責める人を、私は見たことがない」

子曰、已矣乎、吾未見能見其過、而內自訟者也、

28

子《し》曰《い》わく、「十室《じゆつしつ》の邑《ゆう》にも、必《かなら》ず忠信《ちゆうしん》、丘《きゆう》の如《ごと》き者有《ものあ》らん。丘《きゆう》の学《がく》を好《この》むに如《し》かざる也《なり》」

子曰、十室之邑、必有忠信如丘者焉、不如丘之好學也、

先生はいわれた。

「十軒ばかりの村にも、私くらいの忠信の徳を持つ性質の人はきっといるだろう。ただ、私の学問好きには及ばないというだけだ（人は学んではじめて向上する。生来の良い性質だけではだめなのだ）」

雍也第六

1

子曰《しい》わく、「雍《よう》や南面《なんめん》せしむ可《べ》し」

子曰、雍也可使南面、

先生が弟子の雍《よう》（仲弓《ちゅうきゅう》）を評価して、こういった。
「雍は、心がおおようで、民を治めさせてよい人物だ」

2

仲弓《ちゅうきゅう》、子桑伯子《しそうはくし》を問《と》う。子曰《しい》わく、「可《か》なり。簡《かん》」

そう評された仲弓が子桑伯子《しそうはくし》という政治家をどう思うか、先生にたずねた。先生が「まあ、おおようでいい」と仲弓《ちゅうきゅう》曰《い》わく、「敬《けい》に居《い》て簡《かん》を行《おこな》い、以《も》って其《そ》の民《たみ》に臨《のぞ》む。亦《ま》た可《か》ならず乎《や》。簡《かん》に居《い》て簡《かん》を行《おこな》う。乃《すなわ》ち大《はなは》だ簡《かん》なる無《な》からん乎《や》」子《し》曰《い》わく、「雍《よう》が言然《げんしか》り」

仲弓問子桑伯子、子曰、可也、簡、仲弓曰、居敬而行簡、以臨其民、不亦可乎、居簡而行簡、無乃大簡乎、子曰、雍之言然、

いわれると、仲弓は、「敬というつつしみ深い心を持ち、なおかつおおような態度で臨むならばよいと思いますが、単におおような心でおおように事を行なうのでは、おおようすぎて大雑把《おおざっぱ》になってしまうのではないでしょうか」といった。

先生は、「雍の言うとおりだ」といわれた。

3

哀公《あいこうと》問う、「弟子《ていし》、孰《たれ》か学《がく》を好《この》むと為《な》す」

孔子《こうし》、対《こた》えて曰《い》わく、

哀公《あいこう》が、「弟子の中で、誰が学問好きと言えるか」とたずねられた。

先生は、こう答えられた。

「顔回《がんかい》という者がありまして、本当の

「顔回《がんかい》なる者有《ものあ》り、学《がく》を好《この》む。怒《いか》りを遷《うつ》さず。過《あやま》ちを弐《ふた》たびせず。不幸《ふこう》、短命《たんめい》にして死《し》せり。今《いま》や則《すなわ》ち亡《な》し。未《い》まだ学《がく》を好《この》む者《もの》を聞《き》かざる也《なり》」

哀公問、弟子孰爲好學、孔子對曰、有顏回者、好學、不遷怒、不貳過、不幸短命死矣、今也則亡、未聞好學者也、

学問好きでした。怒って八つ当たりすることはなく、同じあやまちを二度することはありませんでした。不幸にして短命で亡くなり、今は学問好きと言えるほどの者は門下にはおりません。世の中でも学問好きという者は聞いたことがありません」

4

子華《しか》、斉《せい》に使《つか》いす。冉子《ぜんし》、其《そ》の母《はは》の為《た》めに粟《ぞく》を請《こ》う。子曰《しい》わく、

門人の子華《しか》（公西赤《こうせいせき》）が先生の用事で斉《せい》に使いに行った。冉子《ぜんし》（冉求《ぜんきゅう》）は、子華の母のために先生に米をください、と願い出た。

「之《こ》れに釜《ふ》を与《あた》えよ」

益《ま》さんことを請《こ》う。

曰《い》わく、

「之《こ》れに庾《ゆ》を与《あた》えよ」

冉子《ぜんし》之《こ》れに粟五秉《ぞくごへい》を与《あと》う。

子《し》曰《い》わく、

「赤《せき》が斉《せい》に適《ゆ》く也《や》、肥馬《ひば》に乗《の》り、軽裘《けいきゅう》を衣《き》る。吾《わ》れ之《こ》れを聞《き》く。君子《くんし》は急《とぼ》しきを周《すく》うも富《と》めるに継《つ》がず」


子華使於齊、冉子爲其母請粟、子曰、與之釜、請益、曰、與之庾、冉子與之粟五秉、子曰、赤之適齊也、乗肥馬、衣輕裘、吾聞

先生は、「釜《ふ》（六斗四升）の分だけあげなさい」といわれた。

冉子は増してほしい、となお願ったので、「臾《ゆ》（十六斗）の分だけあげなさい」といわれた。しかし、冉子は、それでも足りないと思い独断で五秉《へい》（百六十斗、釜の百二十五倍）もの米を子華の母に与えた。

先生はいわれた。

「赤（子華）が斉に出かけたときは、立派な馬に乗って軽やかな毛皮を着ていた。私の聞くところでは、君子は貧しい人を助けるが、富んでいる人に更に足しはしないものだ（財は、公正、有効に使うべきものだ）」

之也、君子周急不繼富、

5

原思《げんし》、之《こ》れが宰《さい》為《た》り、之《こ》れに粟九《ぞくきゆう》百《ひやく》を与《あと》う。辞《じ》す。

子《し》曰《い》わく、

「毋《いな》、以《も》って爾《なんじ》の隣里《りんり》郷党《きようとう》に与《あた》えん乎《か》」

原思爲之宰、與之粟九百、辭、子曰、毋、以與爾隣里郷黨乎、

先生が魯《ろ》の司法大臣であられたとき、門人の原思《げんし》は代官として働いた。先生は報酬として九百斗の米を与えられたが、原思は辞退した。

先生は、「辞退はするな。自分の働きなのだから。家であまれば、隣近所の貧しい者に与えればよいではないか」といわれた。（財の与え方、受け方の適切さを先生は説かれた）

6

子《し》、仲弓《ちゆうきゆう》を謂《い》いて曰《い》わく、

先生は弟子の仲弓を評してこういわ

「犂牛《りぎゅう》の子《こ》、騂《あか》くして且《か》つ角《かく》ならば、用《もち》うること勿《な》からんと欲《ほっ》すと雖《いえど》も、山川《さんせん》其《そ》れ諸《こ》れを舎《す》てんや」

子謂仲弓曰、犂牛之子、騂且角、雖欲勿用、山川其舎諸、

7

子曰《しい》わく、「回《かい》や其《そ》の心《こころ》、三月《さんがつ》仁《じん》に違《たが》わず。其《そ》の余《よ》は則《すなわ》ち日《ひ》月《つき》に至《いた》るのみ」

れた。

「まだら牛は神の犠牲《いけにえ》として用いることはできないが、その子どもが赤い毛で角が完全なら、親がまだらだという理由で犠牲に用いない人がいたとしても、山や川の神はその子を捨ておかないだろう（仲弓の父の身分はいやしくとも、仲弓のような賢才は世に用いられるだろう。人の価値は生まれでは決まらない。当人の徳と才によるのだ）」

先生がいわれた。

「回（顔回）は三月《みつき》も仁の徳から離れることはない。そのほかの者では、一日か一月《ひとつき》仁の徳に触れるだけで永続き

子曰、回也其心三月不違仁、其餘則日月至焉而已矣、

8

季康子《きこうし》、問《と》う、「仲由《ちゅうゆう》は政《まつりごと》に従《したが》わしむ可《べ》き与《か》」

子《し》曰《い》わく、「由《ゆう》や果《か》。政《まつりごと》に従《したご》うに於《お》いてか何《なに》か有《あ》らん」

曰《い》わく、「賜《し》や政《まつりごと》に従《したが》わしむ可《べ》き与《か》」

曰《い》わく、「賜《し》や達《たつ》。政《まつりごと》に従《したご》うに於《お》いてか何《なに》か有《あ》らん」

曰《い》わく、「求《きゅう》や政《まつりごと》に従《したが》わしむ可《べ》

がしない（仁は身についていることが大切なのだ）」

季康子《きこうし》が先生にたずねた。

「子路《しろ》は、政治を行なうことができますか」

「子路は果、つまり果断で決断力があります。充分、政治はできます」

「子貢《しこう》はいかがですか」

「子貢は達、すなわちものごとがよく見えていますから、充分政治はできます」

「冉求はいかがですか」

「冉求は藝、つまり多才ですから、充

き与《か》」
曰《い》わく、「求《きゅう》や芸《げい》。政《まつりごと》に従《したご》うに於《お》いてか何《なに》か有《あ》らん」

季康子問、仲由可使従政也與、子曰、由也果、於従政乎何有、曰、賜也可使従政也與、曰、賜也達、於従政乎何有、曰、求也可使従政也與、曰、求也藝、於従政乎何有、

9

季氏《きし》、閔子騫《びんしけん》をして費《ひ》の宰《さい》と為《な》らしむ。閔子騫《びんしけんい》曰わく、「善《よ》く我《わ》が為《ため》に辞《じ》せよ。如《も》し我《わ》れ

分政治はできます」

魯の国で力を持つ季氏が、先生の弟子の閔子騫《びんしけん》に使いを送り、自分の領地の代官にしようとした。人徳のある閔子騫は、人の道をわきまえない季氏をきらい、「私のためにうまく断ってく

を復《ま》たする者有《ものあ》らば、則《すなわ》ち吾《わ》れは必《かなら》ず汶《ぶん》の上《ほとり》に在《あ》らん」

季氏使閔子騫爲費宰、閔子騫曰、善爲我辭焉、如有復我者、則吾必在汶上矣、

10

伯牛《はくぎゅう》、疾《や》まい有《あ》り。子《し》、之《こ》れを問《と》う。牖《まど》より其《そ》の手《て》を執《と》りて、曰《い》わく、

「之《こ》れを亡《ほろ》ぼせり。命《めい》なるかな。斯《こ》の人《ひと》にして而《しか》も斯《こ》の疾《や》まい有《あ》るや。斯《こ》の人《ひと》にして而《しか》も斯《こ》の疾《や》まい有《あ》るや」

ださい。もしまた私を任用しようとするなら、魯を去って斉の国へ行くでしょう」と使者にいった。

門人の伯牛《はくぎゅう》が重い病気になり、先生がお見舞いに行かれた。窓越しに伯牛の手をとられて、こう嘆かれた。

「ああなんということだ。これが天命なのか。これほどの人がこんな病気にかかろうとは。これほどの人がこんな病気にかかろうとは」

伯牛有疾、子問之、自牖執其手、曰、亡之、命矣夫、斯人也而有斯疾也、斯人也而有斯疾也、

11

子《し》曰《い》わく、「賢《けん》なるかな回《かい》や。一箪《いったん》の食《し》、一《いっ》瓢《ぴょう》の飲《いん》、陋巷《ろうこう》に在《あ》り。人《ひと》は其《そ》の憂《うれ》いに堪《た》えず。回《かい》や其《そ》の楽《たの》しみを改《あらた》めず。賢《けん》なるかな回《かい》や」

子曰、賢哉回也、一箪食、一瓢飲、在陋巷、人不堪其憂、回也不改其樂、賢哉回也、

先生が顔回についてこういわれた。「賢なるかな回や。一杯の飯と一椀の飲みもので、せまい露地の暮らしだ。ほかの人ならそのつらさに耐えられないだろうが、そんな貧しい暮らしの中でも回は、変わらず心安らかに生を楽しんでいる。賢なるかな回や」

12

冉求《ぜんきゅう》曰《い》わく、「子《し》の道《みち》を説《よろこ》ばざるに非《あら》ず。力足《ちからた》らざる也《なり》」

子《し》曰《い》わく、「力《ちから》足らざる者《もの》は、中道《ちゅうどう》にして廃《はい》す。今女《いまなんじ》は画《かぎ》れり」

冉求曰、非不説子之道、力不足也、子曰、力不足者、中道而廢、今女畫、

冉求が、「先生の道を学ぶことを幸せに思っているのですが、いかんせん私の力が足りず、いまだ身につけるに至っておりません」というと、先生はこういわれた。

「本当に力が足りない者なら、やれるだけやって途中で力を使い果たしてやめることになるはずだ。しかし、おまえはまだ全力を尽くしていない。今おまえは、自分で自分の限界をあらかじめ設定して、やらない言い訳をしているのだ」

13

子《し》、子夏《しか》に謂《い》いて曰《い》わく、「女《なんじ》、君子《くんし》の儒《じゅ》と為《な》れ。小人《しょうじん》の儒《じゅ》と為《な》る無《な》かれ」

子謂子夏曰、女爲君子儒、無爲小人儒、

先生が子夏《しか》にいわれた。

「おまえは、自分の人格を磨く君子としての学者になりなさい。単に知識を誇り有名になりたがる小人的な学者になってはいけない」

14

子游《しゆう》、武城《ぶじょう》の宰《さい》と為《な》る。子《し》曰《い》わく、「女《なんじ》、人《ひと》を得《え》たりや」曰《い》わく、「澹台滅明《たんだいめつめい》なる者《もの》有《あ》り。行《ゆ》くに径《こみち》

弟子の子游《しゆう》が魯国の武城《ぶじょう》という地の長官となった。

先生は、「部下にりっぱな人物を見つけることができたかね」と問われた。

子遊は、「澹台滅明《たんだいめつめい》という者がいます。公正な人物で、妙な近道をしてご

に由《よ》らず。公事《こうじ》に非《あら》ざれば、未《い》まだ嘗《か》つて偃《えん》の室《しつ》に在《いた》らざる也《なり》」

子游爲武城宰、子曰、女得人焉耳乎、曰、有澹臺滅明者、行不由徑、非公事、未嘗至於偃之室也、

まかすことはありません。公事でなければ、長官である私（偃《えん》）の室《へや》に来たことはありません」と答えた。

15

子《し》曰《い》わく、「孟之反《もうしはん》、伐《ほこ》らず。奔《はし》って殿《でん》たり。将《まさ》に門《もん》に入《い》らんとす。其《そ》の馬《うま》に策《むち》うって曰《い》わく、敢《あ》えて後《おく》るるに非《あら》ざる也《なり》。馬《うま》進《すす》まざる也《なり》」

先生がいわれた。
「魯の大夫の孟之反《もうしはん》は、自分の功を誇ることがなかった。斉の国との戦いに敗れ敗走する時に、自軍の一番後ろで敵の反撃を防ぎながら進んだ。こうしたしんがりをつとめることは武功であるが、無事魯の城門に入ろうとする時、

子曰、孟之反不伐、奔而殿、將入門、策其馬曰、非敢後也、馬不進也、

16

子《し》曰《い》わく、「祝鮀《しゅくだ》の佞《ねい》有《あ》りて、而《しか》も宋朝《そうちょう》の美《び》有《あ》らずば、難《かた》いかな、今《いま》の世《よ》に免《まぬが》るること」

子曰、不有祝鮀之佞、而有宋朝之美、難乎免於今之世矣、

自分の乗っている馬をあえて鞭打ってこう言った。『自分は別に進んでしんがりをつとめたわけではない。たまたまこの馬が進まなかったのだ』（勇気があって、しかも威張らない。手本とすべき人物だ）」

先生がいわれた。

「今の世は衰退して形ばかりがもてはやされる。祝鮀《しゅくだ》のような口先のうまさと宋《そう》の公子朝《ちょう》のような顔のよさの両方がないと、今の世ではうまくいかない（徳が評価されないようでは駄目だ）」

17

子曰《しい》わく、「誰《たれ》か能《よ》く出《い》づるに戸《こ》に由《よ》らざらん。何《な》んぞ斯《こ》の道《みち》に由《よ》ること莫《な》きや」

子曰、誰能出不由戸、何莫由斯道也、

先生がいわれた。
「人は家を出るのに必ず門を通る。それなのに、なぜ事を行なうのに、筋の通った道を通らずに平気でいるのか（事を行なうのには必ず通るべき道理の門があるのだ）」

18

子曰《しい》わく、「質《しつ》、文《ぶん》に勝《か》てば則《すなわ》ち野《や》。文《ぶん》、質《しつ》に勝《か》てば則《すなわ》ち史《し》。文質彬彬《ふんしつひんぴん》として、然《しか》る後《のち》に君子《くんし》」

先生がいわれた。
「質朴な内面（質《きじ》）が表に出る言動（文《かざり》）よりも勝ちすぎると粗野になる。表に出る言動が質朴さに勝ると、文書役人のように要領はよくても誠が足り

子曰、質勝文則野、文勝質則史、文質彬彬、然後君子、

なくなる。文《かざり》と質《きじ》、つまり外への表われと内の充実の両面がバランスよくととのっているのが、君子というものだ」

19

子《し》曰《い》わく、「人《ひと》の生《い》くるや直《なお》し。罔《あざ》むくものの生《い》くるは、幸《さいわい》にして免《まぬが》る」

子曰、人之生也直、罔之生也、幸而免、

先生がいわれた。「人が生きていくには、人としてのよい本性が曲げられないまっすぐさが大切だ。このまっすぐさをなくして生きているとするなら、それはたまたま助かっているだけだ」

20

子《し》曰《い》わく、「之《こ》れを知《し》る者《もの》は之《こ》れを好《この》む者《もの》に

先生がいわれた。「学ぶにおいて、知っているというの

如《し》かず。之《こ》れを好《この》む者《もの》は之《こ》れを楽《たの》しむ者《もの》に如《し》かず」

子曰、知之者不如好之者、好之者不如樂之者、

は好むには及ばない。学問を好む者は、学問を楽しむ者には及ばない」

21

子曰《しい》わく、「中人以上《ちゅうじんいじょう》には、以《も》って上《かみ》を語《かた》る可《べ》き也《なり》。中人以下《ちゅうじんいか》には、以《も》って上《かみ》を語《かた》る可《べ》からざる也《なり》」

子曰、中人以上、可以語上也、中人以下、不可以語上也、

先生がいわれた。

「中級以上の人には、上級のことを話してもよいが、中級以下の人には上級のことは話せない（教える内容は、相手の水準によって変わってくる）」

22

樊遅《はんち》、知《ち》を問《と》う。子曰《しい》わく、「民《たみ》の義《ぎ》を務《つと》め、鬼神《きしん》を敬《けい》して之《こ》れを遠《とお》ざく。知《ち》と謂《い》う可《べ》し」仁《じん》を問《と》う。曰《い》わく、「仁《じん》なる者《もの》は難《かた》きを先《さき》とし後《のち》に獲《う》る。仁《じん》と謂《い》う可《べ》し」

樊遅問知、子曰、務民之義、敬鬼神而遠之、可謂知矣、問仁、曰、仁者先難而後獲、可謂仁矣、

樊遅《はんち》が知についておたずねすると、先生はこういわれた。

「人としてなすべき義を務め、人知の及ばない鬼神や霊は大切にしつつも遠ざけておく。これは知と言える」

仁についておたずねすると、「仁の人は難しい事を先にやり、自分の利益を後回しにする。これは仁と言える」

といわれた。

23

子曰《しい》わく、「知者《ちしや》は水《みず》を楽《この》み、仁者《じんしや》は山《やま》を楽《この》む。知者《ちしや》は動《うご》き、仁者《じんしや》は静《しず》かなり。知者《ちしや》は楽《たの》しみ、仁者《じんしや》は寿《いのち》ながし」

子曰、知者樂水、仁者樂山、知者動、仁者靜、知者樂、仁者壽、

先生がいわれた。「知の人と仁の人とでは性質が異なる。知の人は心が活発なので流れゆく水を好み、仁の人は心が落ち着いているので不動の山を好む。知の人は動き、仁の人は静かである。したがって、知の人は快活に人生を楽しみ、仁の人は心安らかに長寿となる」

24

子曰《しい》わく、「斉一変《せいいっぺん》せば魯《ろ》に至《いた》らん。魯一変《ろいっぺん》せば道《みち》に至《いた》らん」

子曰、齊一變至於魯、魯一變至於道、

先生がいわれた。「斉の国が少し変わって礼を尊ぶようにすれば、魯の国のようになれる。魯には周《しゅう》の伝統が残っているので、少し変われば、道、すなわち理想的な道徳政治に至ることができるであろう（道

25

子《し》曰《い》わく、

「觚《こ》、觚《こ》ならず。觚《こ》ならんや。觚《こ》ならんや」

子曰、觚不觚、觚哉、觚哉、

26

宰我《さいが》、問《と》うて曰《い》わく、

「仁者《じんしゃ》は之《こ》れに告《つ》げて、井《い》に仁有《じんあ》りと曰《い》うと雖《いえど》も、其《そ》れ之《こ》れに従《したが》わ

の実現は、『少し』を積み重ねれば可能なのだ）」


先生がいわれた。

「觚《こ》は本来飲酒の礼で用いるかどのある小さな器だが、これではもはや觚とは言えない。これではもはや觚とは言えない（名と実が一致していない。中身を失った言葉はむなしい）」


宰我《さいが》が先生にこうたずねた。

「仁の人は思いやりの心がありすぎて人に騙《だま》されることがあるのではないかと心配になります。たとえば、人が偽

んや」

子《し》曰《い》わく、「何《な》ん為《す》れぞ其《そ》れ然《しか》らんや。君子《くんし》は逝《ゆ》かしむ可《べ》き也《なり》。陥《おと》しいる可《べ》からざる也《なり》。欺《あざむ》く可《べ》き也《なり》。罔《し》う可《べ》からざる也《なり》」

宰我問曰、仁者雖告之曰、井有仁焉、其従之也、子曰、何爲其然也、君子可逝也、不可陥也、可欺也、不可罔也、

って『井戸に人が落ちています』と言われたら、自ら井戸の中に入って救けようとしてしまうのではないでしょうか」

先生はこう答えられた。

「そんなことにはならないよ。仁の心を持つ君子を井戸の前まで行かせることはできても、井戸に落ち込ませることはできない。（仁の人はあわて者でも愚か者でもない）ちょっと騙すことはできても、騙し続けることはできない（仁のゆえに危険に陥るということはないから、心配はいらない）」

27

子《し》曰《い》わく、

先生がいわれた。

「君子は博《ひろ》く書物を読んで、礼という

「君子《くんし》は博《ひろ》く文《ぶん》に学《まな》びて、之《こ》れを約《やく》するに礼《れい》を以《も》ってす。亦《ま》た以《も》って畔《そむ》かざる可《べ》し」

子曰、君子博學於文、約之以禮、亦可以弗畔矣夫、

規範で身をひきしめていくなら道に外れることはないね」
（顔淵第十二・15に重出）

28

子《し》、南子《なんし》を見《み》る。子路《しろ》説《よろこ》ばず。夫《ふう》子《し》之《こ》れに矢《ちこ》うて曰《い》わく、「予《わ》れの否《しか》らざる所《ところ》の者《もの》は、天《てん》之《こ》れを厭《す》てん、天《てん》之《こ》れを厭《す》てん」

子見南子、子路不說、夫子矢之曰、予所否

先生が衛《えい》の霊公《れいこう》の夫人の南子《なんし》に会われた。

南子は不品行という評判だったので、子路はこのことを不満に思った。先生は子路にこう誓っていわれた。

「私の行ないに道に外れることがあるならば、天が私を見捨てるだろう。天

者、天厭之、天厭之、

が私を見捨てるだろう」

29

子《し》曰《い》わく、「中庸《ちゅうよう》の徳《とく》為《た》るや、其《そ》れ至《いた》れるかな。民《たみ》鮮《すくな》きこと久《ひさ》し」

子曰、中庸之爲徳也、其至矣乎、民鮮久矣、

先生がいわれた。

「過不足なく極端に走らない中庸《ちゅうよう》の徳は、最上のものだね。だが、人々が中庸の徳を失って久しい（残念なことだ）」

30

子《し》貢《こう》曰《い》わく、「如《も》し博《ひろ》く民《たみ》に施《ほどこ》して、能《よ》く衆《しゅう》を済《すく》うもの有《あ》らば、何如《いかん》。仁《じん》と謂《い》う

子貢が先生に仁についてこうおたずねした。

「もし民にひろく恩恵を与えられて、多くの人を救えるとしたらどうでしょ

べき乎《か》」

子《し》曰《い》わく、「何《な》んぞ仁《じん》を事《こと》とせん。必《かなら》ずや聖《せい》か。堯《ぎょう》・舜《しゅん》も其《そ》れ猶《な》お諸《こ》れを病《や》めるか。夫《そ》れ仁者《じんしゃ》は、己《おの》れを立《た》てんと欲《ほっ》して人《ひと》を立《た》て、己《おの》れを達《たっ》せんと欲《ほっ》して人《ひと》を達《たっ》す。能《よ》く近《ちか》く譬《たと》えを取《と》る。仁《じん》の方《みち》と謂《い》う可《べ》きのみ」

子貢曰、如有博施於民、而能濟衆、何如、可謂仁乎、子曰、何事於仁、必也聖乎、堯舜其猶病諸、夫仁者、己欲立而立人、己欲達而達人、能近取譬、可謂仁之方也已、

う。仁と言えますか」

先生はいわれた。

「仁どころか、もはや聖だね、それは。古代の聖王、堯《ぎょう》や舜《しゅん》でさえ、完全にそうはできないのを悩んだ。(仁をそこまで高く設定してしまうと、身につけにくくなる)仁の人は、つねに他人への心づかいがあるので、自分が身を立てようと思うときは、同時に人も立て、自分が事をなしとげようと思うと、同時に人が事をなしとげるようにもする。他人のことでも自分の身にひきくらべて察する。それが仁を求める道筋だ」

述而第七

I

子曰《しい》わく、「述《の》べて作《つく》らず。信《しん》じて古《いにしえ》を好《この》む。窃《ひそ》かに我《わ》が老彭《ろうほう》に比《ひ》す」

子曰、述而不作、信而好古、竊比於我老彭、

先生がいわれた。
「私は、古《いにし》えの聖人の言ったことを伝えるだけで創作はしない。私は、古えの聖人を信じて、古典を大切にしている。かつて殷《いん》の時代に老彭《ろうほう》という人がいて古人の言ったことを信じて伝えた。私はひそかにこの老彭に自分をなぞらえている」

2

子曰《しい》わく、「黙《もく》して之《こ》れを識《しる》し、学《まな》んで厭《いと》わず。人《ひと》に誨《おし》えて倦《う》まず。何《な》んぞ我《わ》れに有《あ》らん哉《や》」

子曰、默而識之、學而不厭、誨人不倦、何有於我哉、

先生がいわれた。
「大切なことを黙って心に刻み覚える。学び続けて、あきることがない。人に教えて退屈することがない。この三つのことは私にとって特別難しいことではない」

3

子曰《しい》わく、「徳《とく》の脩《おさ》まらざる、学《がく》の講《こう》ぜざる、義《ぎ》を聞《き》きて徙《うつ》る能《あた》わざる、不善《ふぜん》を

先生がいわれた。
「徳を完全に身につけることができない。学問が進まない。義《ただ》しいことを聞いても自分ではできない。不善を改め

改《あらた》むる能《あた》わざる、是《こ》れ吾《わ》が憂《うれ》い也《なり》」

ることができない。この四つのことを、私は憂《うれ》える」

子曰、德之不脩、學之不講、聞義不能徙、不善不能改、是吾憂也、

4

子《し》の燕居《えんきょ》は、申申如《しんしんじょ》たり。夭夭如《ようようじょ》たり。

先生がくつろいでおられる様子は、のびやかで、にこやかである。

子之燕居、申申如也、夭夭如也、

5

子《し》曰《い》わく、

先生がいわれた。

「甚《はなはだ》しいかな、吾《わ》が衰《おとろ》えたるや。久《ひさ》しいかな、吾《わ》れ復《ま》た夢《ゆめ》に周公《しゅうこう》を見《み》ず」

子曰、甚矣吾衰也、久矣、吾不復夢見周公、

「ひどいものだね、私の気力の衰えも。もう長い間、夢で周公《しゅうこう》を見なくなった（若い頃は夢にまで見てあこがれていたのに）」

6

子曰《しい》わく、「道《みち》に志《こころざ》し、徳《とく》に拠《よ》り、仁《じん》に依《よ》り、芸《げい》に游《あそ》ぶ」

子曰、志於道、據於徳、依於仁、游於藝、

先生がいわれた。

「正しい道に向かって進み、身につけた徳を拠《よ》りどころとし、私欲のない仁の心に沿い、礼・楽・射・御・書・数のような教養を楽しみ幅を広げる（学問を修めるとはこういうことだ）」

7

子《し》曰《い》わく、「束脩《そくしゅう》を行《おこな》う自《よ》り以上《いじょう》は、吾《わ》れ未《い》だ嘗《か》つて誨《おし》うること無《な》くばあらず」

子曰、自行束脩以上、吾未嘗無誨焉、

先生がいわれた。

「人に教えを求める時の手みやげとして最も軽いのは乾肉《ほしにく》十本だが、それを持ってきたならば、つまり最低限の礼をふまえた者ならば、私は教えなかったことは未だかつてない（礼をもって教えを求めた門人には、すべて教えてきた）」

8

子《し》曰《い》わく、「憤《ふん》せずんば啓《けい》せず。悱《ひ》せずんば発《はっ》せず。一隅《いちぐう》を挙《あ》げて三隅《さんぐう》を以《も》って反《かえ》らざれば、則《すなわ》ち復《また》せざる也《なり》」

子曰、不憤不啓、不悱不發、擧一隅不以三

先生がいわれた。

「わかりたいのにわからず身もだえしているようでなければ、指導はしない。言いたくてもうまく言えずもごもごしているのでなければ、はっきり言えるように指導はしない。（自ら求めない者に教えてもしかたがない）四隅のあ

隅反、則不復也、

るものの一隅を示したら、他の三隅を推測してわかるようでなければ、もう一度教えることはしない(類推してわかろうとする気構えのない者はまだ教わる水準に達していない。教えを受けるのには素地が必要なのだ)」

9

子《し》、喪《も》ある者《もの》の側《かたわら》にて食《しょく》すれば、未《い》まだ嘗《か》つて飽《あ》かざる也《なり》。子《し》、是《こ》の日《ひ》に於《お》いて哭《こく》すれば、則《すなわ》ち歌《うた》わず。

子食於有喪者之側、未嘗飽也、子於是日哭、則不歌、

先生は近親者を亡くし喪に服している人のそばで食事をされるときは、十分に召し上がらなかった。また、先生が人のお弔《とむら》いに行かれたときは、弔問者の礼として声をあげて泣かれた。その日は、悲しみと慎みのため、日頃楽しみとされている歌をうたわれなかった。

10

子《し》、顔淵《がんえん》に謂《い》いて曰《い》わく、

「之《こ》れを用《もち》うれば則《すなわ》ち行《おこな》い、之《こ》れを舍《す》つれば則《すなわ》ち蔵《かく》る。惟《た》だ我《わ》れと爾《なんじ》とのみ是《こ》れ有《あ》る夫《かな》」

子路《しろ》曰《い》わく、

「子《し》、三軍《さんぐん》を行《おこな》わば、則《すなわ》ち誰《たれ》と与《とも》にせん」

子《し》曰《い》わく、

「暴虎《ぼうこ》馮河《ひょうか》、死《し》して悔《く》い無《な》き者《もの》は、吾《わ》れ与《とも》にせざる也《なり》。必《かなら》ずや事《こと》に臨《のぞ》みて懼《おそ》れ、謀《はか》りごとを好《この》んで成《な》る者也《ものなり》」


先生が顔淵《がんえん》（顔回《がんかい》）に向かっていわれた。

「君主に用いられたら道を行ない、必要とされなければしりぞいている。こうした出処進退をわきまえたふるまいは、ただ私とおまえだけができることだね」

子路《しろ》は自分もほめてもらいたくなり、自負している勇にかかわらせてこうたずねた。

「先生が大国の数万の軍隊を指揮されるときは、誰と行動をともにしますか」

先生はいわれた。

子謂顏淵曰、用之則行、舍之則藏、惟我與爾有是夫、子路曰、子行三軍、則誰與、子曰、暴虎馮河、死而無悔者、吾不與也、必也臨事而懼、好謀而成者也、

「素手で虎に向かい舟なしで河を渡る。そんな向こう見ずで、死んでも後悔しない者とは、行動をともにしない。必ず事に臨んで慎重に考え、戦略を工夫し成しとげる者と一緒にやりたい（勇は道理にかなってなければ蛮勇になってしまうのだよ）」

11

子《し》曰《い》わく、「富《と》みにして求《もと》む可《べ》くんば、執鞭《しつべん》の士《し》と雖《いえど》も、吾《わ》れ亦《ま》た之《こ》れを為《な》さん。如《も》し求《もと》む可《べ》からずんば、吾《わ》が好《この》む所《ところ》に従《したが》わん」

子曰、富而可求也、雖執鞭之士、吾亦爲之、

先生がいわれた。
「富は本来、天の計らいであり、求めてもいたし方ないものだ。もし人の力で求められるものなら、王が出入りするときの露払いのようなとるに足らない役人仕事でもしよう。しかし、人が求めることのできないものならば、私は好きな道を進もう」

如不可求、従吾所好、

12

子《し》の慎《つつ》しむ所《ところ》は、斉《さい》、戦《せん》、疾《しつ》。

子之所愼、齊、戰、疾、

先生がとりわけつつしんで慎重にされたことは、祭祀をするときに精神を統一する斎《ものいみ》と、戦争と、病気である。

13

子《し》、斉《せい》に在《あ》りて韶《しょう》を聞《き》く。三月《さんがつ》、肉《にく》の味《あじ》わいを知《し》らず。曰《い》わく、「図《はか》らざりき、楽《がく》を為《な》すことの斯《ここ》に至《いた》るや」

子在齊聞韶、三月不知肉味、曰、不圖爲樂

先生が斉《せい》の国に滞在していたとき、斉の国に伝えられていた聖王舜《しゅん》の作った韶《しょう》という音楽を初めて聞き習う機会を得られた。あまりのすばらしさに感動し、三月《みつき》の間この音楽に身も心も奪われ、肉の味のおいしさも気づかれないほどであった。先生はこういわれた。

之至於斯也、

14

冉有《ぜんゆう》曰《い》わく、

「夫子《ふうし》は衛《えい》の君《きみ》を為《たす》けんか」

子貢《しこう》曰《い》わく、

「諾《だく》。吾《わ》れ将《まさ》に之《こ》れを問《と》わんとす」

入《い》りて曰《い》わく、

「伯夷《はくい》・叔斉《しゅくせい》は何《な》ん人《びと》ぞや」

曰《い》わく、

「古《いにしえ》の賢人《けんじん》なり」


「舜の音楽はきっとすばらしいだろうと思ってはいたが、まさかここまで美を尽くし善を尽くしたすばらしいものとは思いもよらなかった」


衛《えい》の国の君主は祖父の遺言により即位したが、存命中の父が即位を求め、子と父の間で争いが起こった。

冉有《ぜんゆう》が、「先生は現在の君主を助けられるだろうか」といったので、子貢《しこう》は、「わかった。私が先生におたずねしてみよう」といい、先生の部屋に行き、こうたずねた。

「伯夷《はくい》と叔斉《しゅくせい》はどのような人物でしょうか」

曰《い》わく、「怨《うら》みたる乎《か》」

曰《い》わく、「仁《じん》を求《もと》めて仁《じん》を得《え》たり。又《ま》た何《なに》をか怨《うら》まん」

出《い》でて曰《い》わく、「夫子《ふうし》は為《たす》けざる也《なり》」

冉有曰、夫子爲衞君乎、子貢曰、諾、吾將問之、入曰、伯夷叔齊何人也、曰、古之賢人也、曰、怨乎、曰、求仁而得仁、又何怨、出曰、夫子不爲也、

先生は、「古えの賢人だ」といわれた。

さらに子貢が、「二人は国王の子でありながら、国を譲りましたが、君主の位につかなかったことを怨《うら》み、後悔したでしょうか」とたずねると、こう答えられた。

「二人は、仁を求めて仁を得たのだ。どうして怨みや後悔などがあろうか」

これを聞いた子貢は先生の部屋を退出して、冉有に向かってこういった。「先生に直接、衛の国のことをおたずねするのもどうかと思って、伯夷叔斉のことをおたずねした。弟の叔斉は父の遺言では君主を継ぐことになっていたが、兄の伯夷に譲り、兄は父の命《めい》に

そむくことになるからと自らは辞退した。状況的には今と似ている。が、態度は正反対だ。先生は伯夷叔斉を良しとされた。先生は、父と争うような衛の君主をお助けにはならないだろう」

15

子《し》曰《い》わく、「疏《そ》食《し》を飯《く》らい水《みず》を飲《の》み、肱《ひじ》を曲《ま》げて之《こ》れを枕《まくら》とす。楽《たの》しみ亦《ま》た其《そ》の中《うち》に在《あ》り。不義《ふぎ》にして富《と》み且《か》つ貴《とうと》きは、我《わ》れに於《お》いて浮雲《ふうん》の如《ごと》し」

子曰、飯疏食飲水、曲肱而枕之、樂亦在其中矣、不義而富且貴、於我如浮雲、

先生がいわれた。

「粗末な飯を食べ、水を飲み、腕を枕にする。このような生活の中にも楽しみはあるものだ。義《ただ》しくないことをして金持ちになり、身分が高くなるようなことは、私にとっては浮き雲のようにはかないことだ」

16

子《し》曰《い》わく、「我《わ》れに数年《すうねん》を加《くわ》え、五十《ごじゅう》にして亦《ま》た以《も》って学《まな》べば、以《も》って大《おお》いなる過《あや》まち無《な》かる可《べ》し」

子曰、加我數年、五十以學亦、可以無大過矣、

先生がいわれた。

「私にもしあと数年の命が与えられ、五十歳でまだ学ぶことができるなら、大きな過ちをしないようになるであろう」

17

子《し》の雅《つね》に言《い》う所《ところ》は、詩《し》、書《しょ》、執礼《しつれい》、皆《み》な雅《つね》に言《い》う也《なり》。

先生がいつも言われるのは、『詩経《しきょう》』と先王の故事の書かれている『書経《しょきょう》』、そして人が守るべき礼のことであった。

子所雅言、詩書執禮、皆雅言也、

18

葉公《しょうこう》、孔子《こうし》を子路《しろ》に問《と》う。子路《しろ》対《こた》えず。子曰《しい》わく、「女《なんじ》奚《な》んぞ曰《い》わざる、其《そ》の人《ひと》と為《な》りや、憤《いきどお》りを発《はつ》して食《しょく》を忘《わす》れ、楽《たの》しんで以《も》って憂《うれ》いを忘《わす》れ、老《お》いの将《まさ》に至《いた》らんとするを知《し》らざるのみと」

葉公問孔子於子路、子路不對、子曰、女奚不曰、其爲人也、發憤忘食、樂以忘憂、不知老之將至云爾、

楚《そ》国の長官の葉公《しょうこう》が子路に先生の人物についてたずねたが、子路は答えなかった。これを知った先生はこういわれた。

「おまえはどうしてこう言わなかったのか。その人となりは、学問に発憤《はっぷん》しては食べることも忘れ、道を楽しんで憂いを忘れ、老いてゆくことにさえ気づかないでいる、そんな人物だと」

19

子曰《しい》わく、「我《わ》れは生《う》まれながらにして之《こ》れを知《し》る者《もの》に非《あら》ず。古《いにしえ》を好《この》み敏《びん》にして以《も》って之《こ》れを求《もと》むる者《もの》なり」

子曰、我非生而知之者、好古敏以求之者也、

先生がいわれた。

「私は生まれつきものごとの道理をわきまえている者ではない。ただ、古えを好んで、ひたすらに道理を求めてきた人間だ」

20

子《し》は怪力乱神《かいりきらんしん》を語《かた》らず。

子不語怪力亂神、

先生は怪・力《りょく》・乱・神を語らなかった。（奇怪なことより平常を、力わざより徳を、乱よりも治を、鬼神よりも人を大切にされた）

21

子《し》曰《い》わく、「三人《さんにん》行《あゆ》めば、必《かなら》ず我《わ》が師《し》有《あ》り。其《そ》の善《よ》き者《もの》を択《えら》んで之《こ》れに従《したご》う。其《そ》の善《よ》からざる者《もの》にして之《こ》れを改《あらた》む」

子曰、三人行、必有我師焉、擇其善者而從之、其不善者而改之、

先生がいわれた。「私は三人で行動したら、必ずそこに自分の師を見つける。他の二人のうち一人が善い者でもう一人が悪い者だとすると、善い者からはその善いところをならい、悪い者についてはその悪いところが自分にはないか反省して修正する（どこにいても師はいる。我以外皆師である）」

22

子《し》曰《い》わく、「天《てん》、徳《とく》を予《わ》れに生《な》せり。桓魋《かんたい》其《そ》

先生が弟子たちにいわれた。「天は私に徳を授けられた。桓魋《かんたい》は私を殺そうとしたが、桓魋ごときが私を

れ予《わ》れを如何《いかん》」

子曰、天生德於予、桓魋其如予何、

害そうとしても天命を受けた私の身をどうすることができよう（諸君は安心していなさい）」

23

子曰《しい》わく、「二三子《にさんし》、我《わ》れを以《も》って隠《かく》せりと為《な》すか。**吾《わ》れは隠《かく》す無《な》きのみ**。吾《わ》れ行《おこな》いて二三子《にさんし》と与《とも》にせざる無《な》き者《もの》は、是《こ》れ丘《きゅう》なり」

子曰、二三子、以我爲隱乎、吾無隱乎爾、吾無行而不與二三子者、是丘也、

先生が弟子たちにいわれた。

「諸君は、私が隠しごとをしていると思うか。私は隠しごとなどしない。私の行動はすべて諸君とともにある。これが、私、丘《きゅう》なのだ」

24

子《し》は四《よ》つを以《も》って教《おし》う。文《ぶん》。行《こう》。忠《ちゅう》。信《しん》。

子以四教、文、行、忠、信、

先生は文・行・忠・信という四つのことを教えられた（詩書礼楽を学ぶこと（文）、学んだことを実践すること（行）、人に真心をもって接すること（忠）、うそ偽りのないこと（信）、である）

25

子《し》曰《い》わく、「聖人《せいじん》は吾《わ》れ得《え》て之《こ》れを見《み》ず。君《くん》子《し》者《しゃ》を見《み》るを得《え》ば、斯《こ》れ可《か》なり」

子《し》曰《い》わく、「善人《ぜんにん》は吾《わ》れ得《え》て之《こ》れを見《み》ず。恒《つね》

先生がいわれた。「聖人に出会うことはさすがにかなわないが、君子の徳を持つすぐれた人に会えればそれでいい」またいわれた。「徳をそなえた善き人に出会うことはできなくとも、せめて『恒《つね》ある者』、

有《あ》る者《もの》を見《み》るを得《え》ば、斯《こ》れ可《か》なり。亡《な》くして有《あ》りと為《な》し、虚《むな》しくして盈《み》てりと為《な》し、約《まず》しくして泰《ゆた》かなりと為《な》す。恒有《つねあ》るに難《かた》し」

子曰、聖人吾不得而見之矣、得見君子者、斯可矣、子曰、善人吾不得而見之矣、得見有恒者、斯可矣、亡而爲有、虚而爲盈、約而爲泰、難乎有恒矣、

つまり自分の中に正しい基準があってブレない人間に会えれば、それでいい。無いのにあるように見せかけ、中身がからっぽなのに満ちているように見せ、貧しいのに豊かであるように見せているようでは、『恒ある者』になるのは難しい」

26

子《し》、釣《つ》りして綱《こう》せず。弋《よく》して宿《しゅく》を射《い》ず。

子釣而不綱、弋不射宿、

先生は釣りはされるが、魚を一度に大量に捕るはえなわは使われない。矢に糸をつけて飛ぶ鳥を射られることはあるが、ねぐらで寝ている鳥を不意打

27

子《し》曰《い》わく、「蓋《けだ》し知《し》らずして之《こ》れを作《つく》る者《もの》有《あ》らん。我《わ》れは是《こ》れ無《な》き也《なり》。**多《おお》く聞《き》き其《そ》の善《よ》き者《もの》を択《えら》びて之《こ》れに従《したが》い、多《おお》く見《み》て之《こ》れを識《しる》すは、知《し》るの次《つ》ぎ也《なり》**」

子曰、蓋有不知而作之者、我無是也、多聞擇其善者而從之、多見而識之、知之次也、

28

ちはされない。

先生がいわれた。

「真に道理を知っているわけでもないのに創作する者がいるが、私はそのようなことはしない。たくさん聞いてその中から善いものを選んで従い、たくさん見て記憶しておくようにする。真に道理を知ることは難しくとも、これならばできる」

互郷《ごきょう》、与《とも》に言《い》い難《がた》し。童子《どうじ》見《まみ》ゆ。門人惑《もんじんまど》う。子曰《しい》わく、「其《そ》の進《すす》むに与《くみ》する也《なり》。其《そ》の退《しりぞ》くに与《くみ》せざる也《なり》。唯《ひと》えに何《な》んぞ甚《はなはだ》しきや。人己《ひとおの》れを潔《いさぎよ》くして以《も》って進《すす》む。其《そ》の潔《いさぎよ》きに与《くみ》する也《なり》。其《そ》の往《おう》を保《ほ》せざる也《なり》」

互郷難与言、童子見、門人惑、子曰、与其進也、不与其退也、唯何甚、人潔己以進、与其潔也、不保其往也、

互郷《ごきょう》という地方は風紀が悪く、善について語るのは難しいのだが、ある日その地方の子どもが先生に面会に来た。弟子たちはとまどったが、先生はこう諭《さと》された。

「学ぼうという姿勢がないならどうしようもないが、教えを求めて自ら進んでやって来たのは、すばらしいことではないか。それなのに土地柄という先入見であやしむのは、ひどすぎる。環境や過去のことは問わない。人が身と心を清くしてやって来るのなら、力になってやりたい」

29

子曰《しい》わく、

先生がいわれた。

「仁遠《じんとお》からんや。我《わ》れ仁《じん》を欲《ほっ》すれば、斯《ここ》に仁至《じんいた》る」

子曰、仁遠乎哉、我欲仁、斯仁至矣、

30

陳《ちん》の司敗《しはい》、問《と》う、「昭公《しょうこう》は礼《れい》を知《し》れる乎《か》」

孔子《こうし》曰《い》わく、「礼《れい》を知《し》れり」

孔子《こうし》退《しりぞ》く。巫馬期《ふばき》を揖《ゆう》して之《こ》れを進《すす》めて、曰《い》わく、

「吾《わ》れ聞《き》く、君子《くんし》は党《とう》せずと。君《くん》

「仁ははたして遠いものだろうか。私たちが仁を心から求めるなら、仁はすぐここにある」

陳《ちん》の国の司法官が、「礼に詳しかったと言われる魯《ろ》の先代の君主昭公《しょうこう》は、本当に礼をわきまえておられましたか。」とたずねると、先生は、「わきまえておられた。」と答えた。

先生が退出されると、その司法官は、門人の巫馬期《ふばき》に会釈して側《そば》に近寄らせていった。

「君子は仲間びいきはしないと聞いて

子《し》も亦《ま》た党《とう》する乎《か》。君《きみ》、呉《ご》に取《めと》れり。同姓《どうせい》なるが為《ため》に、之《こ》れを呉孟《ごもう》子《し》と謂《い》う。君《きみ》にして礼《れい》を知らば、孰《たれ》か礼《れい》を知《し》らざらん」

巫馬期《ふばき》以《も》って告《つ》ぐ。子《し》曰《い》わく、

「丘《きゅう》や幸《さいわい》なり。苟《いや》しくも過《あやま》ち有《あ》れば、人必《ひとかなら》ず之《こ》れを知《し》る」


陳司敗問、昭公知禮乎、孔子曰、知禮、孔子退、揖巫馬期而進之、曰、吾聞、君子不黨、君子亦黨乎、君取於呉、爲同姓、謂之呉孟子、君而知禮、孰不知禮、巫馬期以告、子曰、丘也幸、苟有過、人必知之、

いますが、君子である孔子先生も仲間びいきをするのですか。魯の君主の昭公は呉《ご》の国から夫人をめとりました。呉と魯は同じ姫《き》姓で、同姓同士は結婚しないのが、周《しゅう》の礼です。昭公はこれをごまかすために、夫人が本来、呉姫と名乗るべきところを、呉孟子と名乗らせ、子姓の宋《そう》の国の婦人のようにしました。こんな礼に外れたことをする昭公が礼を知っているとするなら、礼をわきまえない人など世の中にいないことになります」

　巫馬期が先生にこのことをお伝えすると、先生はこういわれた。

「私はしあわせ者だ。もし過ちがあれば、誰かがきっと気づいて教えてくれ

31

子《し》、人《ひと》と歌《うた》いて善《よ》ければ、必《かなら》ず之《こ》れを反《かえ》さしめて、而《しか》る後《のち》に之《こ》れに和《わ》す。

子與人歌而善、必使反之、而後和之、

32

子《し》曰《い》わく、

「文《ぶん》は吾《わ》れ人《ひと》の猶《ごと》くなること莫《な》からんや。躬《み》も君子《くんし》を行《おこの》うことは、則《すなわ》ち吾《わ》れ未《い》まだ之《こ》れを得《う》る有《あ》ら

る」

先生は、人といっしょに歌われて、その人がうまければ、必ずその歌をくり返させて、自分もまた声を合わせて合唱された。

先生がいわれた。

「文章、学問では私も人並みだが、君子としての行ないでは、まだ十分とはいえない」

ず」

子曰、文莫吾猶人也、躬行君子、則吾未之有得、

33

子曰《しい》わく、「聖《せい》と仁《じん》との若《ごと》きは、則《すなわ》ち吾《わ》れ豈《あ》に敢《あ》えてせんや。抑《そもそ》も之《こ》れを為《な》して厭《いと》わず、人《ひと》に誨《おし》えて倦《う》まざるは、則《すなわ》ち謂《い》う可《べ》きのみ」公西華《こうせいか》曰《い》わく、「正《まさ》に唯《こ》れ弟子《ていし》学《まな》ぶ能《あた》わざる也《なり》」


先生がいわれた。

「聖とか仁などということは、私にはとても当てはまらない。ただ、聖や仁に向かって努力するのがいやになることがなく、聖と仁への道を人に教えてあきることがない、とは言ってもらってもいいかもしれない」

弟子の公西華《こうせいか》はいった。

「まさにそれこそ私たち弟子が真似の

子曰、若聖與仁、則吾豈敢、抑爲之不厭、誨人不倦、則可謂云爾已矣、公西華曰、正唯弟子不能學也、

できないことです」

34

子《し》の疾《や》まい病《へい》なり。子路《しろ》、禱《いの》らんことを請《こ》う。子《し》曰《い》わく、「諸《こ》れ有《あ》りや」子路《しろ》対《こた》えて曰《い》わく、「之《こ》れ有《あ》り。誄《るい》に曰《い》わく、爾《なんじ》を上《しょう》下《か》の神祇《しんぎ》に禱《いの》ると」子《し》曰《い》わく、「丘《きゅう》の禱《いの》ること久《ひさ》し」

先生の病が重くなったとき、子路が鬼神にお祈りしたいと先生に願い出た。

先生が、「そんな先例があったか。」と言われると、子路は、「あります。古《いにし》えの言葉に『なんじのことを天地の神々に祈る』とあります」といった。

先生はいわれた。

「自分のためのお祈りは久しくやっていない（私のために仰々しく鬼神に祈る必要はない）」

子疾病、子路請禱、子曰、有諸、子路對曰、有之、誄曰、禱爾于上下神祇、子曰、丘之禱久矣、

35

子曰《しい》わく、「奢《おご》れば則《すなわ》ち不孫《ふそん》、倹《けん》なれば則《すなわ》ち固《いや》し。其《そ》の不孫《ふそん》ならん与《よ》りは寧《むし》ろ固《いや》しかれ」

子曰、奢則不孫、儉則固、與其不孫也寧固、

先生がいわれた。

「ぜいたくにしていれば傲慢《ごうまん》になり、倹約していると上品でなくなる。両方とも中庸《ちゅうよう》を得ていないが、傲慢で礼を無視するよりは、上品でない方がましだ」

36

子曰《しい》わく、

先生がいわれた。

「君子《くんし》は坦《たん》として蕩蕩《とうとう》。小人《しょうじん》は長《とこしな》えに戚戚《せきせき》」

子曰、君子坦蕩蕩、小人長戚戚、

「君子は心が安らかでのびのびしているが、小人はいつでもくよくよ思い悩んでいる」

37

子《し》は温《おだや》かにして而《しか》も厲《はげ》し。威《い》あって而《しか》も猛《たけ》からず。恭《うやうや》しくして而《しか》も安《やす》し。

子溫而厲、威而不猛、恭而安、

先生は温和できびしさがあり、威厳はあるが猛々《たけだけ》しいところはなく、礼儀正しく丁寧だが安らかできゅうくつなところがない。

泰伯第八

1

子曰《しい》わく、「泰伯《たいはく》は其《そ》れ至徳《しとく》と謂《い》う可《べ》きのみ。三《み》たび天下《てんか》を以《も》って譲《ゆず》る。民得《たみえ》て称《しょう》する無《な》し」

子曰、泰伯其可謂至德也已矣、三以天下譲、民無得而稱焉、

先生がいわれた。
「古《いにし》えの周《しゅう》の国の泰伯《たいはく》という人物こそ最高の徳をそなえていた、といってよい。周の大王の長子であったにもかかわらず、考えがあり、己の取るべき天下を人に譲った。しかもその譲り方が人知れない形だったので、民はその徳をたたえることさえできなかった」

2

子曰《しい》わく、「恭《きょう》にして礼《れい》なければ則《すなわ》ち労《ろう》す。慎《しん》にして礼《れい》なければ則《すなわ》ち葸《し》す。勇《ゆう》にして礼《れい》なければ則《すなわ》ち乱《みだ》る。直《ちょく》にして礼《れい》なければ則《すなわ》ち絞《こう》。君子《くんし》、親《しん》に篤《あつ》ければ、則《すなわ》ち民《たみ》仁《じん》に興《お》こる。故旧《こきゅう》遺《わす》れざれば、則《すなわ》ち民《たみ》偸《うす》からず」

子曰、恭而無禮則勞、愼而無禮則葸、勇而無禮則亂、直而無禮則絞、君子篤於親、則民興於仁、故舊不遺、則民不偸、

先生がいわれた。

「人にうやうやしく接するのはいいが、礼によらないと廃《すた》れてしまう。慎重であるのはいいことだが、礼によらなければ、おそれて事を成せない。勇ましさも礼によらなければ乱暴になる。人に対して真っ直ぐで直接的に言うのも、礼によらなければきびしくなりすぎる。為政者が自分の近親に愛情をもって接するなら、民も仁の徳に目ざめるだろうし、昔なじみを忘れなければ、民は薄情でなくなるだろう」

3

曾子《そうし》、疾《や》まい有《あ》り。門弟子《もんていし》を召《め》して曰《い》わく、「予《わ》が足《あし》を啓《ひら》け、予《わ》が手《て》を啓《ひら》け。詩《し》に云《い》う、戦戦兢兢《せんせんきょうきょう》として、深淵《しんえん》に臨《のぞ》むが如《ごと》く、薄氷《はくひょう》を履《ふ》むが如《ごと》しと。而今《いま》よりして後《のち》は、吾《わ》れ免《まぬが》るることを知《し》るかな、小子《しょうし》」

曾子有疾、召門弟子曰、啓予足、啓予手、詩云、戦戦兢兢、如臨深淵、如履薄氷、而今而後、吾知免夫、小子、

曾子《そうし》が重い病になり死を覚悟したとき、自分の門弟たちを病床に呼んでこういわれた。

「私の足を、手を見てみなさい。不注意による傷がないだろう？　『詩経《しきょう》』に『深い淵《ふち》に落ちないように、薄い氷を踏んでも陥没しないように、日々慎重に』という言葉がある。身体は親からいただいたもので、傷つけるのは親不孝になる。だから私はこれまで慎重に身を傷つけないようにしてきた。私はもうすぐ死ぬから、この先はそんな心配はなくなるがね。君たちも身体を大事にするんだよ」

4

曾子《そうし》、疾《や》まい有《あ》り。孟敬子《もうけいし》、之《こ》れを問《と》う。曾子《そうし》言《い》いて曰《い》わく、「鳥《とり》の将《まさ》に死《し》なんとするや、其《そ》の鳴《な》くこと哀《かな》し。人《ひと》の将《まさ》に死《し》なんとするや、其《そ》の言《げん》や善《よ》し。君子《くんし》の道《みち》に貴《とうと》ぶ所《ところ》の者《もの》は三《さん》。容貌《ようぼう》を動《うご》かせば、斯《ここ》に暴慢《ぼうまん》に遠《とお》ざかる。顔色《がんしょく》を正《ただ》しくすれば、斯《ここ》に信《しん》に近《ちか》づく。辞気《じき》を出《い》だせば、斯《ここ》に鄙倍《ひばい》を遠《とお》ざく。籩豆《へんとう》の事《こと》は、則《すなわ》ち有司《ゆうし》存《そん》す」

曾子有疾、孟敬子問之、曾子言曰、鳥之將

曾子が病床で死を覚悟しているところを、魯《ろ》の家老の孟敬子《もうけいし》が見舞った。曾子が話しかけていわれた。「鳥が死ぬときは鳴き声が哀しくなり、人が死ぬときには、善い言葉を言うとされています。(臨終の私の言葉をお聞きください) 為政者である君子が礼について尊ぶことが三つあります。行動するときは傲慢《ごうまん》さや粗暴さをなくし、顔つきを整えるときは心の誠実さをともなわせ、言葉を発するときは下品さをなくす、この三つが礼にとって大切なことです。祭祀の器物の取り扱いなどについてはそれぞれ役人がやります

死、其鳴也哀、人之將死、其言也善、君子所貴乎道者三、動容貌、斯遠暴慢矣、正顔色、斯近信矣、出辭氣、斯遠鄙倍矣、籩豆之事、則有司存、

5

曾子《そうし》曰《い》わく、「能《のう》を以《も》って不能《ふのう》に問《と》い、多《おお》きを以《も》って寡《とぼ》しきに問《と》い、有《あ》れども無《な》きが若《ごと》く、実《み》つれども虚《むな》しきが若《ごと》く、犯《おか》されて校《あらが》わず。昔者《むかし》、吾《わ》が友《とも》、嘗《かつ》て斯《ここ》に従事《じゅうじ》せり」

曾子曰、以能問於不能、以多問於寡、有若無、實若虛、犯而不校、昔者吾友、嘗從事

ので君子の礼ではありません」

曾子がいわれた。

「自分は才能があるのに才能のない者にさえものを聞き、知識が多いのに少ない者にたずね、道を悟っていながら知らぬ者のように思い、徳が充《み》ちていながら身についていない者のように自分を思い、自分が害されても仕返しはしない。昔、私の友達の顔回《がんかい》はこのようにつとめたものだった」

於斯矣、

6

曾子《そうし》曰《い》わく、「以《も》って六尺《りくせき》の孤《こ》を託《たく》すべく、以《も》って百里《ひやくり》の命《めい》を寄《よ》すべく、大節《たいせつ》に臨《のぞ》んで奪《うば》うべからず。君子人《くんしじん》か。君子人《くんしじん》なり」

曾子曰、可以託六尺之孤、可以寄百里之命、臨大節而不可奪也、君子人與、君子人也、

曾子がいわれた。

「父を失った十代の幼君をあずけることができ、大きな国家において政令を発することができ、人生の大事変にあっても志を奪うことができない。これぞ君子だ」

7

曾子《そうし》曰《い》わく、

曾子がいわれた。

「士《し》は以《も》って弘毅《こうき》ならざる可《べ》からず。任重《にんおも》くして道遠《みちとお》し。仁以《じんも》って己《おの》れが任《にん》と為《な》す。亦《ま》た重《おも》からず乎《や》。死《し》して而《しか》して後已《のちや》む。亦《ま》た遠《とお》からず乎《や》」

曾子曰、士不可以不弘毅、任重而道遠、仁以爲己任、不亦重乎、死而後已、不亦遠乎、

「学に志す士は心が弘《ひろ》く毅《つよ》くなければならない。荷《にな》うものは重く道は遠い。仁を自分の荷として負うのだ、重くならないはずがあろうか。仁を背負って死ぬまで道を行くのだ、なんと遠い道であろうか」

8

子《し》曰《い》わく、「詩《し》に興《お》こり、礼《れい》に立《た》ち、楽《がく》に成《な》る」

先生がいわれた。

「人間は詩によって善の心がふるいたち、礼によって安定し、音楽によって完成する」

子曰、興於詩、立於禮、成於樂、

9

子《し》曰《い》わく、

「民《たみ》は之《こ》れに由《よ》らしむ可《べ》し。之《こ》れを知《し》らしむ可《べ》からず」

子曰、民可使由之、不可使知之、

先生がいわれた。

「一般の人民は、行なうべき道について、したがわせることはできるが、一つ一つ理由を理解させることは難しい（感化するのがよい）」

10

子《し》曰《い》わく、

「勇《ゆう》を好《この》みて貧《まず》しきを疾《にく》むは、乱《みだ》る。人《ひと》にして不仁《ふじん》なるを、之《こ》れを

先生がいわれた。

「血の気が多くて貧乏を嫌うと、むりをして自ら人の道を外しやすい。他人に仁の徳がないからといって、ひどく

疾《にく》むこと已甚《はなはだ》しければ、乱《みだ》る」

子曰、好勇疾貧、亂也、人而不仁、疾之已甚、亂也、

嫌うと、その人は嫌われたことでやけになって道をふみ外しやすい」

11

子《し》曰《い》わく、「如《も》し周公《しゅうこう》の才《さい》の美《び》有《あ》りとも、驕《おご》りて且《か》つ吝《やぶさ》かならしめば、其《そ》の余《よ》は観《み》るに足《た》らざるのみ」

子曰、如有周公之才之美、使驕且吝、其餘不足觀也已、

先生がいわれた。
「もし、だれかが周公《しゅうこう》のように優れた才能を持っていたとしても、その人が驕《おご》り高ぶり、他の人の才能をにくむようなら、その人には才能よりも大切な徳がないのだから、その才能も評価する価値はない」

12

子《し》曰《い》わく、「三年《さんねん》学《まな》びて、穀《こく》に至《いた》らざるは、得《え》易《やす》からざる也《なり》」

子曰、三年學、不至於穀、不易得也、

先生がいわれた。

「長年学問をしているのに、官職を得て俸給をもらおうとしない人は、なかなかいない（ひたすら学問に打ち込む人がもっと出てきてほしい）」

13

子《し》曰《い》わく、「篤《あつ》く信《しん》じて学《がく》を好《この》み、死《し》を守《まも》って道《みち》を善《よ》くす。危邦《きほう》には入《い》らず。乱邦《らんぽう》には居《お》らず。天下《てんか》道《みち》あれば則《すなわ》ち見《あらわ》れ、道無《みちな》ければ則《すなわ》ち隠《かく》る。邦《くに》

先生がいわれた。

「聖人の道を深く信じて学問を好み、命がけで人の道を極める。亡びそうな国には入らず、乱れた国にはとどまらない。天下が治まり正しい道が行なわれる時には仕官して道のために活動し、

に道有《みちあ》るに、貧《まず》しくして且《か》つ賤《いや》しきは、恥《は》じ也《なり》。邦《くに》に道無《みちな》きに、富《と》み且《か》つ貴《とうと》きは、恥《は》じ也《なり》」

子曰、篤信好學、守死善道、危邦不入、亂邦不居、天下有道則見、無道則隱、邦有道、貧且賤焉、恥也、邦無道、富且貴焉、恥也、

14

子曰《しい》わく、「其《そ》の位《くらい》に在《あ》らざれば、其《そ》の政《まつりごと》を謀《はか》らず」

子曰、不在其位、不謀其政、

天下に道がない時には世の中から退いている。国に正しい道があり治まっているのに用いられず貧しく低い地位にいるのは恥だ。国に道がなく乱れているのに、金持ちで高い地位にいるのも恥である」

先生がいわれた。

「その地位、役職にいるのでなければ、その仕事には口出ししないことだ（分限を守るのが大切だ）」

（憲問第十四・27に重出）

15

子《し》曰《い》わく、「師摯《しし》の始《はじ》め、関雎《かんしょ》の乱《おわ》りは、洋《よう》洋乎《ようこ》として耳《みみ》に盈《み》てる哉《かな》」

子曰、師摯之始、關雎之亂、洋洋乎盈耳哉、

先生がいわれた。

「私が魯の国にいた時に、名音楽家の摯《し》が楽官としていたが、始めの歌から最後の合奏まで実にのびやかで美しく、耳いっぱいに広がったものだ」

16

子《し》曰《い》わく、「狂《きょう》にして直《ちょく》ならず、侗《とう》にして愿《げん》ならず、悾悾《こうこう》にして信《しん》ならざるものを、吾《わ》れは之《こ》れを知《し》らず」

先生がいわれた。

「気が大きく志を口にするくせに心がまっすぐでなく、無知なくせにまじめでなく、無能なくせに誠実でない、そんな人は私もどうしようもない」

子曰、狂而不直、侗而不愿、悾悾而不信、
吾不知之矣、

17

子曰《しい》わく、

「学《まな》ぶは及《およ》ばざるが如《ごと》くするも、猶《な》お之《こ》れを失《うしな》わんことを恐《おそ》る」

子曰、學如不及、猶恐失之、

先生がいわれた。

「学問は、際限なく追い求め、しかも学んだことを忘れないか恐れる、そんな心構えで勉《つと》めるものだ」

18

子曰《しい》わく、

「巍巍《ぎぎ》たる乎《かな》、舜《しゅん》・禹《う》の天下《てんか》を有《ゆう》せるや。而《しこう》して与《あず》からず」


先生がいわれた。

「実に心が広いね、舜《しゅん》と禹《う》の天下の治め方は。世を治めただけでなく、賢明

子曰、巍巍乎、舜禹之有天下也、而不與焉、

19

子《し》曰《い》わく、「大《おお》いなるかな堯《ぎょう》の君《きみ》たるや。巍《ぎ》巍《ぎ》乎《こ》として、唯《た》だ天《てん》を大《おお》いなりと為《な》す。唯《た》だ堯《ぎょう》之《こ》れに則《のっと》る。蕩蕩乎《とうとうこ》として、民《たみ》能《よ》く名《な》づくること無《な》し。巍《ぎ》巍《ぎ》乎《こ》として、其《そ》れ成功《せいこう》有《あ》り。煥《かん》乎《こ》として其《そ》れ文章《ぶんしょう》有《あ》り」

子曰、大哉堯之爲君也、巍巍乎、唯天爲大、
唯堯則之、蕩蕩乎、民無能名焉、巍巍乎、
其有成功也、煥乎其有文章、

な人にまかせて治世を行なったところがまたみごとだ」

先生がいわれた。
「まったく偉大なものだ、堯《ぎょう》の君主としてのあり方は。心が広く、自分ではなくただ天のみを偉大なものとみなし、ひたすら天の道理に則《のっと》って事を行なわれた。その徳はのびやかで広く、民は言葉にしようもないほどだった。堂々と民を治める偉大な事業をなし、輝かしい礼楽の制度を定められた」

20

舜《しゅん》に臣《しん》五人《ごにん》有《あ》り、而《しこ》うして天下《てんか》治《おさ》まる。武王《ぶおう》曰《い》わく、「予《わ》れに乱臣十人《らんしんじゅうにん》有《あ》り」孔子《こうし》曰《い》わく、「才難《さいかた》しと。其《そ》れ然《しか》らず乎《や》。唐虞《とうぐ》の際《さい》、斯《ここ》に於《お》いて盛《さか》んと為《な》す。婦《ふ》人《じん》有《あ》り。九人《きゅうにん》のみ。天下《てんか》を三分《さんぶん》して其《そ》の二《に》を有《たも》ち、以《も》って殷《いん》に服事《ふくじ》す。周《しゅう》の徳《とく》は、其《そ》れ至徳《しとく》と謂《い》う可《べ》きのみ」

舜には五人の賢臣がいて天下がうまく治まった。周王朝をたてた武王《ぶおう》は、「自分には乱を治めてくれる臣下が十人いる」といわれた。

孔子は、これを嘆いてこういわれた。「人材は得がたいというが、そのとおりだね。堯と舜の時代以降では、この周の初め頃が人材が盛んに出たときだが、それでも十人のうち一人は婦人だから、男子の優れた人材は九人だ。(まことに人材は得がたいものだ)周の武王といえば、その父の文王《ぶんおう》は、天下の三分の二までを支配下においてい

舜有臣五人、而天下治、武王曰、予有亂臣十人、孔子曰、才難、不其然乎、唐虞之際、於斯爲盛、有婦人焉、九人而已、三分天下有其二、以服事殷、周之徳、其可謂至徳也已矣、

たにもかかわらず、礼節を重んじ、あえて諸侯の一つとして殷《いん》王朝に従っていた。周の徳は最高の徳だと言ってよい」

21

子《し》曰《い》わく、「禹《う》は吾《わ》れ間然《かんぜん》すること無《な》し。飲《いん》食《しょく》を菲《うす》くして、孝《こう》を鬼《き》神《しん》に致《いた》し、衣《い》服《ふく》を悪《あ》しくして、美《び》を黻冕《ふっべん》に致《いた》し、宮室《きゅうしつ》を卑《いや》しくして、力《ちから》を溝《こう》洫《きょく》に尽《つ》くす。禹《う》は吾《わ》れ間然《かんぜん》すること無《な》し」

先生がいわれた。「堯・舜に続く天子の禹については、私から見て非の打ちどころがない。自分は粗食にし、神々へのお供え物は立派にした。自分の衣服は質素にし、祭祀の時の衣冠は美しくし礼を尽くした。住むところは粗末にし、田の水路のために尽力した。まさに非の打ちどころがない」

子曰、禹吾無間然矣、菲飲食、而致孝乎鬼神、惡衣服、而致美乎黻冕、卑宮室、而盡力乎溝洫、禹吾無間然矣、

子罕第九

1

子《し》は利《り》を言《い》うこと罕《まれ》なり。命《めい》と与《とも》にし、仁《じん》と与《とも》にす。

子罕言利與命與仁、

先生は利（利益・利欲）についてはほとんど語られなかった。語られるときは、天命や仁とともに語られた。

2

達巷《たつこう》の党人《とうじん》曰《い》わく、「大《おお》いなるかな孔子《こうし》。博《ひろ》く学《まな》びて

達巷《たつこう》という地域の人がこういった。「偉大なものだなあ、孔先生は。博《ひろ》く学んで、特定の専門で名声を得るとい

而《しか》も名《な》を成《な》す所無《ところな》しと」

子之《しこ》れを聞《き》き、門弟子《もんていし》に謂《い》いて曰《い》わく、

「吾《わ》れ何《なに》をか執《と》らん。御《ぎょ》を執《と》らん乎《か》。射《しゃ》を執《と》らん乎《か》。吾《わ》れは御《ぎょ》を執《と》らん」

達巷黨人曰、大哉孔子、博學而無所成名、子聞之、謂門弟子曰、吾何執、執御乎、執射乎、吾執御矣、

3

子曰《しい》わく、

「麻冕《まべん》は礼《れい》なり。今《いま》や純《じゅん》。倹《けん》なり。

うことではないのだから」

先生はこの話を聞いて、弟子たちに謙遜《けんそん》しつつこうおっしゃった。

「では、私は何を専門の技術としようか。御者にしようか。弓を射る者にしようか。そうだね、御者をやろうかね」（学ぶべき六芸《りくげい》（礼・楽・射・御・書・数）の中で御（御車）は最も低い地位にあるので、先生は謙遜されたわけだが、先生の本心は一つの専門で名を成すことにではなく、道をきわめることにあった）

先生がいわれた。

「礼服としては、麻の冠が正式だ。し

吾《わ》れは衆《しゅう》に従《したが》わん。下《しも》に拝《はい》するは礼《れい》なり。今《いま》は上《かみ》に拝《はい》す。泰《たい》なり。衆《しゅう》に違《たご》うと雖《いえど》も、吾《わ》れは下《しも》に従《したが》わん」

子曰、麻冕禮也、今也純、儉、吾従衆、拝下禮也、今拝乎上、泰也、雖違衆、吾従下、

かし、麻糸を織りこむのは手間がかかるので、このごろは絹糸にしている。これは倹約のためであり、実害はないので、私もみなに従おう。しかし、主君に招かれたとき、堂の下に降りておじぎをするのが正式な礼であるのに、このごろは上でおじぎをしているのは、傲慢《ごうまん》だ。礼儀上害があるから、みなのやり方とは違っても、私は下でおじぎをしよう」（従ってよい変化とそうでない変化がある）

4

子《し》、四《し》を絶《た》つ。意《い》母《な》く、必《ひつ》母《な》く、固《こ》母《な》く、我《が》母《な》し。

先生には、次の四つのことがけっしてなかった。

自分の私意で勝手にやる意がなく、

子絶四、毋意、毋必、毋固、毋我、

5

子《し》、匡《きょう》に畏《い》す。曰《い》わく、「文王《ぶんおう》既《すで》に没《ぼっ》す、文《ぶん》、茲《ここ》に在《あ》らざらんや。天《てん》の将《まさ》に斯《こ》の文《ぶん》を喪《ほろ》ぼさんとするや、後死《こうし》の者《もの》、斯《こ》の文《ぶん》に与《あず》かることを得《え》ざる也《なり》。天《てん》の未《い》だ斯《こ》の文《ぶん》を喪《ほろ》ぼさざるや、匡人《きょうじん》其《そ》れ予《わ》れを如何《いかん》」

子畏於匡、曰、文王既沒、文不在茲乎、天

なんでもあらかじめ決めた通りにやろうとする必《ひつ》がなく、一つのことに固執する固がなく、利己的になって我を張る我がない。

先生が匡《きょう》という土地で乱暴者の陽虎《ようこ》という者とまちがえられて、警備隊にとり囲まれたことがあった。弟子たちは動揺し、恐れたが、先生は動じず、天命を信じ、こういわれた。

「周《しゅう》の文王《ぶんおう》はすでに没せられたが、文王から伝えられてきた文、すなわち聖人の道は、この私の身のうちにあるではないか。天がこの道をほろぼそうとしているならば、後代の私がそうした

之將喪斯文也、後死者不得與於斯文也、天之未喪斯文也、匡人其如予何、

6

大宰《たいさい》、子貢《しこう》に問《と》うて曰《い》わく、「夫子《ふうし》は聖者《せいじゃ》か。何《な》んぞ其《そ》れ多能《たのう》なるや」

子貢《しこうい》曰わく、「固《も》とより天之《てんこ》れを縦《ほしいまま》にして将《まさ》に聖《せい》ならしめんとす。又《ま》た多能《たのう》也《なり》」

子《し》、之《こ》れを聞《き》きて曰《い》わく、「大宰《たいさい》は我《わ》れを知《し》れる乎《か》。吾《わ》れ少《わか》

聖人の道の恩恵に与《あずか》れたはずはない。天がこの道をほろぼそうとしていない以上、道を伝えている私を、匡の者たちはどうすることもできまい」

ある国の大臣が子貢《しこう》に、こう問いかけた。

「あなたの先生は聖人なんですね、本当に多能ですからね」

子貢はこう答えた。

「もちろん天が許した聖人であられますが、多くのことができるから聖人だというわけではなく、その上多能でもあるということです」

先生は、このやりとりを後で知られ

くして賤《いや》し。故《ゆえ》に鄙《ひ》事《じ》に多《た》能《のう》なり。君子《くんし》は多《おお》からんや。多《おお》からざる也《なり》」

大宰問於子貢曰、夫子聖者與、何其多能也、子貢曰、固天縱之將聖、又多能也、子聞之曰、大宰知我乎、吾少也賤、故多能鄙事、君子多乎哉、不多也、

て、謙遜してこういわれた。「その大臣は、私のことを意外に知っているね。私は若いとき身分が低かった。だから、つまらないことがいろいろできるようになったのだ。君子は、いろいろなことができるべきであろうか。いや、君子は多能である必要はない」

7

牢曰《ろうい》わく、「子云《しい》う、吾《わ》れ試《もち》いられず、故《ゆえ》に芸《げい》なり」

牢曰、子云、吾不試、故藝、

門人の牢《ろう》がこういった。「先生は以前、『私は世に用いられなかったので、こまごました技芸を身につけたのだ』とおっしゃられた」

8

子曰《しい》わく、「吾《わ》れ知《し》ること有《あ》らんや。知《し》ること無《な》き也《なり》。鄙夫《ひふ》有《あ》りて我《わ》れに問《と》う。空空如《こうこうじょ》たり。我《わ》れ其《そ》の両端《りょうたん》を叩《たた》いて竭《つ》くす」

子曰、吾有知乎哉、無知也、有鄙夫問於我、空空如也、我叩其兩端而竭焉、

先生がいわれた。

「人は私のことをよくものを知っていると思っているようだが、それほどものの知りではない。ただこんなことはあった。あまりものを知らない人がまじめな態度で私に質問しに来たことがあったので、あれこれすみからすみまで教えた（こうしたことを見て、世の人がもの知りだと思ったのかもしれない）」

9

子曰《しい》わく、

先生が嘆かれて、こういわれた。

「聖王が世に現れるときは、予兆とし

「鳳鳥《ほうちょう》、至《いた》らず。河《か》、図《と》を出《い》ださず。吾《わ》れ已《や》んぬるかな」

子曰、鳳鳥不至、河不出圖、吾已矣夫、

10

子《し》、斉衰《しさい》の者《もの》と、冕衣裳《べんいしょう》の者《もの》と、瞽者《こしゃ》とを見《み》れば、之《こ》れを見《み》て少《わか》しと雖《いえど》も必《かなら》ず作《た》つ。之《こ》れを過《す》ぐれば必《かなら》ず趨《はし》る。

子見齊衰者、冕衣裳者、與瞽者、見之雖少必作、過之必趨、

て、鳳凰《ほうおう》が飛んできたり、黄河から竜馬が図版を背負って出てくるようなことがあったというが、今はそんな予兆がない。私を用いる聖王が現れないというのでは、私にはもうどうしようもない」

先生は、喪服を着ている人、貴人の礼服を着ている人、目の不自由な人を見ると、その人が若くても御自分が坐っているときはさっと立ち上がり、歩いているときは小走りに通り過ぎて、敬意を表された。

11

顔淵《がんえん》、喟然《きぜん》として嘆《たん》じて曰《い》わく、「之《こ》れを仰《あお》げば弥《いよい》よ高《たか》く、之《こ》れを鑽《き》れば弥《いよい》よ堅《かた》し。之《こ》れを瞻《み》るに前《まえ》に在《あ》り、忽焉《こつえん》として後《うしろ》に在《あ》り。夫子《ふうし》は循循然《じゅんじゅんぜん》として善《よ》く人《ひと》を誘《いざの》う。**我《わ》れを博《ひろ》むるに文《ぶん》を以《も》ってし、我《わ》れを約《やく》するに礼《れい》を以《も》ってす。**罷《や》まんと欲《ほっ》すれども能《あた》わず。既《すで》に吾《わ》が才《さい》を竭《つ》くすに、立つる所《ところ》有《あ》りて卓爾《たくじ》たるが如《ごと》し。之《こ》れに従《したが》わんと欲《ほっ》すと雖《いえど》も、由《よ》る末《な》きのみ」

顔淵《がんえん》（顔回《がんかい》）が、ああと嘆息して、こういった。

「先生は、仰げば仰ぐほどいよいよ高く、切りこめば切りこむほどいよいよ岩のように堅く、とても及ぶことができない。前にいらっしゃるかと思えば、もう後ろにいらっしゃる。変幻自在で捉えがたい。先生は順序立てて人を導かれる。書物のような文をもって私の知識・見識を博め、礼をもって私の行動や精神をひきしめて下さる。先生に学ぶことが喜びで、私は学問をやめようと思ってもやめられない。もはや私の才能と力の限りを尽くしたけれども、

顔淵喟然歎曰、仰之彌高、鑽之彌堅、瞻之在前、忽焉在後、夫子循循然善誘人、博我以文、約我以禮、欲罷不能、既竭吾才、如有所立卓爾、雖欲從之、末由也已、

12

子《し》の疾《や》まい病《へい》なり。子路《しろ》、門人《もんじん》をして臣《しん》と為《な》らしむ。病《や》まい間《い》えたり。曰《い》わく、「久《ひさ》しいかな、由《ゆう》の詐《さ》を行《おこな》うや。臣無《しんな》くして臣有《しんあ》りと為《な》す。吾《わ》れ誰《たれ》をか欺《あざむ》かん。天《てん》を欺《あざむ》かん乎《か》。且《か》つ予《わ》れ其《そ》の臣《しん》の手《て》に死《し》せん与《よ》りは、無《む》寧《しろ》二《に》三子《さんし》の手《て》に死《し》せん乎《か》。且《か》つ

先生はいよいよ高く私の前に立たれている。ついて行きたいと思っても、どうしたらよいかわからないのだ」

先生の病が重くなったとき、子路《しろ》は先生の最期を大夫の喪のように飾ろうと思い、門人を家臣にしたてた。病気が少しよくなったときに先生はこういわれた。

「もう長いことだね、由《ゆう》（子路）が礼に反していいかげんなことをするのは。家臣もいないのにいるようなふりをし、私はだれをだますのか。天をだまそうというのか。むだなことだ。それに、

予《わ》れ縦《たと》い大葬《たいそう》を得《え》ざるも、予《わ》れ道《どう》路《ろ》に死《し》なん乎《や》」

子疾病、子路使門人爲臣、病間、曰、久矣哉、由之行詐也、無臣而爲有臣、吾誰欺、欺天乎、且予與其死於臣之手也、無寧死於二三子之手乎、且予縱不得大葬、予死於道路乎、

私は家臣の手で葬られるよりも、おまえたちの手でむしろ死にたい。そもそも、大葬のような立派な葬式はしてもらえないとしても、おまえたちがいるのだから、まさか道ばたで死にはすまい」

13

子貢《しこう》曰《い》わく、「斯《ここ》に美玉《びぎよく》有《あ》り。匵《ひつ》に韞《おさ》めて諸《こ》れを蔵《ぞう》せんか。善《よ》き賈《あたい》を求めて諸《こ》れを沽《う》らんか」

子貢が先生に出仕の意思があるかを聞こうと思い、比喩を用いてこうたずねた。

「ここに美しい宝玉があるとします。箱に入れてしまっておくのがよいでし

子《し》曰《い》わく、「之《こ》れを沽《う》らん哉《かな》、之《こ》れを沽《う》らん哉《かな》。我《わ》れは賈《あたい》を待《ま》つ者《もの》なり」

子貢曰、有美玉於斯、韞匵而藏諸、求善賈而沽諸、子曰、沽之哉、沽之哉、我待賈者也、

14

子《し》、九夷《きゅうい》に居《お》らんと欲《ほっ》す。或《あ》るひと曰《い》わく、「陋《いや》しきこと之《こ》れを如何《いかん》」子《し》曰《い》わく、「君子《くんし》之《こ》れに居《お》らば、何《なん》の陋《いや》し

ようか、それともよい値で買ってくれる人を求めて売るのがよいでしょうか」

先生はこう答えられた。

「売ろう、売ろう。私はよい値で私を買う人を待つ者だ」

先生が、ご自分の理想とする道が中国では実践されないことを嘆かれ、いっそ東方の異民族のいる土地に住まおうという気持ちをもらされたことがあった。

ある人が、「水準の低いいやしい土

きことか之《こ》れ有《あ》らん」

子欲居九夷、或曰、陋如之何、子曰、君子居之、何陋之有、

地ですから、それはいかがなものでしょうか」というと、先生は、こう答えられた。

「君子がそこに住めば、何のいやしいことがあろうか（君子には感化力があるのだから、心配はいらない）」

15

子《し》曰《い》わく、「吾《わ》れ衛《えい》より魯《ろ》に反《かえ》りて、然《しか》る後《のち》に楽正《がくただ》しく、雅頌《がしょう》各《おの》おの其《そ》の所《ところ》を得《え》たり」

子曰、吾自衛反魯、然後樂正、雅頌各得其所、

先生がいわれた。

「私が衛《えい》の国から魯《ろ》に帰ってきて、古楽の正しく伝わっていないところを直したので、音楽は正しくなり、声楽の詩も本来の姿となった」

16

子曰《しい》わく、「出《い》でては則《すなわ》ち公卿《こうけい》に事《つか》え、入《い》りては則《すなわ》ち父兄《ふけい》に事《つか》う。喪事《そうじ》は敢《あ》えて勉《つと》めずんばあらず。酒《さけ》の困《みだ》れを為《な》さず。何《な》んぞ我《わ》れに有《あ》らん哉《や》」

子曰、出則事公卿、入則事父兄、喪事不敢不勉、不爲酒困、何有於我哉、

先生が謙遜してこういわれた。

「外では朝廷の身分の高い人に仕え、家では父兄に仕え、葬《とむら》いをしっかりやり、酒を飲んで度を失うことがないようにする。私はできているだろうか」

17

子《し》、川《かわ》の上《ほとり》に在《あ》りて曰《い》わく、**「逝《ゆ》く者《もの》は斯《か》くの如《ごと》き夫《か》、昼夜《ちゅうや》を**

先生が川のほとりでこういわれた。

「この世のことは、まるでこの川の流れのように過ぎ去ってゆく。昼も夜も

舍《す》てず」

子在川上曰、逝者如斯夫、不舍晝夜、

休まず流れてゆく」

18

子《し》曰《い》わく、「吾《わ》れ未《い》まだ徳《とく》を好《この》むこと色《いろ》を好《この》むが如《ごと》くする者《もの》を見《み》ざる也《なり》」

子曰、吾未見好徳如好色者也、

先生がいわれた。「私はまだ美人を好むように徳を好む人を見たことがない」（衛霊公第十五・13に重出）

19

子《し》曰《い》わく、「譬《たと》えば山《やま》を為《つく》るが如《ごと》し。未《い》まだ

先生が人の道についてこういわれた。「人が成長する道筋は、山を作るよう

一簣《いっき》を成《な》さざるも、止《や》むは吾《わ》が止《や》む也《なり》。譬《たと》えば地《ち》を平《たいら》かにするが如《ごと》し。一簣《いっき》を覆《おお》うと雖《いえど》も、進《すす》むは吾《わ》が往《ゆ》く也《なり》」

子曰、譬如爲山、未成一簣、止吾止也、譬如平地、雖覆一簣、進吾往也、

なものだ。あともう一かごの土を運べば完成しそうなのに止《や》めてしまうとすれば、それは自分が止めたのだ。それはまた土地をならすようなものだ。一かごの土を地にまいてならしたとすれば、たった一かごといえど、それは自分が一歩進んだということだ」

20

子《し》曰《い》わく、「之《こ》れに語《つ》げて惰《おこ》たらざる者《もの》は、其《そ》れ回《かい》なる与《か》」

子曰、語之而不惰者、其回也與、

先生がいわれた。「私の話を聞いて、それを身につけようと怠らずに努力し続けるのは、回（顔回）だね」

21

子《し》、顔淵《がんえん》を謂《い》いて曰《い》わく、「惜《お》しいかな。吾《わ》れ其《そ》の進《すす》むを見《み》る也《なり》。未《い》まだ其《そ》の止《とど》まるを見《み》ざる也《なり》」

子謂顔淵曰、惜乎、吾見其進也、未見其止也、

先生が若くして亡くなった顔淵を追憶してこういわれた。
「亡くなってしまったのが本当に惜しい。彼が前に進むのは見たが、止まるのは見たことがない（生き続けていれば、どこまで進んだことだろうか）」

22

子《し》曰《い》わく、「苗《なえ》にして秀《ひい》でざる者《もの》有《あ》り。秀《ひい》で

先生がいわれた。
「苗のままで穂をつき出さない人がいるね。穂を出しても実らせるところま

て実《みの》らざる者有《ものあ》り」

子曰、苗而不秀者有矣夫、秀而不實者有矣夫、

23

子《し》曰《い》わく、「後生《こうせい》畏《おそ》るべし。焉《いず》くんぞ来者《らいしゃ》の今《いま》に如《し》かざるを知《し》らんや。四十五《しじゅうご》十《じゅう》にして聞《き》こゆること無《な》くんば、斯《こ》れ亦《ま》た畏《おそ》るるに足《た》らざるのみ」

子曰、後生可畏、焉知來者之不如今也、四十五十而無聞焉、斯亦不足畏也已、

でいかない人もいる（人格を完成させるまで、学に励むことが大切だ）」

先生がいわれた。

「自分の後から生まれた者たちには、畏《おそ》れの気持ちを抱くのが当然だ。これからの人が今の自分に及ばないと、どうしてわかる？ ただし、四十五十の年になっても評判が立たない人はもう畏れるまでもない」

24

子曰《しい》わく、「法語《ほうご》の言《げん》は、能《よ》く従《したご》う無《な》からん乎《や》。之《こ》れを改《あらた》むるを貴《とうと》しと為《な》す。巽与《そんよ》の言《げん》は、能《よ》く説《よろこ》ぶ無《な》からん乎《や》。之《こ》れを繹《たず》ぬるを貴《とうと》しと為《な》す。説《よろこ》んで繹《たず》ねず。従《したご》うて改《あらた》めざれば、吾《わ》れ之《こ》れを如何《いかん》ともする末《な》きのみ。」

子曰、法語之言、能無従乎、改之爲貴、巽與之言、能無説乎、繹之爲貴、説而不繹、従而不改、吾末如之何也已矣、

先生がいわれた。

「正しく理の通った言葉には従わずにはいられない。しかし、ただ従うのではだめだ。自分を改めるのが大切なのだ。やわらかく導いてくれる言葉は心地よいから、つい喜ぶ。しかし、喜ぶだけではだめで、真意を求めることが大切だ。ただ喜んでいるだけで真意を追求しなかったり、ただ従うだけで自分を改めないような人は、私にはどうしようない」

25

子《し》曰《い》わく、「忠信《ちゅうしん》を主《しゅ》とし、己《おの》れに如《し》かざる者《もの》を友《とも》とすること毋《な》かれ。過《あやま》てば則《すなわ》ち改《あらた》むるに憚《はばか》ること勿《な》かれ」

子曰、主忠信、毋友不如己者、過則勿憚改、

先生がいわれた。

「内から出たまごころである忠と、うそをつかない信を、生き方の中心にし、自分より劣った者を友人にはしないように。もし自分に過失があれば、ぐずぐずしないで改めなさい」

（学而第一・8に重出）

26

子《し》曰《い》わく、「三軍《さんぐん》も帥《すい》を奪《うば》う可《べ》き也《なり》。匹夫《ひっぷ》も志《こころざし》を奪《うば》う可《べ》からざる也《なり》」

先生がいわれた。

「数万を率いる総大将でもその大将の身を奪うことはできるが、一人の男でも心の中にある志を奪うことは、だれにもできない」

子曰、三軍可奪帥也、匹夫不可奪志也、

27

子曰《しい》わく、「敝《やぶ》れたる縕袍《おんぽう》を衣《き》、狐貉《こかく》を衣《き》る者《もの》と立《た》ちて、而《しか》も恥《は》じざる者《もの》は、其《そ》れ由《ゆう》なる与《か》。忮《そこな》わず求《もと》めず、何《なに》を用《も》ってか臧《よ》からざらん」

子曰、衣敝縕袍、與衣狐貉者立、而不恥者、其由也與、不忮不求、何用不臧、

28

子路《しろ》終身《しゅうしんこ》之れを誦《しょう》す。子曰《しい》わく、

先生が子路のことをほめてこういわれた。

「自分は粗末な服を着て、狐やむじなのりっぱな毛皮を着た人たちといっしょに並んでいても恥じないのは、由（子路）だろうね。『詩経《しきょう》』にある『人に害を与えず求めもしないなら、どうして良くないことが起ころうか』という言葉通りだ」

子路は先生の言葉を喜び、『詩経』

「是《こ》の道《みち》や、何《な》んぞ以《も》って臧《よ》しとするに足《た》らん」

子路終身誦之、子曰、是道也、何足以臧、

のこの詩句を生涯口ずさんでいた。そんな子路に対して、先生はこう注意していわれた。

「我々のめざす道は、悪いことをしないといった、そんな消極的な態度で満足していてはいけない（もっと積極的に善をなす態度に進むべきだ）」

29

子《し》曰《い》わく、「歳寒《としさむ》くして、然《しか》る後《のち》に松柏《しょうはく》の彫《しぼ》むに後《おく》るることを知《し》る也《なり》」

子曰、歳寒、然後知松柏之後彫也、

先生がいわれた。

「寒さが厳しくなってはじめて、松やひのきのような常緑樹が枯れにくいことがわかる（人もまた厳しい局面になったときに真価がわかるのだ）」

30

子曰《しい》わく、「知者《ちしゃ》は惑《まど》わず。仁者《じんしゃ》は憂《うれ》えず。勇者《ゆうしゃ》は懼《おそ》れず」

子曰、知者不惑、仁者不憂、勇者不懼、

先生がいわれた。
「知者は迷いがなく、人格に優れた仁者は憂いがなく、勇者はおそれがない」

31

子曰《しい》わく、「与《とも》に共《とも》に学《まな》ぶ可《べ》し、未《い》まだ与《とも》に道《みち》に適《ゆ》く可《べ》からず。与《とも》に道《みち》に適《ゆ》く可《べ》し、未《い》まだ与《とも》に立《た》つ可《べ》からず。与《とも》に立《た》つ可《べ》し、未《い》まだ与《とも》に権《はか》る可《べ》

先生がいわれた。
「ともに学ぶことはできる人でも、ともに真の道を求めて行けるとは限らない。ともに道を求めて努力できる人であったとしても、確固たる足場を持ってともに立つことができるとは限らな

からず」

子曰、可與共學、未可與適道、可與適道、未可與立、可與立、未可與權、

32

「唐棣《とうてい》の華《はな》、偏《へん》として其《そ》れ反《はん》せり。豈《あ》に爾《なんじ》を思《おも》わざらんや、室《しつ》の是《こ》れ遠《とお》ければなり」
子《し》曰《い》わく、
「未《い》まだ之《こ》れを思《おも》わざる也《なり》。夫《そ》れ何《な》んの遠《とお》きことか之《こ》れ有《あ》らん」

い。そのように確かな覚悟でともに立つことができる人であっても、変化する個々の状況において適切な判断をともにすることができるとは限らない（融通の利く判断力はむずかしいものなのだ。そこを目ざさねばいけない）」

「唐棣《とうてい》の花がひらひらと心があるように動いている。お前を恋しいと思わないわけではないが、家があまりに遠すぎて逢えない」という古い歌を先生が引き合いに出されてこういわれた。
「これは本気で思いつめていないのだ。切実に思うのなら、家の遠さなどなにほどのものか（人の道もまた、本気で

唐棣之華、偏其反而、豈不爾思、室是遠而、
子曰、未之思也、夫何遠之有、

思うのなら、達成するまでの道のりの
遠さなど気にはならないものだ)」

郷党第十

1

孔子《こうし》、郷党《きょうとう》に於《お》いて、恂恂如《じゅんじゅんじょ》たり。言《い》う能《あた》わざる者《もの》に似《に》たり。其《そ》の宗廟《そうびょう》・朝廷《ちょうてい》に在《あ》るや、便便《べんべん》として言《い》い、唯《ひと》えに謹《つつ》しめり。

孔子於郷黨、恂恂如也、似不能言者、其在宗廟朝廷、便便言、唯謹爾、

先生は、故郷では非常に恭《うやうや》しく、ものも言えない人のようであられた。一方、宗廟《そうびょう》や政庁ではすらすらと話され、しかも慎重な様子であられた。

2

朝《ちょう》にして下大夫《かたいふ》と言《い》う、侃侃如《かんかんじょ》たり。上大夫《じょうたいふ》と言《い》う、誾誾如《ぎんぎんじょ》たり。君在《きみい》ませば、踧踖如《しゅくせきじょ》たり、与与如《よよじょ》たり。

朝與下大夫言、侃侃如也、與上大夫言、誾誾如也、君在、踧踖如也、與與如也、

先生は、政庁で下級の大夫《たいふ》と話されるときは和らいでおり、上級の大夫と話されるときはきっちりとされていた。主君がお出ましになると、恭しくありながらも、ゆったりと自然な感じであられた。

3

君《きみ》、召《め》して擯《ひん》たらしむれば、色勃《いろぼつ》如《じょ》たり。足躩如《あしかくじょ》たり。与《とも》に立《た》つ所《ところ》を揖《ゆう》すれば、手《て》を左右《さゆう》にす。衣《い》の

主君に命じられて、お客の接待役を命じられたときは、顔色をあらため、足取りはそろそろとしていた。同じく接待役として立っている人にあいさつ

前後《ぜんご》襜如《せんじょ》たり。趨《はし》り進《すす》むには翼如《よくじょ》たり。賓退《ひんしりぞ》けば、必《かなら》ず復命《ふくめい》して曰《い》わく、賓顧《ひんかえ》りみずと。

君召使擯、色勃如也、足躩如也、揖所與立、左右手、衣前後襜如也、趨進翼如也、賓退、必復命曰、賓不顧矣、

するときに手を左右に動かしても、着物の前も後も乱れなかった。小走りのときも見事な有様で、お客が退出すると、必ず、「お客さまは、満足なさって振り返ることなくお帰りになりました」と報告された。

4

公門《こうもん》に入《い》るに、鞠躬如《きくきゅうじょ》たり。容《い》れられざるが如《ごと》くす。立《た》つに門《もん》に中《ちゅう》せず、行《ゆ》くに閾《しきい》を履《ふ》まず。位《くらい》を過《す》ぐれば、色勃如《いろぼつじょ》たり、足躩如《あしかくじょ》たり。其《そ》の言《い》うこと足《た》らざる者《もの》に似《に》たり。

宮殿の門を入るときには、身体が入りきらないような感じで身をかがめて、つつしんで入られた。門の中央には立たず、敷居は踏まれなかった。主君の立つべき場所を通り過ぎるときには、顔色をあらため、足取りはそろそろと

斉《し》を摂《かか》げて堂《どう》に升《のぼ》るに、鞠躬如《きくきゆうじよ》たり。気《き》を屏《おさ》めて、息《いき》せざる者《もの》に似《に》たり。出《い》でて一等《いつとう》を降《くだ》れば、顔《がん》色《しよく》を逞《の》べて、怡怡如《いいじよ》たり。階《かい》を没《つ》くせば、趨《はし》り進《すす》むこと翼如《よくじよ》たり。其《そ》の位《くらい》に復《かえ》れば、踧踖如《しゆくせきじよ》たり。

入公門、鞠躬如也、如不容、立不中門、行不履閾、過位、色勃如也、足躩如也、其言似不足者、攝齊升堂、鞠躬如也、屏氣似不息者、出降一等、逞顔色、怡怡如也、沒階趨進、翼如也、復其位、踧踖如也、

していた。言葉は少なく、衣の裾《すそ》をとって堂に上がるときは、つつしんだ様子で息もなさらないかのようであった。退出して、階段を一段降りられると、ほっと安心した様子であった。階段を降りきって、小走りになるときは見事な有様で、自分のいるべき場所に戻っても、恭しくあった。

圭《けい》を執《と》れば、鞠躬如《きくきゆうじよ》たり。勝《た》えざるが如《ごと》し。上《あ》ぐることは揖《ゆう》するが如《ごと》く、下《くだ》すことは授《さず》くるが如《ごと》し。勃如《ぼつじよ》として戦色《せんしよく》。足《あし》は蹜蹜《しゆくしゆく》として循《したが》う有《あ》るが如《ごと》し。享礼《きようれい》には容色《ようしよく》有《あ》り。私覿《してき》には愉愉如《ゆゆじよ》たり。

執圭、鞠躬如也、如不勝、上如揖、下如授、勃如戰色、足蹜蹜如有循、享禮有容色、私覿愉愉如也、

主君の代理を表す宝器の「圭《けい》」を持っているときは、身をかがめて、その重さに耐えられない様子で敬意を表した。圭は持って歩むとき、多少上下するのだが、上がる高さはあいさつのとき手を上げる程度までに、下がる低さは物を手渡しする程度までにとどまっていられた。顔には緊張した様子を表し、歩みはしずしずとされていた。贈り物を献上するときには、なごやかであり、私的な拝謁では楽しげであられた。

6

君子《くんし》は紺緅《かんしゆう》を以《も》って飾《かざ》らず。紅紫《こうし》は以《も》って褻服《せつぷく》と為《な》さず。暑《しよ》に当《あた》っ

先生は、衣服においても君子としての範を示されていた。着物の襟《えり》や袖口

ては袗《ひとえ》の絺綌《ちげき》。必《かなら》ず表《ひょう》して之《こ》れを出《い》だす。緇衣《しい》には羔裘《こうきゅう》。素衣《そい》には麑裘《げいきゅう》。黄衣《こうい》には狐裘《こきゅう》。褻裘《せっきゅう》は長《なが》し。右《みぎ》の袂《たもと》を短《みじ》かくす。必《かなら》ず寝衣《しんい》有《あ》り、長《た》け一身有半《いっしんゆうはん》。狐貉《こかく》の厚《あつ》き以《も》って居《お》る。喪《も》を去《のぞ》けば佩《お》びざる所無《ところな》し。帷裳《いしょう》に非《あら》ざれば、必《かなら》ず之《こ》れを殺《さい》す。羔裘玄冠《こうきゅうげんかん》しては以《も》って弔《ちょう》せず。吉月《きちげつ》には必《かなら》ず朝服《ちょうふく》して朝《ちょう》す。

君子不以紺緅飾、紅紫不以爲褻服、當暑袗絺綌、必表而出之、緇衣羔裘、素衣麑裘、黄衣狐裘、褻裘長、短右袂、必有寢衣、長一身有半、狐貉之厚以居、去喪無所不佩、非帷裳、必殺之、羔裘玄冠、不以弔、吉月

に紺《こん》や緅《しゅう》といった色を使われなかった。紺は潔斎《ものいみ》のとき、緅は喪の明けはじめのときに使う色だからである。紅と紫は純粋な色ではないので、普段着にも使われない。暑い折には、室内では単衣《ひとえ》の葛布《くずぬの》という涼しいかっこうで過ごされたが、それでも外出の折には必ず上着をはおられた。冬の頃は、黒い着物の上には黒い羊の毛皮を、白い着物の上には鹿の白い毛皮を、黄色の服の上には狐の黄色い毛皮を合わせられた。普段着は長く作るが、右の袂《たもと》は短くされた。寝るときは必ず寝間着に着替えられた。寝間着の長さは身長の一・五倍である。家では狐や貉《むじな》の厚い毛皮を着られる。喪中を除いて、玉な

必朝服而朝、

どを帯に下げる。祭祀用・政庁用の衣服以外は縫って作る。黒い羊の毛皮と赤黒い冠はめでたいときのものであるから、これで弔問には行かれない。毎月一日は、礼服で政庁に出勤された。

7

斉《さい》するときは必《かなら》ず明衣《めいい》有《あ》り、布《ぬの》なり。斉《さい》するときは必《かなら》ず食《しょく》を変《へん》じ、居《きょ》は必《かなら》ず坐《ざ》を遷《うつ》す。

齊必有明衣、布、齊必變食、居必遷坐、

潔斎《ものいみ》のときは、湯浴みの後に、布で作った浴衣《ゆかた》を着る。潔斎のときは、食事の献立も変え、住まいも場所を変えられる。

8

食《いい》は精《しら》げを厭《いと》わず。膾《なます》は細《ほそ》きを厭《いと》わず。食《いい》の饐《い》して餲《あい》せる、魚《うお》の餒《あざ》れて肉《にく》の敗《やぶ》れたる、食《く》らわず。色《いろ》悪《あ》しき、食《く》らわず。臭《か》の悪《あ》しき、食《く》らわず。飪《じん》を失《うしな》える、食《く》らわず。時《とき》ならざる、食《く》らわず。割《き》りめ正《ただ》しからざれば、食《く》らわず。其《そ》の醤《しょう》を得《え》ざれば、食《く》らわず。肉《にく》は多《おお》しと雖《いえど》も、食《し》の気《き》に勝《か》たしめず。惟《た》だ酒《さけ》は量《りょう》無《な》し。乱《らん》に及《およ》ばず。沽《か》う酒《さけ》、市《か》う脯《ほしにく》は、食《く》らわず。薑《はじかみ》を撤《す》てずして食《く》ろう。多《おお》く食《く》らわず。

先生の食はこのようであった。米は精米でよしとし、なますは細かく切ってかまわない。饐《す》えた飯、傷《いた》んだ魚、腐った肉、色の悪くなったもの、変な臭いがしてきたもの、調理に失敗したもの、時季外れのもの、切り方が正しくないもの、きちんとしたつけ汁がないもの、などは召し上がらない。飯より多くの肉を召し上がらない。酒には特に量を定めないが、乱れるまでは飲まれない。買ってきた酒や乾し肉は召し上がらない。生姜《しょうが》は捨てずに食べるが、食べ過ぎない。公《おおやけ》の祭祀のときには、主君から肉をいただくのだが、そ公《こう》に祭《まつ》れば、肉《にく》を宿《しゅく》せず。祭《まつ》りの肉《にく》は三日《みっか》を出《い》でず。三日《みっか》を出《い》づれば、之《こ》れを食《く》らわず。食《く》ろうに語《かた》らず。寝《い》ぬるに言《い》わず。疏食《そし》と菜《さい》羹《こう》と瓜《うり》と雖《いえど》も、祭《まつ》れば必《かなら》ず斉如《さいじょ》たり。

食不厭精、膾不厭細、食饐而餲、魚餒而肉敗、不食、色惡不食、臭惡不食、失飪不食、不時不食、割不正不食、不得其醬不食、肉雖多、不使勝食氣、惟酒無量、不及亂、沽酒市脯不食、不撤薑食、不多食、祭於公、不宿肉、祭肉不出三日、出三日、不食之矣、食不語、寢不言、雖疏食菜羹瓜、祭必齊如也、

これはその日のうちに召し上がる。私的な祭りのときの肉は三日以内に食べきる。三日をすぎたら、もう召し上がらない。召し上がるときや就寝の際は、おしゃべりしない。粗末な飯、野菜のスープ、瓜などであっても供え物であれば敬虔にあつかわれる。

9

席《せき》正《ただ》しからざれば、坐《ざ》せず。

席不正、不坐、

きちんとしていない座席には坐られなかった。

10

郷人《きようじん》の飲酒《いんじゆ》に、杖《つえ》つく者《もの》、出《い》づれば、斯《ここ》に出《い》づ。郷人《きようじん》の儺《おにやらい》には、朝服《ちようふく》して阼《そ》階《かい》に立《た》つ。

郷人飲酒、杖者出、斯出矣、郷人儺、朝服而立於阼階、

村人たちと酒を飲むときには、杖をついた老人が退出してから、退出された。村人たちが悪鬼を追い払う儀式をするときは、朝廷の礼服を着て、東の階段に立たれた。

11

人《ひと》を他邦《たほう》に問《と》えば、再拝《さいはい》して之《こ》れを送《おく》る。

問人於他邦、再拝而送之、

他国にいる友人に使いを出す場合は、その使者を再拝してから送り出された。

12

康子《こうし》、薬《くすり》を饋《おく》る。拝《はい》して之《こ》れを受《う》く。曰《い》わく、「丘《きゅう》未《い》まだ達《たっ》せずと。敢《あ》えて嘗《な》めず」

康子饋藥、拝而受之、曰、丘未達、不敢嘗、

魯《ろ》国の大夫である季康子《きこうし》が、先生に薬を送った。

先生は、お辞儀をしてこれを受けとっていわれた。

「薬が合うかどうかわかりませんので、今すぐの服用とはまいりませんことをお許しください」

13

廐《うまや》焚《や》けたり。子《し》、朝《ちょう》より退《しりぞ》きて曰《い》わく、「人《ひと》を傷《そこ》ないたり乎《や》」と。馬《うま》を問《と》わず。

廐焚、子退朝曰、傷人乎、不問馬、

家の廐《うまや》が焼けた。政庁から退出してきた先生はいわれた。「怪我人はなかったか？」馬のことは問われなかった。

14

君《きみ》、食《しょく》を賜《たま》えば、必《かなら》ず席《せき》を正《ただ》しくして、先《ま》ず之《こ》れを嘗《な》む。君《きみ》腥《なまぐさ》きを賜《たま》えば、必《かなら》ず熟《じゅく》して之《こ》れを薦《すす》む。君《きみ》生《い》けるを賜《たま》えば、必《かなら》ず之《こ》れを畜《こ》

君主から食べ物をいただいたときは、必ず席を正しくしてから、少し口にされた。君主が生ものを下さったときは、必ず煮てから、祖先へのお供えにされた。君主が生き物を下さったときは、

う。

君賜食、必正席、先嘗之、君賜腥、必熟而薦之、君賜生、必畜之、

必ず飼育された。

15

君《きみ》に侍食《じしょく》するに、君祭《きみまつ》れば先《ま》ず飯《はん》す。

侍食於君、君祭先飯、

君主と食事をともにされるときは、君主がお供えをし、先生は毒見をされた。

16

疾《や》まいあるとき、君之《きみこ》れを視《み》れば、東首《とうしゅ》して、朝服《ちょうふく》を加《くわ》え、紳《しん》を拖《ひ》く。

先生が病気で、君主が見舞いに来られたときは、東枕にして君主が南向きになるようにし、朝廷の礼服をかけて

疾、君視之、東首、加朝服、拖紳、

その上に帯を広げ、君主の前にあるときの作法を守られた。

17

君命《きみめい》じて召《め》せば、駕《が》を俟《ま》たずして行《ゆ》く。

君命召、不俟駕行矣、

君主から呼び出しがあったときには、馬車の用意が整うのを待たずに家を出られた。

18

大廟《たいびょう》に入《い》るに、事《こと》ごとに問《と》う。

入大廟、毎事問、

魯の周公《しゅうこう》の霊廟《れいびょう》に入り、祭りを手伝われたときは、儀礼を一つひとつ人にたずねられた。

（八佾第三・15に重出）

19

朋友死《ほうゆうし》して、帰《き》する所無《ところな》し。曰《い》わく、「我《わ》れに於《お》いて殯《ひん》せよ」朋友《ほうゆう》の饋《おく》りものは、車馬《しゃば》と雖《いえど》も、祭《まつ》りの肉《にく》に非《あら》ざれば、拝《はい》せず。

朋友死、無所帰、曰、於我殯、朋友之饋、雖車馬、非祭肉、不拝、

寄る辺のない友人が死んだとき、先生は「うちで葬儀をしよう」といわれた。

友人からの贈り物に対しては、車や馬といった立派なものであっても、祭りのときの肉でないかぎりはお辞儀をせず、礼の節度を守られた。

20

寝《い》ぬるに尸《し》せず。居《お》るに容《かた》ちつくらず。

寝不尸、居不容、

寝ているときも死体のようにだらしなくはならず、家にいるときはくつろがれていた。

21

斉衰《しさい》の者《もの》を見《み》ては、狎《な》れたりと雖《いえど》も必《かなら》ず変《へん》ず。冕者《べんしゃ》と瞽者《こしゃ》とを見《み》ては、褻《せつ》と雖《いえど》も必《かなら》ず貌《かたち》を以《も》ってす。凶服《きょうふく》の者《もの》には之《こ》れに式《しき》す。負版《ふばん》の者《もの》に式《しき》す。盛饌《せいせん》有《あ》れば、必《かなら》ず色《いろ》を変《へん》じて作《た》つ。迅雷風烈《じんらいふうれつ》には必《かなら》ず変《へん》ず。

見齊衰者、雖狎必變、見冕者與瞽者、雖褻必以貌、凶服者式之、式負版者、有盛饌、必變色而作、迅雷風烈必變、

喪服を着ている人に対しては、たとえ親しくしている相手であっても、必ず容貌をあらためられた。爵位のある人や盲人を見れば、親しい相手であっても、必ず容貌をあらためられた。喪服の人に対しては、車上の礼式である「式」の礼をとられた。戸籍簿を持っている人に対しても、同様に式の礼をとられた。盛大な饗応を受けたときには、必ず顔つきをあらため、立ちあがって敬意を表された。雷や嵐にあえば、必ず容貌をあらためられた。

22
車《くるま》に升《のぼ》るときは、必《かなら》ず正《ただ》しく立《た》ちて綏《すい》を執《と》る。車《くるま》の中《うち》にては内顧《ないこ》せず、疾言《しつげん》せず、親《した》しく指《ゆび》さざず。

升車、必正立執綏、車中不内顧、不疾言、不親指、

車に乗るときには、必ず立って綱をとられた。車中では、後ろを振り向いたり、ぺちゃくちゃとおしゃべりしたり、何かを指さしたりはなさらなかった。

23
色《いろ》みて斯《ここ》に挙《あが》り、翔《かけ》りて而《しか》る後《のち》に集《とど》まる。曰《い》わく、「山梁《さんりょう》の雌雉《しち》、時《とき》なるかな、時《とき》なるかな」

雉《きじ》が人の姿に驚いて翔け上がり、飛びまわり安全を確認してから降りた。先生はいわれた。「山の橋にいる、あの雌雉、時というものを教えてくれるねえ」

子路《しろ》之《こ》れを共《きょう》す。三《み》たび嗅《か》ぎて作《た》つ。

色斯擧矣、翔而後集、曰、山梁雌雉、時哉、時哉、子路共之、三嗅而作、

先生は雉の動きが的確に時（タイミング）を捉えていることをほめられたのだが、子路《しろ》は、時節の食べ物のこととかん違いし、その雉を捕らえて先生の御膳に出した。

先生は、三度臭いをかがれただけで口をつけずに席を立たれた。

先進第十一

1

子《し》曰《い》わく、「先進《せんしん》の礼楽《れいがく》に於《お》けるは、野人《やじん》なり。後進《こうしん》の礼楽《れいがく》に於《お》けるは、君子《くんし》なり。如《も》し之《こ》れを用《もち》いば、則《すなわ》ち吾《わ》れは先進《せんしん》に従《したが》わん」

子曰、先進於禮樂、野人也、後進於禮樂、君子也、如用之、則吾從先進、

先生がいわれた。「周《しゅう》王朝のはじめの頃の儀礼や音楽は素朴で、後世の礼儀は華やかで洗練されていて立派だという見方があるが、私が自分で礼楽を執り行なうとすれば、昔のやり方にならって、素朴な飾りすぎないやり方でやりたい（礼楽の本質は、飾りにはない）」

2

子《し》曰《い》わく、「我《わ》れに陳《ちん》・蔡《さい》に従《したが》いし者《もの》は、皆《み》な門《もん》に及《およ》ばざる也《なり》」

子曰、従我於陳蔡者、皆不及門也、

先生がいわれた。

「そういえば、陳《ちん》や蔡《さい》の国を旅していた頃、楚《そ》国に私が招かれるのを阻止しようとして陳・蔡の国の者たちに取り囲まれたことがあった。食糧もなくなり、大変な目にあったが、あのとき、私と苦難をともにした弟子たちも、今はもう私のもとにはいないなあ」

3

徳行《とくこう》には、顔淵《がんえん》、閔子騫《びんしけん》、冉伯牛《ぜんはくぎゅう》、仲弓《ちゅうきゅう》。言語《げんご》には、宰我《さいが》、子貢《しこう》。政事《せいじ》には、冉有《ぜんゆう》、季路《きろ》。文学《ぶんがく》には、

陳・蔡の事件の頃の弟子たちをなつかしんで、先生はこういわれた。

「徳行がすぐれた者としては、顔淵《がんえん》(顔回《がんかい》)と閔子騫《びんしけん》と冉伯牛《ぜんはくぎゅう》と仲弓《ちゅうきゅう》。言

子游《しゆう》、子夏《しか》。

徳行、顔淵、閔子騫、冉伯牛、仲弓、言語、宰我、子貢、政事、冉有、季路、文學、子游、子夏、

葉にすぐれた者としては、宰我《さいが》と子貢《しこう》。政事にすぐれた者としては、冉有《ぜんゆう》と季路《きろ》（子路《しろ》）。文学にすぐれた者としては、子游《しゆう》と子夏《しか》がいたなあ」（先生のこの言葉から、のちに、徳行・言語・政事・文学を孔門の四科、この十人を十哲、あわせて孔門の四科十哲という呼び名が生まれた）

4

子曰《しい》わく、「回《かい》や我《わ》れを助《たす》くる者《もの》に非《あら》ざる也《なり》。吾《わ》が言《げん》に於《お》いて、説《と》かざる所《ところ》なし」

子曰、囘也、非助我者也、於吾言、無所不

先生が顔淵についてこういわれた。「回は、私に思いもよらない質問や意見をして私を啓発する類の人間ではなかった。回は私の言葉をすべて黙って聞き、すばやく深く理解し、それを喜びとしていた（それが回の他の者にはないすぐれたところだ）」

説、

5

子曰《しい》わく、「孝《こう》なるかな閔子騫《びんしけん》。人《ひと》、其《そ》の父《ふ》母《ぼ》昆弟《こんてい》の言《げん》に間《かん》せず」

子曰、孝哉閔子騫、人不間於其父母昆弟之言、

6

南容《なんよう》、三《み》たび白圭《はくけい》を復《ふく》す。孔子《こうし》、其《そ》の兄《あに》の子《こ》を以《も》って之《こ》れに妻《め》あわす。

先生がいわれた。

「本当の親孝行だね、閔子騫は。父の後妻である義母と義弟二人がいて苦労をしたはずだが、父母兄弟に親孝行だとほめられ、そうした家族のほめ言葉に異を唱える人もいなかった」

弟子の南容《なんよう》という人は、「白い玉《ぎょく》のきずは磨いて直せるが、言葉で人を傷つけたら直しようがない」という言葉

南容三復白圭、孔子以其兄之子妻之、

7

季《き》康子《こうし》問《と》う。
「弟子《ていし》孰《たれ》か学《がく》を好《この》むと為《な》す」
孔子《こうし》、対《こた》えて曰《い》わく、
「顔回《がんかい》なる者《もの》有《あ》り、学《がく》を好《この》む。不《ふ》幸短命《こうたんめい》にして死《し》せり。今《いま》や則《すなわ》ち亡《な》し」

季康子問、弟子孰爲好學、孔子對曰、有顏回者、好學、不幸短命死矣、今也則亡、

をふだんから何度もくり返し、言葉を慎重にするようつつしんでいた。先生はそんな南容を、先生のお兄さんの娘さんの夫としてめあわせられた。

季康子《きこうし》という人が先生に、「お弟子さんの中で、だれが学問好きと言えますか」とたずねた。

先生はこう答えられた。

「顔回という者がいて、本当の学問好きでした。不幸にして短命で死んでしまいました。今は、真の学問好きといえるような者はおりません」

8

顔淵《がんえん》死《し》す。顔路《がんろ》、子《し》の車《くるま》以《も》って之《こ》れが椁《かく》を為《つく》らんと請《こ》う。子《し》曰《い》わく、「才《さい》あるも才《さい》あらざるも、亦《ま》た各《おの》おの其《そ》の子《こ》を言《い》う也《なり》。鯉《り》や死《し》す。棺《かん》有《あ》りて椁《かく》無《な》し。吾《わ》れ徒行《とこう》して以《も》って之《こ》れが椁《かく》を為《つく》らず。吾《わ》れ大夫《たいふ》の後《のち》に従《したが》うを以《も》って、徒行《とこう》すべからざる也《なり》」

顔淵死、顔路請子之車以爲之椁、子曰、才不才、亦各言其子也、鯉也死、有棺而無椁、吾不徒行以爲之椁、以吾従大夫之後、不可徒行也、

顔淵が亡くなったとき、父の顔路《がんろ》（この人も先生の古い門人であった）が、先生の車をいただいてそれを売り、顔淵の棺を入れる立派な外ばこを作りたいと、先生にお願いした。

先生はこういわれて、顔路の考えをたしなめられた。

「才能があるにせよ、ないにせよ、やはりそれぞれわが子というのはかわいいものだ。私の子の鯉《り》は才能あるものではなかったが、やはりかわいかった。その鯉が亡くなったときも、内棺だけだった。私は自分の車を売り徒歩で参列してまで外ばこは作らなかった。私

9

顔淵《がんえん》死《し》す。子《し》曰《い》わく、**「噫《ああ》。天《てん》、予《わ》れを喪《ほろぼ》せり。天《てん》、予《わ》れを喪《ほろぼ》せり」**

顔淵死、子曰、噫、天喪予、天喪予、

10

顔淵《がんえん》死《し》す。子《し》、之《こ》れを哭《こく》して慟《どう》す。従《したご》う者曰《い》わく、

も大夫《たいふ》の末席についている以上、徒歩で歩くわけにはいかないのだ（親としての情はわかるが、財は義に従って用いるべきものだ）」

先生が道を託していた最愛の弟子の顔淵が死んだ。先生はこういわれた。「ああ、天は私をほろぼした。天は私をほろぼした」

顔淵が死んだとき、先生は身をふるわせて声を上げて慟哭《どうこく》された。先生は

「子《し》慟《どう》す」
曰《い》わく、
「慟《どう》する有《あ》る乎《か》。夫《か》の人《ひと》の為《た》めに
慟《どう》するに非《あら》ずして誰《た》が為《た》めにせ
ん」

顔淵死、子哭之慟、従者曰、子慟矣、曰、
有慟乎、非夫人之爲慟而誰爲、

11

顔淵死《がんえんし》す。門人厚《もんじんあつ》く之《こ》れを葬《ほうむ》らん
と欲《ほっ》す。子《し》曰《い》わく、
「不《ふ》可《か》なり」と。
門人厚《もんじんあつ》く之《こ》れを葬《ほうむ》る。子《し》曰《い》わく、

このような激しい悲しみ方をされる人ではなかったので、おともの者は驚いて、「先生が慟哭された！」といった。

先生は、この言葉に気づいてこういわれた。

「そうか、私は慟哭していたか。この人のために身をふるわせて泣かないのなら、一体だれのために慟哭するというのか」


顔淵が死んだとき、顔淵の門人たちは立派な葬式をしたいと思った。

葬儀は身分に応じてするのが礼にかなったことだと考えられていたので、先生は、「それはすべきでない」とい

「回《かい》や予《わ》れを視《み》ること、猶《な》お父《ちち》のごとく也《なり》。予《わ》れは視《み》ること猶《な》お子《こ》のごとくするを得《え》ざる也《なり》。我《わ》れに非《あら》ざる也《なり》。夫《か》の二三子《にさんし》也《なり》」

顔淵死、門人欲厚葬之、子曰、不可、門人厚葬之、子曰、回也視予猶父也、予不得視猶子也、非我也、夫二三子也、

われたが、門人たちは立派な葬式をしてしまった。

先生は嘆かれて、こういわれた。

「回は私を父のように思ってくれたのに、私は回を子どものようにできなかった。子の鯉のときのように礼に従って質素な葬式にしてやれなかった。私がしたのではない、あの門人たちがしてしまったのだ」

12

季路《きろ》、鬼神《きしん》に事《つか》えんことを問《と》う。子曰《しい》わく、「未《い》まだ人《ひと》に事《つこ》うる能《あた》わず。焉《いずく》んぞ能《よ》く鬼《き》に事《つか》えん」


季路（子路）が神霊に仕えることについておたずねした。

先生はいわれた。

「いまだ人に仕えることもできないのに、どうして神霊に仕えられようか」

敢《あ》えて死《し》を問《と》う。曰《い》わく、「未《い》まだ生《せい》を知《し》らず。焉《いずく》んぞ死《し》を知《し》らん」

季路問事鬼神、子曰、未能事人、焉能事鬼、敢問死、曰、未知生、焉知死、

また、死についてたずねられると、こういわれた。

「いまだ生もわからないのに、どうして死がわかろうか」

13

閔子《びんし》、側《かたわら》に侍《じ》す、誾誾如《ぎんぎんじょ》たり。子《し》路《ろ》、行行如《こうこうじょ》たり。冉有《ぜんゆう》、子貢《しこう》、侃《かん》侃如《かんじょ》たり。子《し》楽《たの》しむ。「由《ゆう》やの若《ごと》きは、其《そ》の死《し》を得《え》ざるがごとく然《しか》り」

閔子騫が先生のおそばにつつしみ深くいて、子路は堂々とたくましく、冉有と子貢はなごやかな様子だった。先生は優れた門人たちにかこまれ、楽しまれた。

勇みすぎる子路に対して、「由《ゆう》のような者は、ふつうの死に方はできま

閔子侍側、誾誾如也、子路行行如也、冉有、子貢、侃侃如也、子樂、若由也、不得其死然、

い」と戒められた。（先生のこのお言葉は不幸にも的中してしまい、子路は後に衛《えい》の国の内乱で殺されてしまった。先生が七十三歳の時、亡くなられる前年のことであった）

14

魯《ろ》人《ひと》、長府《ちょうふ》を為《つく》る。閔子騫《びんしけん》曰わく、「旧貫《きゅうかん》に仍《よ》らば、之《こ》れを如何《いかん》。何《な》んぞ必《かなら》ずしも改《あらた》め作《つく》らん」

子《し》曰《い》わく、「夫《か》の人《ひと》は言《い》わず。言《い》えば必《かなら》ず中《あた》ること有《あ》り」

魯人爲長府、閔子騫曰、仍舊貫、如之何、何必改作、子曰、夫人不言、言必有中、

魯《ろ》の役人が、主君の財宝を収める蔵を作ったとき、閔子騫は、「もとのものを修理して使えばいい。わざわざ新たに作り変えなくてもよいのに」といった。

先生は、これを聞くと、「あの人はふだんみだりにものを言わないが、言えば必ず道理にかなったことを言う」とほめられた。

15

子曰《しい》わく、
「由《ゆう》の瑟《しつ》、奚《な》ん為《す》れぞ丘《きゅう》の門《もん》に於《お》いてせん」
門人《もんじん》、子路《しろ》を敬《けい》せず。子曰《しい》わく、
「由《ゆう》や堂《どう》に升《のぼ》れり、未《い》まだ室《しっ》に入《い》らざる也《なり》」

子曰、由之瑟、奚爲於丘之門、門人不敬子路、子曰、由也升堂矣、未入於室也、

剛直な気質を持つ子路の琴の演奏の仕方が少々荒っぽいことに、先生が苦言を呈して、「由の琴は、私の門人としてふさわしくないね」といわれたので、他の門人たちが、子路を尊敬しなくなった。

この状態を心配して、先生がこういわれた。

「人の道を建物にたとえて言えば、由はすでに堂の上にはあがっているのだ。まだ奥の部屋に入っていないというだけで、十分高い水準にある（諸君が軽んじることがあってはいけないよ）」

16

子《し》貢《こう》問《と》う。

「師《し》と商《しょう》と孰《いず》れか賢《まさ》れる」

子《し》曰《い》わく、

「師《し》や過《す》ぎたり。商《しょう》や及《およ》ばず」

曰《い》わく、

「然《しか》らば則《すなわ》ち師《し》愈《まさ》れる与《か》」

子《し》曰《い》わく、

「過《す》ぎたるは猶《な》お及《およ》ばざるがごとし」


子貢問、師與商也孰賢、子曰、師也過、商也不及、曰、然則師愈與、子曰、過猶不及、

子貢が、「師《し》（子張《しちょう》）と商《しょう》（子夏）とでは、どちらがすぐれていますか」とたずねた。先生は、「何ごとにつけ師はゆき過ぎている。商は足りない」といわれた。

子貢が、「それでは師の方がすぐれているということですか」と言うと、「中庸《ちゅうよう》が大切なのだ。ゆき過ぎは足りないのと同じだ」といわれた。

17

季氏《きし》、周公《しゅうこう》より富《と》む。而《しこ》うして求《きゅう》や之《こ》れが為《ため》に聚斂《しゅうれん》して之《こ》れに附益《ふえき》す。子《し》曰《い》わく、「吾《わ》が徒《ともがら》に非《あら》ざる也《なり》。小子《しょうし》、鼓《つづみ》を鳴《な》らして之《こ》れを攻《せ》めて可《か》なり」

季氏富於周公、而求也爲之聚斂而附益之、子曰、非吾徒也、小子鳴鼓而攻之可也、

魯の季氏《きし》は大夫（家老）の分際で、周王室の大功労者である周公《しゅうこう》よりも富んでいた。それだけでもおかしいのに、門人の冉求《ぜんきゅう》は季氏のために庶民から税を取り立てて、その富を増している。先生はこれを批判して、「もはや私の弟子とは言えないね。諸君は太鼓を鳴らして求の罪を言いふらして責めていい」といわれた。

18

柴《さい》や愚《ぐ》。参《しん》や魯《ろ》。師《し》や辟《へき》。由《ゆう》や喭《がん》。

柴也愚、参也魯、師也辟、由也喭、

先生は弟子たちの短所について、こういわれていた。

「柴《さい》（子羔《しこう》）は智が足りず愚かである。

19

子曰《しい》わく、「回《かい》や其《そ》れ庶《ちか》き乎《か》。屢《しば》しば空《むな》し。賜《し》は命《めい》を受《う》けずして、貨殖《かしょく》す。億《おも》んぱかれば則《すなわ》ち屢《しば》しば中《あた》る」

子曰、回也其庶乎、屢空、賜不受命、而貨殖焉、億則屢中、

20

子張《しちょう》、善人《ぜんにん》の道《みち》を問《と》う。子曰《しい》わく、

参《しん》（曾子《そうし》）は鈍い。師（子張）はうわべをかざって誠実さを欠いている。由（子路）はがさつだ」

先生が顔淵と子貢を比較して、こういわれた。

「回は、人としての道の理想に近いね。米櫃《こめびつ》がしばしば空になっても苦に思わず、道を楽しむことをやめない。賜《し》（子貢）は、天命に安心することができないので、自分で積極的に財産を増やしている。頭はいいからよく予測し、当たることが多い」

子張が善人（良い性質を持っている

「迹《あと》を践《ふ》まず。亦《ま》た室《しつ》に入《い》らず」

子張問善人之道、子曰、不践迹、亦不入於室、

が学んでいない人）の行なうべき道についておたずねした。

先生はこういわれた。

「先人たる聖賢の道を学ばなければ、道の奥儀に至ることはできない（生来の良い性質だけではだめなのだ。学ばなくては道には至れない）」

21

子《し》曰《い》わく、

「論篤《ろんとく》に是《こ》れ与《くみ》せば、君子《くんし》者乎《しゃか》、色荘者乎《しきそうしゃか》」

子曰、論篤是與、君子者乎、色荘者乎、

先生がいわれた。

「言論がもっともだというだけで評価していたのでは、その人が本当に心と口が一致している君子なのか、口だけの人間なのかはわからない」

22

子路《しろ》問《と》う。「聞《き》けば斯《すなわ》ち諸《こ》れを行《おこな》わんか」子《し》曰《い》わく、「父兄《ふけい》在《いま》す有《あ》り。之《こ》れを如何《いかん》ぞ其《そ》れ聞《き》けば斯《すなわ》ち之《こ》れを行《おこな》わん」冉有《ぜんゆう》問《と》う。「聞《き》けば斯《すなわ》ち諸《こ》れを行《おこな》わんか」子《し》曰《い》わく、「聞《き》けば斯《すなわ》ち之《こ》れを行《おこな》え」公西華《こうせいか》曰《い》わく、「由《ゆう》や問《と》う、聞《き》けば斯《すなわ》ち諸《こ》れを行《おこな》わんかと。子《し》曰《い》わく、父兄《ふけい》在《いま》す有《あ》りと。求《きゅう》や問《と》う。

子路が先生に、「人から善いことを聞いたならば、すぐにそれを行なった方がいいでしょうか」とおたずねすると、先生はこういわれた。「家には父や兄がおられるのだから、その意見を聞くべきだ。すぐに行なうのはよくない」

冉有が、同じ質問を先生にした。先生は、「善いことを聞いたら、すぐに行ないなさい」といわれた。

公西華《こうせいか》がたずねた。「先生は二人の同じ質問に対して、異なる答えをおっしゃいました。私は迷ってしまいます（恐れ入りますが、ど聞《き》けば斯《すなわ》ち諸《こ》れを行《おこな》わんかと。子《し》曰《い》わく、聞《き》けば斯《すなわ》ち之《こ》れを行《おこな》えと。赤《せき》や惑《まど》う、敢《あ》えて問《と》う」子《し》曰《い》わく、「求《きゅう》や退《しりぞ》く。故《ゆえ》に之《こ》れを進《すす》む。由《ゆう》や人《ひと》を兼《か》ぬ。故《ゆえ》に之《こ》れを退《しりぞ》く」

子路問、聞斯行諸、子曰、有父兄在、如之何其聞斯行之、冉有問、聞斯行諸、子曰、聞斯行之、公西華曰、由也問、聞斯行諸、子曰、有父兄在、求也問、聞斯行諸、子曰、聞斯行之、赤也惑、敢問、子曰、求也退、故進之、由也兼人、故退之、

のように考えられたのでしょうか）」

先生はいわれた。

「求《きゅう》（冉有）は消極的だから、はげましたのだ。由（子路）はとかくやり過ぎるから、おさえるようにああ言ったのだ」

（先生のお言葉は表面上異なっても、過不足ない中庸への方向性としては一貫している）

23

子《し》、匡《きょう》に畏《い》す。顔淵後《がんえんおく》る。子《し》曰《い》わく、「吾《わ》れ女《なんじ》を以《もっ》て死《し》せりと為《な》せり」曰《い》わく、「子《し》在《いま》す。回《かい》、何《な》んぞ敢《あ》えて死《し》せん」

子畏於匡、顔淵後、子曰、吾以女爲死矣、曰、子在、回何敢死、

先生が匡《きょう》の地で人に囲まれ危険にあわれたとき、顔淵は先生を見失って、後《おく》れてしまった。ようやく難をのがれ、先生のいるところにたどりついた。先生はこれを喜んで、「死んでしまったかと思ったよ。生きていてよかった」といわれた。顔淵は、「先生が無事でいらっしゃるのに、どうしてこの回が死んだりいたしましょうか」と答えた。

24

季子然《きしぜん》問《と》う、「仲由《ちゅうゆう》と冉求《ぜんきゅう》は、大臣《だいじん》と謂《い》う可《べ》きか」

魯で権力を持つ季氏の季子然《きしぜん》が仲《ちゅ》由《うゆう》（子路）と冉求を家臣にしたことを誇って、先生に「仲由や冉求は、すぐ

子曰《しい》わく、「吾《わ》れ子《し》を以《も》って異《こと》なるを之《こ》れ問《と》うと為《な》せり。曾《すなわ》ち由《ゆう》と求《きゅう》とを之《こ》れ問《と》うか。謂《い》わゆる大臣《だいじん》なる者《もの》は、道《みち》を以《も》って君《きみ》に事《つか》え、不可《ふか》なれば則《すなわ》ち止《や》む。今《いま》、由《ゆう》と求《きゅう》とは、具臣《ぐしん》と謂《い》うべし」

曰《い》わく、「然《しか》らば則《すなわ》ち之《こ》れに従《したご》う者与《ものか》」

子曰《しい》わく、「父《ちち》と君《きみ》とを弑《しい》すれば、亦《ま》た従《したが》わざる也《なり》」

季子然問、仲由、冉求、可謂大臣與、子曰、

れた臣と言えますでしょうね」といった。

先生は過大評価をおさえて、こういわれた。

「私はあなたがもっととりわけすぐれた人物についてたずねられると思いましたが、なんと由と求のことですか。すぐれた臣というものは、道にしたがって君主に仕えるもので、君主が道に外れた場合には、それに従わず身を退きます。由と求は、まだそこまでの道は極めておらず、頭数だけの臣といった程度でしょう」

季子然が、「それでは主人のいいなりになる者ですか」と問うと、先生は季子然の道に外れた野心を察知して、

吾以子爲異之問、曾由與求之問、所謂大臣者、以道事君、不可則止、今由與求也、可謂具臣矣、曰、然則従之者與、子曰、弑父與君、亦不従也、

「二人はすぐれた大臣とは言えませんが、君臣の道は心得ています。父や君主を殺すような、道に外れたことには従いません」と牽制《けんせい》された。

25

子路《しろ》、子羔《しこう》をして費《ひ》の宰《さい》と為《な》らしむ。子曰《しい》わく、「夫《か》の人《ひと》の子《こ》を賊《そこな》う」子路曰《しろい》わく、「民人有《みんじんあ》り。社稷有《しやしよくあ》り。何《な》んぞ必《かなら》ずしも書《しよ》を読《よ》みて、然《しか》る後《のち》に学《まな》ぶと為《な》さんや」子曰《しい》わく、

子路が季氏に仕えていた時、仲間の子羔を推薦して、季氏の領地の取り締まり役とさせた。

先生が子路を責めて、「そんな仕事をさせれば、学問をすべき若者をだめにしてしまう」と言われると、子路は、「あの土地には、民もいて、祭祀の中心たる土地の神もいて、そこから学ぶべきものがあります。なにも書物を読むばかりが学問だとは限りませんでし

「是《こ》の故《ゆえ》に夫《か》の佞者《ねいしゃ》を悪《にく》む」

子路使子羔爲費宰、子曰、賊夫人之子、子路曰、有民人焉、有社稷焉、何必讀書、然後爲學、子曰、是故惡夫佞者、

よう」といった。

先生は、「これだから、私は口先の上手い人間が嫌いなのだ（どんな理屈をつけようと、学問を成就させるのが先決なのだ）」といわれた。

26

子路《しろ》、曾皙《そうせき》、冉有《ぜんゆう》、公西華《こうせいか》、侍坐《じざ》す。子曰《しい》わく、「吾《わ》れ一日爾《いちじつなんじ》に長《ちょう》ぜるを以《も》って、吾《わ》れを以《も》ってする毋《な》き也《なり》。居《お》れば則《すなわ》ち曰《い》わく、吾《わ》れを知《し》らざる也《なり》と。如《も》し或《あ》るいは爾《なんじ》を知《し》らば、則《すなわ》ち何《なに》を以《も》ってせん哉《や》」子路《しろ》、率爾《そつじ》として対《こた》えて曰《い》わく、

子路、曾皙《そうせき》、冉有、公西華といっしょにいたとき、先生はこういわれた。「私が少し年長者だからといって遠慮しなくてもいい。おまえたちは、ことあるごとに『自分の真価が認められていない』と不平を言っているが、もし、おまえたちのことを正当に評価して使ってくれる人がいたら、いったい何を

「千乗《せんじょう》の国《くに》、大国《たいこく》の間《あいだ》に摂《はさ》まれ、之《こ》れに加《くお》うるに師旅《しりょ》を以《も》ってし、之《こ》れに因《かさ》ぬるに饑饉《ききん》を以《も》ってす。由《ゆう》や之《こ》れを為《おさ》むるに、三年《さんねん》に及《およ》ぶ比《ころ》おいには、勇《ゆう》有《あ》らしめ且《か》つ方《みち》を知《し》らしむ可《べ》き也《なり》」

夫子《ふうし》之《こ》れを哂《わろ》う。「求《きゅう》、爾《なんじ》は何如《いかん》」

対《こた》えて曰《い》わく、「方六七十《ほうろくしちじゅう》、如《も》しくは五六十《ごろくじゅう》。求《きゅう》や之《こ》れを為《おさ》むるに、三年《さんねん》に及《およ》ぶ比《ころ》おいには、民《たみ》をして足《た》らしむ可《べ》し。其《そ》の礼楽《れいがく》の如《ごと》きは、以《も》って君子《くんし》を俟《ま》たん」

「赤《せき》、爾《なんじ》は何如《いかん》」


やってみたいかね」

　子路はすぐに答えた。

「戦車を千台もつ程度の国が、大国の間に挟まれて苦労をしていて、その上飢饉《ききん》が襲ってきたとしても、私がそこで政治をすれば、三年でその国の国民に勇気を持たせ、道にかなった生活をさせてみせます」

　先生はこれを聞いてお笑いになった。

「求（冉有）よ。おまえはどうだね」

　冉有は答えていった。

「六、七十里、あるいはそれより小さくて五、六十里四方の地を治めて、三年も経てば、民をなんとか満足させることができるかと思います。礼や楽といったようなレベルの高いことについ対《こた》えて曰《い》わく、「之《こ》れを能《よ》くすと曰《い》うに非《あら》ず。願《ねが》わくは学《まな》ばん。宗《そう》廟《びょう》の事《こと》、如《も》しくは会同《かいどう》に、端章甫《たんしょうほ》して、願《ねが》わくは小相《しょうしょう》と為《な》らん」

「点《てん》、爾《なんじ》は何如《いかん》」

瑟《しつ》を鼓《ひ》くこと希《まれ》なり、鏗爾《こうじ》と瑟《しつ》を舎《お》いて作《た》つ。対《こた》えて曰《い》わく、「三《さん》子《し》者《しゃ》の撰《せん》に異《こと》なり」

子《し》曰《い》わく、「何《な》んぞ傷《いた》まん乎《や》。亦《ま》た各《おの》おの其《そ》の志《こころざし》を言《い》う也《なり》」

曰《い》わく、「莫春《ぼしゅん》には春服《しゅんぷく》既《すで》に成《な》り、冠者《かんじゃ》五六人《ごろくにん》、童子《どうじ》六七人《ろくしちにん》、沂《き》に浴《よく》し、無雩《ぶう》に風《ふう》し、詠《えい》じて帰《かえ》らん」


ては、もっと立派な方におまかせするつもりです」

「赤《せき》（公西華）よ、おまえはどうだい」

公西華は答えていった。

「私は何かを立派にやり遂げられる、という段階ではありません。これからも勉強です。祭祀や会合の際には、きちんとした服装をして、しかるべき人のお手伝いをしたい、と思います」

「点《てん》（曾晳）、おまえはどうだ」

曾晳は琴を弾いていた手をとめ、立ちあがって答えていった。

「三人のように立派なものではありませんので」

「気にしなくていい。みんなそれぞれ

夫子《ふうし》喟然《きぜん》として嘆《たん》じて曰《い》わく、「吾《わ》れは点《てん》に与《くみ》せん」三子者《さんししゃ》出《い》づ。曾晳《そうせき》後《おく》る。曾晳《そうせき》曰《い》わく、「夫《か》の三子者《さんししゃ》の言《げん》は何如《いかん》」子《し》曰《い》わく、「亦《ま》た各《おの》おの其《そ》の志《こころざし》を言《い》うなり」曰《い》わく、「夫子《ふうし》何《な》んぞ由《ゆう》を哂《わろ》う也《や》」曰《い》わく、「国《くに》を為《おさ》むるには礼《れい》を以ってす。其《そ》の言《げん》譲《ゆず》らず。是《こ》の故《ゆえ》に之《こ》れを哂《わろ》う。唯《こ》れ求《きゅう》は則《すなわ》ち邦《ほう》に非《あら》ざる与《か》。安《いず》くんぞ方六七十《ほうろくしちじゅう》、如《も》しくは五六十《ごろくじゅう》にして、邦《ほう》に非《あら》ざる者《もの》を見《み》んや。唯《こ》れ赤《せき》は則《すなわ》ち邦《ほう》に非《あら》ざる

思うところを言っただけだ」

「春のおわりであたたかくなり、春の着物も整ったころ、五、六人の青年、六、七人の少年といっしょに沂《き》の川で水遊びし、雨乞い台の上で涼み、歌を歌って家路につきたいと存じます」

先生は感に堪えたかのようにいわれた。

「私も点と同感だ」

三人が退室して、あとに曾晳が残った。

曾晳はいった。

「あの三人の抱負はいかがでしょうか」

「みんなそれぞれ思うところを言っただけだよ」

与《か》。宗廟会同《そうびょうかいどう》は、諸侯《しょこう》に非《あら》ずして何《な》んぞや。赤《せき》や之《こ》れが小《しょう》と為《な》る、孰《たれ》か能《よ》く之《こ》れが大《だい》と為《な》らん」

子路、曾皙、冉有、公西華、侍坐、子曰、以吾一日長乎爾、毋吾以也、居則曰、不吾知也、如或知爾、則何以哉、子路率爾而對曰、千乘之國、攝乎大國之間、加之以師旅、因之以饑饉、由也爲之、比及三年、可使有勇、且知方也、夫子哂之、求、爾何如、對曰、方六七十、如五六十、求也爲之、比及三年、可使足民、如其禮樂、以俟君子、赤、爾何如、對曰、非曰能之、願學焉、宗廟之事、如會同、端章甫、願爲小相焉、點、爾何如、鼓瑟希、鏗爾舍瑟而作、對曰、異乎三子者之撰、子曰、何傷乎、亦各言其志也、曰、莫春者、春服既成、冠者五六人、童子

「先生はなぜ子路のことをお笑いになったのですか」

「国は礼で治めるものだ。それなのに、由ときたら言葉も譲らずはりきっているものだからね。（あれでは礼どころではないし、国を治めるといってもね）それでつい笑ってしまったのだ。

由のように大きな話ではなくても、求が考えているものだって国だ。六、七十里、五、六十里といえば、立派に国だよ。赤の場合も同じく国の話をしている。祭祀や会合というのは、要するに重要な政治の場だ。まあ、『しかるべき人のお手伝いをしたい』とは、ちょっと遠慮がすぎるけれどもね」

六七人、浴乎沂、風乎舞雩、詠而歸、夫子喟然歎曰、吾與點也、三子者出、曾晳後、曾晳曰、夫三子者之言何如、子曰、亦各言其志也已矣、曰、夫子何哂由也、曰、爲國以禮、其言不讓、是故哂之、唯求則非邦也與、安見方六七十、如五六十、而非邦也者、唯赤則非邦也與、宗廟會同、非諸侯而何、赤也爲之小、孰能爲之大、

顔淵第十二

I

顔淵《がんえん》、仁《じん》を問《と》う。子《し》曰《い》わく、「己《おのれ》に克《か》ちて礼《れい》に復《かえ》るを仁《じん》と為《な》す。一日《いちじつ》己《おのれ》に克《か》ちて礼《れい》に復《かえ》れば、天下《てんか》仁《じん》に帰《き》す。仁《じん》を為《な》すは己《おのれ》に由《よ》る、而《し》うして人《ひと》に由《よ》らんや」

顔淵《がんえん》曰《い》わく、「請《こ》う其《そ》の目《もく》を問《と》う」

子《し》曰《い》わく、

顔淵《がんえん》（顔回《がんかい》）が人の道である仁のことをおたずねすると、先生はこういわれた。

「自分の欲に克《か》ち、礼という規範に復《かえ》るのが仁ということだ。一日でもそれができれば、世の中の人もこれを見習い、仁に目覚めるであろう。仁を行なうのは自分しだいだ。人に頼ってできるものではない」

顔淵が、「その具体的なやり方をお

「礼《れい》に非《あら》ざれば視《み》ること勿《な》かれ。礼《れい》に非《あら》ざれば聴《き》くこと勿《な》かれ。礼《れい》に非《あら》ざれば言《い》うこと勿《な》かれ。礼《れい》に非《あら》ざれば動《うご》くこと勿《な》かれ」

顔淵《がんえん》曰わく、

「回《かい》不敏《ふびん》なりと雖《いえど》も、請《こ》う斯《こ》の語《ご》を事《こと》とせん」

顔淵問仁、子曰、克己復禮爲仁、一日克己復禮、天下歸仁焉、爲仁由己、而由人乎哉、顔淵曰、請問其目、子曰、非禮勿視、非禮勿聽、非禮勿言、非禮勿動、顔淵曰、回雖不敏、請事斯語矣、

教えください」と願うと、先生はこういわれた。

「礼にはずれたことは、見ず、聞かず、言わず、せず、ということだ」

これを聞いた顔淵は、「この回は至らない者ですが、このお言葉を実行していきたいと思います」といった。

2

仲弓《ちゆうきゆう》、仁《じん》を問《と》う。子曰《しい》わく、「門《もん》を出《い》でては大賓《たいひん》を見《み》るが如《ごと》くし、民《たみ》を使《つか》うには大祭《たいさい》に承《つか》うるが如《ごと》くす。**己《おのれ》の欲《ほつ》せざる所《ところ》を、人《ひと》に施《ほどこ》す勿《な》かれ。**邦《くに》に在《あ》りても怨《うら》み無《な》く、家《いえ》に在《あ》りても怨《うら》み無《な》し」

仲弓《ちゆうきゆう》曰《い》わく、「雍《よう》は不敏《ふびん》なりと雖《いえど》も、請《こ》う斯《こ》の語《ご》を事《こと》とせん」

仲弓問仁、子曰、出門如見大賓、使民如承大祭、己所不欲、勿施於人、在邦無怨、在家無怨、仲弓曰、雍雖不敏、請事斯語矣、

仲弓《ちゆうきゆう》が仁のことをおたずねすると、先生はこういわれた。

「ひとたび家を出て人と接するときには、大切な客を接待するつもりで接し、人民を使うときには、大切な祭祀を担当するときのつつしみ深さを忘れないように。自分が望まないことは、人にもしないように。そのようにつつしみ深くすれば、君主や重臣から怨《うら》まれることはない」

仲弓は、「この雍《よう》は至らないものですが、このお言葉を実行していきたいと思います」といった。

3

司馬牛《しばぎゅう》、仁《じん》を問《と》う。子曰《しい》わく、「仁者《じんしゃ》は其《そ》の言《げん》や訒《じん》」曰《い》わく、「其《そ》の言《げん》や訒《じん》、斯《すなわ》ち之《こ》れを仁《じん》と謂《い》う乎《か》」子曰《しい》わく、「之《こ》れを為《な》すこと難《かた》し、之《こ》れを言《い》いて訒《じん》する無《な》きを得《え》ん乎《や》」

司馬牛問仁、子曰、仁者其言也訒、曰、其言也訒、斯謂之仁矣乎、子曰、爲之難、言之得無訒乎、

よくしゃべると言われる司馬牛《しばぎゅう》が仁のことをおたずねすると、先生はこういわれた。

「仁の人は、言葉がひかえめだ」

司馬牛が、「言葉がひかえめならば、仁だと言ってよろしいでしょうか」とおたずねすると、先生は、いわれた。

「仁をなすとは難しいことだ。それだけに言葉もひかえめにならざるを得ない」

4

司馬牛《しばぎゅう》、君子《くんし》を問《と》う。子曰《しい》わく、

「君子《くんし》は憂《うれ》えず懼《おそ》れず」

曰《い》わく、

「憂《う》えず懼《おそ》れず、斯《すなわ》ち之《こ》れを君子《くんし》と謂《い》う乎《か》」

子曰《しい》わく、

「内《うち》に省《かえ》りみて疚《やま》しからず、夫《そ》れ何《なに》をか憂《うれ》え何《なに》をか懼《おそ》れん」


司馬牛問君子、子曰、君子不憂不懼、曰、不憂不懼、斯謂之君子矣乎、子曰、内省不疚、夫何憂何懼、

司馬牛が君子についておたずねすると、先生はこういわれた。

「君子はなにも憂えず、なにもおそれない」

司馬牛が、「なにも憂えず、なにもおそれなければ、それで君子と言えますでしょうか」とおたずねすると、先生はこういわれた。

「(単に憂いやおそれがなければ君子ということではない)君子というのは、自分の心を省みて少しもやましいことがないからこそ、なにも憂えず、おそれることがないのだ」

5

司馬牛《しばぎゆう》憂《うれ》えて曰《い》わく、「人《ひと》皆《み》な兄弟《きようだい》有《あ》り。我《わ》れ独《ひと》り亡《な》し」

子夏《しか》曰《い》わく、「商《しようこ》之《こ》れを聞《き》く。死生《しせい》命《めい》有《あ》り。富貴《ふうき》天《てん》に在《あ》り。君子《くんし》は敬《けい》して失《うしの》う無《な》く、人《ひと》と与《まじ》わるに恭《うやうや》しくして礼《れい》有《あ》らば、**四海《しかい》の内《うち》、皆《み》な兄弟《きようだいなり》也。**君子《くんし》何《な》んぞ兄弟《きようだい》無《な》きを患《うれ》えんや」

司馬牛憂曰、人皆有兄弟、我獨亡、子夏曰、商聞之矣、死生有命、富貴在天、君子敬而

司馬牛が、「世の人には兄弟がいるのに、私だけいない」といった。司馬牛には実は兄がいたが無法者であったので、孤独感があり、こういった。

子夏《しか》は、こうなぐさめた。

「私はこう学んだ。『死ぬも生きるも運命、富貴も天命による』と。君子たるもの、つつしんで落度なく、人とはていねいに礼を守ってつきあえば、世界中の人は皆兄弟となる。だから君子は、兄弟のないことなど悲しむ必要はない」

無失、與人恭而有禮、四海之內、皆兄弟也、君子何患乎無兄弟也、

6

子張《しちよう》、明《めい》を問《と》う。子曰《しい》わく、「浸潤《しんじゆん》の譖《しん》、膚受《ふじゆ》の愬《そ》、行《おこな》われず。明《めい》と謂《い》う可《べ》きのみ。浸潤《しんじゆん》の譖《しん》、膚《ふ》受《じゆ》の愬《そ》、行《おこな》われず。遠《えん》と謂《い》う可《べ》きのみ」

子張問明、子曰、浸潤之譖、膚受之愬、不行焉、可謂明也已矣、浸潤之譖、膚受之愬、不行焉、可謂遠也已矣、

子張《しちよう》が明（聡明、明智）についておたずねすると、先生はこういわれた。「いかにも本当のように聞こえる悪口や、いかにも真実であるかのように肌にも迫る訴えに対して、その嘘を見破るようなら明と言っていい。そうした嘘をしっかり退けるようなら、先を見通す見識があると言っていい」

7

子貢《しこう》、政《まつりごと》を問《と》う。子曰《しい》わく、「食《しょく》を足《た》らし、兵《へい》を足《た》らし、民《たみ》、之《こ》れを信《しん》ず」。子貢曰《しこうい》わく、「必《かなら》ず已《や》むことを得《え》ずして去《さ》らば、斯《こ》の三者《さんしゃ》に於《お》いて、何《なに》をか先《さき》にせん」。曰《い》わく、「兵《へい》を去《さ》らん」。子貢曰《しこうい》わく、「必《かなら》ず已《や》むことを得《え》ずして去《さ》らば、斯《こ》の二者《にしゃ》に於《お》いて、何《なに》をか先《さき》にせん」。曰《い》わく、「食《しょく》を去《さ》らん。古《いにし》えより皆《み》な死《し》有《あ》り。**民《たみ》、信無《しんな》くば立《た》たず**」

子貢《しこう》が政治を行なう者の心得についておたずねした。先生はこういわれた。「民の食（生活）を十分にし、兵（軍備）を整え、民の信を得るようにすることだ」

子貢が、「やむをえず、この食・兵・信の三つの中でどれかをあきらめなければならないとすると、どれが先になりますか」というと、「兵をあきらめよう」といわれた。

なおも子貢が、「残りの食・信の二つのうち、やむをえずあきらめなければならないとすると、どちらですか」というと、こういわれた。

子貢問政、子曰、足食、足兵、民信之矣、子貢曰、必不得已而去、於斯三者何先、曰、去兵、子貢曰、必不得已而去、於斯二者何先、曰、去食、自古皆有死、民無信不立、

8

棘子成《きょくしせい》曰《い》わく、

「君子《くんし》は質《しつ》のみ。何《な》んぞ文《ぶん》を以《も》って為《な》さんや」

子貢《しこう》曰《い》わく、

「惜《お》しい乎《かな》、夫子《ふうし》の君子《くんし》を説《と》くや。駟《し》も舌《した》に及《およ》ばず。文《ぶん》は猶《な》お質《しつ》のごとく、質《しつ》は猶《な》お文《ぶん》のごとくならば、虎豹《こひょう》の鞟《かく》は、猶《な》お犬羊《けんよう》の鞟《かく》のごと

「食をあきらめよう。もちろん、食が足りなければ大変だが、昔からだれにも死はある。もし民に為政者に対する信がなければ立ちゆかない」

衛《えい》国の大夫《たいふ》である棘子成《きょくしせい》という人が、

「君子には質（質朴・質素）がなによりも大切だ。文《かざり》など必要ない」といった。

この言葉に対して子貢はこういった。

「残念だが、彼の君子観は失言だね。口に出した言葉は速馬でも追いつかないという言葉通りだ。文は、君子にとって質と同じくらい大切なもので軽視すべきではない。虎や豹の貴重な毛皮も、毛というかざりをとってしまい、

し」

棘子成曰、君子質而已矣、何以文爲、子貢曰、惜乎、夫子之說君子也、駟不及舌、文猶質也、質猶文也、虎豹之鞟、猶犬羊之鞟、

皮という質《きじ》だけにしてしまえば、ありふれた犬や羊の皮と区別がつかなくなってしまう（君子と小人の区別もこのようなもので、文も無視できない）」

9

哀公《あいこう》、有若《ゆうじやく》に問《と》うて曰《い》わく、「年《とし》饑《う》えて用《よう》足《た》らず。之《こ》れを如何《いかん》」有若《ゆうじやく》対《こた》えて曰《い》わく、「盍《な》んぞ徹《てつ》せざるや」曰《い》わく、「二《に》だにも吾《わ》れ猶《な》お足《た》らず。之《こ》れを如何《いかん》ぞ其《そ》れ徹《てつ》せん也《や》」対《こた》えて曰《い》わく、「百姓《ひやくせい》足《た》らば、君《きみ》、

魯《ろ》国の哀公《あいこう》が孔子門下の有若《ゆうじやく》（有子《ゆうし》）に、「近年、飢饉《ききん》で税金が足りないが、どうしたものか」と聞いた。

有若が、「どうして税を軽くして十分の一の税になさらないのですか」というと、哀公は、「今行なっている十分の二の税でも足りないのに、どうして十分の一にできよう」といった。

孰《たれ》と与《とも》にか足《た》らざらん。百姓《ひやくせい》足《た》らずば、君《きみ》、孰《たれ》と与《とも》にか足《た》らん」

哀公問於有若曰、年饑、用不足、如之何、有若對曰、盍徹乎、曰、二吾猶不足、如之何其徹也、對曰、百姓足、君孰與不足、百姓不足、君孰與足、

10

子張《しちよう》、徳《とく》を崇《たか》くし惑《まど》いを弁《わきま》えんことを問《と》う。子《し》曰《い》わく、「忠信《ちゆうしん》を主《しゆ》とし、義《ぎ》に徙《うつ》るは、徳《とく》を崇《たか》くする也《なり》。之《こ》れを愛《あい》して其《そ》の生《い》きんことを欲《ほっ》し、之《こ》れを悪《にく》んで

有若は、これに答えてこういった。
「民が十分足りていれば、君主が足りないということはありますまい。もし民が貧しければ、君主が富むということはありえません（民と君とは一体なのです）」

子張がどうしたら徳を高め、迷いをはっきりできるかをおたずねした。先生はこういわれた。
「忠と信とを第一にして、義へと進んでゆくのが、徳を高める道だろうね。迷いとは、たとえば、ある人を愛して

其《そ》の死《し》なんことを欲《ほっ》す。既《すで》に其《そ》の生《い》きんことを欲《ほっ》し、又《ま》た其《そ》の死《し》なんことを欲《ほっ》す。是《こ》れ惑《まど》いなり」

子張問崇徳辨惑、子曰、主忠信、徙義、崇徳也、愛之欲其生、悪之欲其死、既欲其生、又欲其死、是惑也、

一一

斉《せい》の景公《けいこう》、政《まつりごと》を孔子《こうし》に問《と》う。孔《こう》子《し》対《こた》えて曰《い》わく、「君君《きみきみ》たり。臣臣《しんしん》たり。父父《ちちちち》たり。子子《ここ》たり」

公《こう》曰《い》わく、

いるときは長く生きてほしいと思い、その人を憎むようになると死んでほしいと思うといったことだ。同じ人に対して、こんなに思いがころころ変わるというのが、迷いというものだ」

斉《せい》国の景公《けいこう》が先生に政治についておたずねになった。先生がこう答えられた。

「国が治まるには、それぞれが自らの道を尽くすのが肝要です。いわば『君、君たり。臣、臣たり。父、父たり。子、

「善《よ》い哉《かな》。信《まこと》に如《も》し君君《きみきみ》たらず、臣臣《しんしん》たらず、父父《ちちちち》たらず、子子《ここ》たらずば、粟有《こめあ》りと雖《いえど》も、吾《わ》れ得《え》て諸《こ》れを食《くら》わんや」

齊景公問政於孔子、孔子對曰、君君、臣臣、父父、子子、公曰、善哉、信如君不君、臣不臣、父不父、子不子、雖有粟、吾得而食諸、

子たり』ということです」

景公は、「それは善い言葉だね。もし本当に、君が君でなく、臣が臣でなく、父が父でなく、子が子でないようなら、道に外れた状態ならば、たとえ穀物があったとしても、安心して食べることはできまい」

12

子曰《しい》わく、「片言《へんげんも》以って獄《うった》えを折《さだ》むべき者《もの》は、其《そ》れ由《ゆう》なる与《か》」

先生が子路《しろ》を評してこういわれた。「ほんの一言を聞いただけで訴訟の判断ができるとしたら、それは由《ゆう》だね」

子路は引きうけたことはぐずぐずし

子路《しろ》宿諾《しゆくだく》無《な》し。

子曰、片言可以折獄者、其由也與、子路無宿諾、

ないで実行した。

13

子《し》曰《い》わく、「訟《しよう》を聴《き》くは吾《わ》れ猶《な》お人《ひと》のごとき也《なり》。必《かなら》ずや訟《しよう》無《な》からしめん乎《か》」

子曰、聴訟吾猶人也、必也使無訟乎、

先生がいわれた。「訴訟を処理する能力においては、私もほかの人間と同じだ。しいて違いをいうなら、私は民を安心させ訴えをなくさせるよう努力する」

14

子張《しちよう》、政《まつりごと》を問《と》う。子《し》曰《い》わく、

子張が政治についておたずねした。

「之《こ》れに居《お》りて倦《う》む無《な》く、之《こ》れを行《おこな》うに忠《ちゅう》を以《も》ってす」

子張問政、子曰、居之無倦、行之以忠、

先生はいわれた。
「政治のことをいつも心において考え続け、実際にその考えを実行するときには、まごころをもってすることだ」

15

子《し》曰《い》わく、「博《ひろ》く文《ぶん》に学《まな》びて、之《こ》れを約《やく》するに礼《れい》を以《も》ってす。亦《ま》た以《も》って畔《そむ》かざる可《べ》し」

子曰、博學於文、約之以禮、亦可以弗畔矣夫、

先生がいわれた。
「博《ひろ》く書物を読んで、礼という規範で身をひきしめていくなら道に外れることはないね」
（雍也第六・27に重出）

16

子曰《しい》わく、「君子《くんし》は人《ひと》の美《び》を成《な》し、人《ひと》の悪《あく》を成《な》さず。小人《しょうじん》は是《こ》れに反《はん》す」

子曰、君子成人之美、不成人之悪、小人反是、

先生がいわれた。

「君子というものは、人の美点を励まして向上させ、逆に悪いところは正してなくさせる。小人はこれとまったく逆のことをする」

17

季康子《きこうし》、政《まつりごと》を孔子《こうし》に問《と》う。孔子《こうし》対《こた》えて曰《い》わく、「政《せい》なる者《もの》は正《せい》なり。子《し》、帥《ひき》いるに正《ただ》しきを以《も》ってせば、孰《たれ》か敢《あ》え

魯国で力を持つ季康子《きこうし》が政（政治）についてたずねた。先生はこういわれた。

「政とはまさに正です。もし貴殿が上に立つ者として正しさを率先したなら

て正《ただ》しからざらん」

季康子問政於孔子、孔子對曰、政者正也、子帥以正、孰敢不正、

18

季康子《きこうし》、盗《とう》を患《うりよ》う。孔子《こうし》に問《と》う。孔子《こうし》対《こた》えて曰《い》わく、「苟《いや》しくも子《し》の欲《ほっ》せざれば、之《こ》れを賞《しょう》すと雖《いえど》も窃《ぬす》まず」

季康子患盗、問於孔子、孔子對曰、苟子之不欲、雖賞之不竊、

ば、だれもが正しくなろうとするでしょう」

季康子が国に盗賊が多いのを心配して先生に対策をたずねた。先生はこう答えられた。

「貴殿が無欲であられたなら、民も恥を知り、たとえ盗みをした者に褒美を与えると言っても、だれも盗みをしたりしないでしょう」

19

季康子《きこうし》、政《まつりごと》を孔子《こうし》に問《と》うて曰《い》わく、「如《も》し無道《むどう》を殺《ころ》して、以《も》って有道《ゆうどう》を就《な》さば、何如《いかん》」孔子《こうし》対《こた》えて曰《い》わく、「子《し》、政《まつりごと》を為《な》すに、焉《いず》んぞ殺《ころ》すを用《もち》いん。子《し》、善《ぜん》を欲《ほっ》して民《たみ》善《ぜん》なり。君子《くんし》の徳《とく》は風《かぜ》、小人《しょうじん》の徳《とく》は草《くさ》。草《くさ》、之《こ》れに風《かぜ》を上《くお》うれば、必《かなら》ず偃《ふ》す」

季康子問政於孔子曰、如殺無道、以就有道、何如、孔子對曰、子爲政、焉用殺、子欲善而民善矣、君子之德風、小人之德草、草上之風、必偃、

季康子が政治について先生にこうたずねた。「もし道を無視する無道者たちを殺してしまって、世の中に規律をもたらすようにしたら、どうでしょうか」先生は答えていわれた。「政治をするのに、殺すなどということは必要ありません。人の上に立つ貴殿が善い生き方を求めれば民も善を求めます。いわば、君子の徳は風で、小人の徳は草です。草は、風が吹きあたれば、必ずなびきます」

20

子張《しちょう》問う。「士《し》、何如《いか》なれば斯《すなわ》ち之《こ》れを達《たつ》と謂《い》うべき」子《し》曰《い》わく、「何《な》んぞ哉《や》、爾《なんじ》の所謂《いわゆる》達《たつ》なる者は」子張《しちょう》対《こた》えて曰《い》わく、「邦《くに》に在《あ》りても必《かなら》ず聞《き》こえ、家《いえ》に在《あ》りても必《かなら》ず聞《き》こゆ」子《し》曰《い》わく、「是《こ》れ聞也《ぶんなり》。達《たつ》に非《あら》ざる也《なり》。夫《そ》れ達《たつ》なる者《もの》は、質直《しっちょく》にして義《ぎ》を好み、言《げん》を察《さっ》して色《いろ》を観《み》、慮《おも》んぱかって以《も》って人《ひと》に下《くだ》る。邦《くに》

有名になりたいと思っている子張が、「士人はどのようであれば達と言えるのでしょうか」とおたずねすると、先生は、「どういう意味かね、おまえの達というのは」といわれた。

子張が、「君主（国）に仕えても、卿《けい》や大夫の家に仕えても、高い評判が立つという意味です」とお答えすると、先生はこういわれた。

「それは、有名だが中身のない聞《ぶん》ということで、中身のある名声の達ではない。達なる者とは、正直で正義を愛し、人の言葉の奥をよみ取り、人の表情か

に在《あ》りても必《かなら》ず達《たつ》し、家《いえ》に在《あ》りても必《かなら》ず達《たつ》す。夫《そ》れ聞《ぶん》なる者《もの》は、色《いろ》に仁《じん》を取《と》りて、行《おこな》いは違《たが》い、之《こ》れに居《い》て疑《うたが》わず。邦《くに》に在《あ》りても必《かなら》ず聞《き》こえ、家《いえ》に在《あ》りても必《かなら》ず聞《き》こゆ」

子張問、士何如斯可謂之達矣、子曰、何哉爾所謂達者、子張對曰、在邦必聞、在家必聞、子曰、是聞也、非達也、夫達也者、質直而好義、察言而觀色、慮以下人、在邦必達、在家必達、夫聞也者、色取仁而行違、居之不疑、在邦必聞、在家必聞、

ら真意を見抜き、配慮して控え目にしている者だ。その結果として、国に仕えても大夫の家に仕えても、自然に高い評判が立つということだ。これに対して、聞なる者とは、うわべは仁があるようにしているが行ないがともなわず、そんな実のないあり方に安住しているくせに、評判だけは良くするようにしている者だ（おまえは実行のともなわない評判を追い求める聞なる者ではなく、まず実行し自然に評判の上がる達なる者を目指しなさい）」

21

樊遅《はんち》、従《したが》いて舞雩《ぶう》の下《もと》に遊《あそ》ぶ。曰《い》わく、「敢《あ》えて徳《とく》を崇《たか》くし、慝《とく》を脩《おさ》め、惑《まど》いを弁《わきま》うることを問《と》う」子曰《しい》わく、「善《よ》い哉《かな》、問《と》いや。事《こと》を先《さき》にして得《う》るを後《のち》にす、徳《とく》を崇《たか》くするに非《あら》ず与《や》。其《そ》の悪《あく》を攻《せ》めて、人《ひと》の悪《あく》を攻《せ》むる無《な》きは、慝《とく》を脩《おさ》むるに非《あら》ず与《や》。一朝《いっちょう》の忿《いか》り、其《そ》の身《み》を忘《わす》れて以《も》って其《そ》の親《しん》に及《およ》ぼす、惑《まど》いに非《あら》ず与《や》」

樊遅《はんち》が先生のお供をして雨乞いの舞台を遊覧していたときにこうおたずねした。

「恐れいりますが、徳（人格）を高め、邪念をとり除き、心の迷いをはっきりさせるのには、どうしたらよいでしょうか」

先生はこういわれた。

「善い質問だね、それは。事をなすのを先にして、報酬を得るのを後にするのが、徳を高めることではないか。自分の悪いところを責めて、他人の悪いところを責めないのが、邪念をとり除くということではないか。また、かっ

樊遲從遊於舞雩之下、曰、敢問崇德脩慝辨惑、子曰、善哉問、先事後得、非崇德與、攻其惡、無攻人之惡、非脩慝與、一朝之忿、忘其身以及其親、非惑與、

となって怒り我を忘れて争い、その禍いが親にまで及ぶ、これが迷いではないか」

22

樊遲《はんち》、仁《じん》を問《と》う。子曰《しい》わく、「人《ひと》を愛《あい》す」

知《ち》を問《と》う。子曰《しい》わく、「人《ひと》を知《し》る」

樊遲《はんち》、未《い》まだ達《たっ》せず。子曰《しい》わく、「直《なお》きを挙《あ》げて諸《こ》れを枉《まが》れるに錯《お》く。能《よ》く枉《まが》れる者《もの》をして直《なお》からしむ」

樊遲《はんち》退《しり》ぞいて、子夏《しか》を見《み》て曰《い》わく、

樊遲が仁とは何でしょうかとおたずねすると、先生は、「人を愛することだ」といわれた。

知をおたずねすると、「人を知ることだ」といわれた。

樊遲は、まだよくわからない様子だったので、先生はこういわれた。「心のまっすぐな者を、心の曲がった者の上におけば、曲がった者がまっすぐになる、ということだよ」

「郷《さき》に吾《わ》れ夫子《ふうし》に見《ま》みえて、知《ち》を問《と》う。子曰《しい》わく、直《なお》きを挙《あ》げて諸《こ》れを枉《まが》れるに錯《お》く。能《よ》く枉《まが》れる者《もの》をして直《なお》からしむと。何《な》んの謂《い》いぞや」

子夏《しか》曰《い》わく、「富《と》めるかな言《げん》や。舜《しゅん》、天下《てんか》を有《たも》ち、衆《しゅう》に選《えら》んで皐陶《こうよう》を挙《あ》ぐれば、不仁《ふじん》の者遠《ものとお》ざかる。湯《とう》、天下《てんか》を有《たも》ち、衆《しゅう》に選《えら》んで伊尹《いいん》を挙《あ》ぐれば、不仁《ふじん》の者遠《ものとお》ざかる」

樊遲問仁、子曰、愛人、問知、子曰、知人、
樊遲未達、子曰、擧直錯諸枉、能使枉者直、
樊遲退、見子夏曰、郷也吾見於夫子、而問

それでも理解できなかった樊遅は、先生の前を退いてから、子夏にたずねた。

「さきほど先生に知をおたずねしたところ、『心のまっすぐな者を、心の曲がった者の上におけば、曲がった者がまっすぐになる』と言われました。これはどういう意味でしょうか」

子夏はこういった。

「それはすばらしいお言葉だな。聖人の舜《しゅん》が天子となったとき、多くの臣下の中から、人格の優れた皐陶《こうよう》を抜擢して任用したので、人格者でない不仁の者どもは遠ざかった。殷《いん》王朝を開いた聖王の湯《とう》が天子となったときも、多くの臣下の中から、人格者の伊尹《いいん》を抜擢

知、子曰、擧直錯諸枉、能使枉者直、何謂也、子夏曰、富哉言乎、舜有天下、選於衆、擧皐陶、不仁者遠矣、湯有天下、選於衆、擧伊尹、不仁者遠矣、

したので、仁でない者は遠ざかってしまったのだ」

23

子貢《しこう》、友《とも》を問《と》う。子曰《しい》わく、「忠《ちゅう》もて告《つ》げて善《ぜん》もて之《こ》れを道《みちび》く。不可《ふか》なれば則《すなわ》ち止《や》む。自《み》ずから辱《はず》かしめらるること無《な》かれ」

子貢問友、子曰、忠告而善道之、不可則止、無自辱焉、

子貢が友人との交わり方についておたずねした。先生はいわれた。

「友人がもし悪い方に行きそうだと思ったときには、まごころを尽くして忠告し、善の道へと導くべきだが、それでも聞き入れなければ、それ以上はやめておく方がいい。無理をしてかえって誤解され、自分が恥をかくようなことがないようにしなさい」

24

曾子《そうし》曰《い》わく、「君子《くんし》は文《ぶん》を以《も》って友《とも》を会《かい》し、友《とも》を以《も》って仁《じん》を輔《たす》く」

曾子曰、君子以文會友、以友輔仁、

曾子《そうし》がいわれた。
「君子は、詩書礼楽といった学芸を通じて友だちをあつめ、その友だち同士で、互いに人格を高めあうものだ」

子路第十三

I

子路《しろ》、政《まつりごと》を問《と》う。子曰《しい》わく、「これに先《さき》んじ之《こ》れを労《ねぎろ》う」益《えき》を請《こ》う。曰《い》わく、「倦《う》むこと無《な》かれ」

子路問政、子曰、先之労之、請益、曰、無倦、

子路《しろ》が政治についておたずねした。先生は、「民に率先し、民をねぎらうことだ」といわれた。子路がもう少し詳しく説明を、とお願いすると、「倦《う》まず、たゆまず行なうように」といわれた。

2

仲弓《ちゅうきゅう》、季氏《きし》の宰《さい》と為《な》りて、政《まつりごと》を問《と》う。子《し》曰《い》わく、「**有司《ゆうし》を先《さき》にし、小過《しょうか》を赦《ゆる》し、賢才《けんさい》を挙《あ》げよ**」曰《い》わく、「焉《いずく》にか賢才《けんさい》を知《し》りて之《こ》れを挙《あ》げん」曰《い》わく、「爾《なんじ》の知《し》る所《ところ》を挙《あ》げよ。爾《なんじ》の知《し》らざる所《ところ》を、人其《ひとそ》れ諸《こ》れを舍《す》てんや」

仲弓爲季氏宰、問政、子曰、先有司、赦小過、擧賢才、曰、焉知賢才而擧之、曰、擧爾所知、爾所不知、人其舍諸、

仲弓《ちゅうきゅう》が魯《ろ》国の重臣である季氏《きし》に仕えて家臣の長となったとき、政治についておたずねした。先生はこういわれた。

「まず役人たちに担当の仕事をしっかりさせるのが第一だ。そして、彼らの小さな失敗は許し、その中から優秀な者を抜擢するように」

仲弓が、「どのようにすれば優秀な者を見つけ抜擢できるでしょうか」とおたずねすると、こう答えられた。

「おまえがこれぞと思った人物を抜擢すればいい。おまえが見出せない才能のある人物は、他の人がきっと推薦し

てくれるだろう」

3

子路《しろ》曰《い》わく、

「衛《えい》の君《きみ》、子《し》を待《ま》ちて政《まつりごと》を為《な》さば、子《し》、将《まさ》に奚《いず》れをか先《さき》にせん」

子《し》曰《い》わく、

「必《かなら》ずや名《な》を正《ただ》さん乎《か》」

子路《しろ》曰《い》わく、

「是《こ》れ有《あ》る哉《かな》、子《し》の迂《う》なる也《や》。奚《な》んぞ其《そ》れ正《ただ》さん」

子《し》曰《い》わく、

「野《や》なるかな由《ゆう》や。君子《くんし》は其《そ》の知《し》らざる所《ところ》に於《お》いて、蓋闕如《がいけつじょ》たり。


　先生が衛《えい》の国におられたとき、子路がこういった。

「衛国の君主が先生をお迎えして政治をなさることになったとしたら、先生は何を一番先になさいますか」

　先生はこういわれた。

「第一にするのは、名を正すことだね（君は君として、臣は臣として、そして父は父として、子は子として、名と実が合うようにすることだ）」

　当時の衛国の君主出公《しゅっこう》は父と争い、父を父とせず、祖父を父として祀り、名と実が一致せず乱れていた。それを名《な》正《ただ》しからざれば、則《すなわ》ち言《げん》順《したが》わず。言《げん》順《したが》わざれば、則《すなわ》ち事《こと》成《な》らず。事《こと》成《な》らざれば、則《すなわ》ち礼《れい》楽《がく》興《おこ》らず。礼《れい》楽《がく》興《おこ》らざれば、則《すなわ》ち刑《けい》罰《ばつ》中《あた》らず。刑《けい》罰《ばつ》中《あた》らざれば、則《すなわ》ち民《たみ》手《しゅ》足《そく》を措《お》く所《ところ》無《な》し。故《ゆえ》に君子《くんし》は之《こ》れに名《な》づくれば必《かなら》ず言《い》う可《べ》き也《なり》。之《こ》れを言《い》えば、必《かなら》ず行《おこな》う可《べ》き也《なり》。君子《くんし》は其《そ》の言《げん》に於《お》いて苟《いや》しくもする所《ところ》無《な》きのみ」

子路曰、衞君待子而爲政、子將奚先、子曰、必也正名乎、子路曰、有是哉、子之迂也、奚其正、子曰、野哉由也、君子於其所不知、

念頭に先生はこういわれたが、子路は先生のお考えを理解できずに、こういった。

「うーん、先生のお考えは、遠回りのように思います。現実が急を要しているのに、どうして名を正すといった形式的なところからはじめられるのですか」

先生はこういわれた。

「粗雑だね、由《ゆう》は。君子は自分がわからないことには、だまっているものだ。名と実が合わず乱れていれば、言うことも道理から外れてくる。言うことが道理から外れれば、物事がきちんとならず、その結果規律をもたらす礼と楽も盛んにならない。儀礼や音楽が衰え

蓋闕如也、名不正、則言不順、言不順、則事不成、事不成、則禮樂不興、禮樂不興、則刑罰不中、刑罰不中、則民無所措手足、故君子名之必可言也、言之必可行也、君子於其言、無所苟而已矣、

ると刑罰も適切さを欠き、人民が安心して暮らせなくなる。だからこそ君子は、まず名と実を一致させ、それを言葉で表し、そして必ず実行するようにするのだ。君子はよくわからないことについて、いいかげんなことを言わないものだ」

（先生は、こう子路の失言をたしなめられた。子路は後に、衛国のこの争いに巻き込まれて、命を落とした）

4

樊遅《はんち》、稼《か》を学《まな》ばんことを請《こ》う。子《し》曰《い》わく、「吾《わ》れ老農《ろうのう》に如《し》かず」

樊遅《はんち》が為政者となったときの知識として穀物作りの実際を知っておきたいと考え、それを教えてほしいと先生にお願いした。

圃《ほ》を為《な》すことを学《まな》ばんと請《こ》う。曰《い》わく、

「吾《わ》れ老圃《ろうほ》に如《し》かず」

樊遅《はんち》出《い》づ。子曰《しい》わく、

「小人《しょうじん》なる哉樊須《かなはんしゅ》や。上礼《かみれい》を好《この》めば、則《すなわ》ち民敢《たみあ》えて敬《けい》せざること莫《な》し。上義《かみぎ》を好《この》めば、則《すなわ》ち民敢《たみあ》えて服《ふく》せざること莫《な》し。上信《かみしん》を好《この》めば、則《すなわ》ち民敢《たみあ》えて情《まこと》を用《もち》いざること莫《な》し。夫《そ》れ是《か》くの如《ごと》くなれば、則《すなわ》ち四方《しほう》の民《たみ》、其《そ》の子《こ》を襁負《きょうふ》して至《いた》る。焉《いずく》んぞ稼《か》を用《もち》いん」

樊遅請學稼、子曰、吾不如老農、請學爲圃、

先生は、「私は経験豊富な年寄りの農夫ほどは知らない」と、教えようとはされなかった。

ついで、野菜作りについて学びたいという願いも、「私は年寄りの畑作りには及ばない」といわれた。

樊遅が退出してから、先生は別の者にこういわれた。

「小人だね、樊遅は。上に立つ者が礼を好めば、人民はみな尊敬をする。上の者が義を好めば、人民は服するものだ。上の者が信を好めば、人民も誠実になる。そうであれば、ほかの土地に住みたいと四方の者たちも、その土地に子どもを背負ってやってくるだろう。為政者には君子の道徳が何より大

曰、吾不如老圃、樊遲出、子曰、小人哉樊須也、上好禮、則民莫敢不敬、上好義、則民莫敢不服、上好信、則民莫敢不用情、夫如是、則四方之民、襁負其子而至矣、焉用稼、

5

子《し》曰《い》わく、「詩《し》三百《さんびやく》を誦《しよう》するも、之《こ》れに授《さず》くるに政《まつりごと》を以《も》ってして、達《たつ》せず。四方《しほう》に使《つか》いして、専《ひと》り対《こと》うること能《あた》わず。多《おお》しと雖《いえど》も、亦《ま》た奚《なに》を以《も》って為《な》さん」

子曰、誦詩三百、授之以政、不達、使於四

切なのだから、どうして農業技術のこまごまとした知識を求めようとするのか」

先生がいわれた。

「元来、詩は政治にも通じるものだ。しかし、『詩経《しきよう》』の詩を三百篇暗唱していたとしても、内政を担当させても事を達成できず、外交をまかせても相手とわたり合えないのでは、どれほど覚えていても、それは死んだ知識であり、取るに足りない」

方、不能專對、雖多、亦奚以爲、

6

子曰《しい》わく、「其《そ》の身《み》正《ただ》しければ、令《れい》せずして行《おこな》わる。其《そ》の身《み》正《ただ》しからざれば、令《れい》すと雖《いえど》も従《したが》わず」

子曰、其身正、不令而行、其身不正、雖令、不從、

先生がいわれた。
「上に立つ者の身のあり方が正しければ、命令しなくとも民は自然に従い、物事は行なわれる。反対に、その身が正しくなければ、命令しても人は従わない（感化が大切なのだ）」

7

子曰《しい》わく、「魯《ろ》・衛《えい》の政《まつりごと》は、兄弟也《きょうだいなり》」

先生がいわれた。
「魯国の始祖周公《しゅうこう》（周王朝を建てた武《ぶ》

子曰、魯衞之政、兄弟也、

8

子《し》、衛《えい》の公子荊《こうしけい》を謂《い》う。始《はじ》め有《あ》るに曰《い》わく、「善《よ》く室《しつ》に居《お》る。少《すこ》しく有《あ》るに曰《い》わく、苟《いささ》か合《あつま》る。富《さか》んに有《あ》るに曰《い》わく、苟《いささ》か完《まった》し。苟《いささ》か美《よ》し」

子謂衞公子荊、善居室、始有曰、苟合矣、

王《おう》の弟）と衛国の始祖康叔封《こうしゅくほう》は、元々兄弟であり、周の伝統を引き継いだその善政も似ていた。しかし、今では魯、衛ともに周の伝統を失い、魯では君臣の関係が乱れ、衛では父子の関係が乱れている。衰退の仕方もまた兄弟のように似ているのも皮肉なことだ」

先生は、衛の国の公子《こうし》荊という人物をほめて、こういわれた。「善く家を治めた人だね。家長となったはじめのころ、少しだけ家財があるのを『一応間に合っている』と言い、少し増えたときには『一応ととのった』と言い、富んで豊かになったときにも『一応美しくなった』としか言わ

少有曰、苟完矣、富有曰、苟美矣、

9

子《し》、衛《えい》に適《ゆ》く。冉有《ぜんゆう》、僕《ぼく》たり。子《し》曰《い》わく、「庶《おお》き哉《かな》」冉有《ぜんゆう》曰《い》わく、「既《すで》に庶《おお》し。又《ま》た何《なに》をか加《くわ》えん」曰《い》わく、「之《こ》れを富《と》まさん」曰《い》わく、「既《すで》に富《と》めり。又《ま》た何《なに》をか加《くわ》えん」曰《い》わく、「之《こ》れを教《おし》えん」

子適衛、冉有僕、子曰、庶矣哉、冉有曰、

なかった（家財を蓄える才はあったが、家財への執着はなかった。そこがいい）」

先生が衛の国に行かれたとき、冉有《ぜんゆう》が御者をした。

先生が、「衛は人が多いね」といわれたので、冉有が、「人が多くいる今、この上に何をしたらよいでしょうか」と質問したところ、「これを富ませよう」といわれた。

「富ませたら、その上何をしたらよいでしょうか」とさらに質問をすると、「これを教育しよう」といわれた。

既庶矣、又何加焉、曰、富之、曰、既富矣、又何加焉、曰、教之、

10

子《し》曰《い》わく、「苟《いや》しくも我《わ》れを用《もち》うる者《もの》有《あ》らば、期月《きげつ》のみにして可《か》なり。三年《さんねん》にして成《な》る有《あ》らん」

子曰、苟有用我者、期月而已可也、三年有成、

先生がこういわれた。
「もしだれかが私を用いて国政を担当させてくれるならば、一年でもまずまずのことはやってみせよう。三年あれば、立派に達成させてみせよう」

11

子《し》曰《い》わく、

先生がいわれた。

「善人邦《ぜんにんくに》を為《おさ》むること百年《ひゃくねん》、亦《ま》た以《も》って残《ざん》に勝《か》ち殺《さつ》を去《さ》るべし。誠《まこと》なる哉《かな》是《こ》の言《げん》や」

子曰、善人爲邦百年、亦可以勝殘去殺矣、誠哉是言也、

「古い言葉に『ふつうの善人でも百年のあいだ国を治めれば、乱暴な者も善によって感化され、死刑も必要なくなる』とあるが、本当だね、この言葉は」

12

子曰《しい》わく、「如《も》し王者《おうじゃ》有らば、必《かなら》ず世《せい》にして後《のち》に仁《じん》ならん」

子曰、如有王者、必世而後仁、

先生がいわれた。
「もし天命を受けて帝王になった者がいたとしても、きっと一代、三十年かかってはじめて、仁がゆきわたった世界になるだろう」

13

子曰《しい》わく、「苟《いや》しくも其《そ》の身《み》を正《ただ》しくす。政《まつりごと》に従《したご》うに於《お》いて何《なに》か有《あ》らん。**其《そ》の身《み》を正《ただ》しくすること能《あた》わずば、人《ひと》を正《ただ》すことを如何《いかん》せん」**

子曰、苟正其身矣、於従政乎何有、不能正其身、如正人何、

先生がいわれた。

「もし自分の身を正しくさえすれば、政《まつりごと》を行ない国を治めるのは難しくない。逆に、身を正しくすることができないようなら人を正しくすることなどできるはずもない」

14

冉子《ぜんし》、朝《ちょう》より退《しりぞ》く。子曰《しい》わく、「何《な》んぞ晏《おそ》きや」

魯国で君主をさしおいて実権を握っている季氏の家臣の長を務めている冉有が、季氏の私的な政庁から退出して

対《こた》えて曰《い》わく、「政有《まつりごとあ》り」子《し》曰《い》わく、「其《そ》れ事《こと》なり。如《も》し政有《まつりごとあ》らば、吾《わ》れを以《もち》いずと雖《いえど》も、吾《わ》れ其《そ》れ之《こ》れを与《あず》かり聞《き》かん」

冉子退朝、子曰、何晏也、對曰、有政、子曰、其事也、如有政、雖不吾以、吾其與聞之、

15

定公問《ていこうと》う、「一言《いちげん》にして以《も》って邦《くに》

きた。

先生が、「ずいぶんおそかったね。」といわれると、冉有は、「今日は政《まつりごと》(国政の大事)がありまして」と答えた。

先生はこういわれた。「それは政《まつりごと》ではなく事《こと》、つまり季氏の私事であろう。もし、国政の大事なら、大夫《たいふ》であった私も相談くらいは受けるはずだ(君主の行なう公的な政務の政と、私的な事務の事を混同してはいけない。そうした公私の混同から乱れが生じるのだ。言葉を正しく使いなさい)」

魯の君主の定公《ていこう》が先生に、「一言で国を隆盛にする言葉はあるか」とたず

を興《おこ》す可《べ》きもの、諸《こ》れ有《あ》りや」孔子《こうし》対《こた》えて曰《い》わく、「言《げん》は以《も》って是《か》くの若《ごと》く其《そ》れ幾《ちか》かる可《べ》からざる也《なり》。人《ひと》の言《げん》に曰《い》わく、君為《きみた》るは難《かた》く、臣為《しんた》るは易《やす》からずと。如《も》し君《きみ》為《た》るの難《かた》きを知《し》らば、一言《いちげん》にして邦《くに》を興《おこ》すに幾《ちか》からずや乎」曰《い》わく、「一言《いちげん》にして邦《くに》を喪《ほろぼ》すもの諸《こ》れ有《あ》りや」孔子《こうし》対《こた》えて曰《い》わく、「言《げん》は以《も》って是《か》くの若《ごと》く其《そ》れ幾《ちか》かる可《べ》からざる也《なり》。人《ひと》の言《げん》に曰《い》わく、予《わ》れ君為《きみた》るに楽《たの》しむこと無《な》し。唯《た》だ其《そ》の言《い》い

ねられた。

先生はこうお答えになられた。

「言葉にはそこまでの力はございませんが、近い言葉はあります。『君であることは難しい。臣であるのも易しくない』という言葉があります。もし君主であることの難しさを知っているとすれば、国は隆盛するでしょうから、『君たること難《かた》し』は国が盛んになる一言に近いといえるでしょう」

定公が続けて、「それでは、一言で国を滅ぼすような言葉はあるか」とたずねられたので、先生はこう答えられた。

「言葉はそこまで力を持つものではありませんが、近いものはあります。

て予《わ》れに違《たが》う莫《な》き也《なり》と。如《も》し其《そ》れ善《よ》くして、之《こ》れに違《たご》うこと莫《な》きは、亦《ま》た善《よ》からず乎《や》。如《も》し善《よ》からずして、之《こ》れに違《たご》う莫《な》きは、一言《いちげん》にして邦《くに》を喪《ほろぼ》すに幾《ちか》からず乎《や》」

定公問、一言而可以興邦、有諸、孔子對曰、言不可以若是其幾也、人之言曰、爲君難、爲臣不易、如知爲君之難也、不幾乎一言而興邦乎、曰、一言而喪邦、有諸、孔子對曰、言不可以若是其幾也、人之言曰、予無樂乎爲君、唯其言而莫予違也、如其善而莫之違也、不亦善乎、如不善而莫之違也、不幾乎一言而喪邦乎、

『君主であるのは楽しくないが、自分の言うことにだれも逆らわないのは面白い』という言葉があります。君主の言葉が善いものなら、逆らう者がいなくてもけっこうでしょうが、もしそれが善くないものであるのに、臣民が逆らわず従うだけなら、そのような国はやがて滅びるでしょう。その意味では、国を滅ぼす一言に近いのではないでしょうか」

16

葉公《しょうこう》、政《まつりごと》を問《と》う。子曰《しい》わく、「近《ちか》き者《もの》は説《よろこ》び、遠《とお》き者《もの》は来《き》たる」

葉公問政、子曰、近者說、遠者來、

楚《そ》国の葉公《しょうこう》が先生に政治についておたずねになった。

先生はこう答えられた。

「近くにいる民はよろこび、遠方の民は慕ってやってくるということです」

17

子夏《しか》、莒父《きよほ》の宰《さい》と為《な》りて、政《まつりごと》を問《と》う。子曰《しい》わく、「速《すみや》かなるを見《み》る無《な》かれ。小利《しようり》を見《み》る無《な》かれ。速《すみや》かなるを欲《ほつ》する無《な》かれ。小利《しようり》を見《み》れば、則《すなわ》ち達《たつ》せず。速《すみや》かならんと欲《ほつ》すれば、

子夏《しか》が魯の莒父《きよほ》という土地の長官になって、政の道をおたずねした。

「早く成果をあげたいと思うな。眼前の小さな利益を見るな。成果を急げば達成しない、小利に気をとられれば大事はなしとげられない」

則《すなわ》ち大事《だいじ》成《な》らず」

子夏爲莒父宰、問政、子曰、無欲速、無見小利、欲速、則不達、見小利、則大事不成、

18

葉公《しょうこう》、孔子《こうし》に語《つ》げて曰《い》わく、「吾《わ》が党《とう》に躬《み》を直《なお》くする者有《ものあ》り。其《そ》の父羊《ちちひつじ》を攘《ぬす》む。而《しこ》うして子之《こ》れを証《しょう》す」

孔子《こうし》曰《い》わく、「吾《わ》が党《とう》の直《なお》き者《もの》は、是《こ》れに異《こと》なり。父《ちち》は子《こ》の為《ため》に隠《かく》し、子《こ》は父《ちち》の為《ため》に隠《かく》す。直《なお》きこと其《そ》の中《うち》に在《あ》

葉公が先生にこういわれた。「私の郷里には直《ちょく》そのものといってい い男がいまして、父親が羊を盗んだのを隠さずに証言したほどです」

先生はこういわれた。「私の郷里でいう直、まっすぐというのは、それとはちがいます。父は子のために隠し、子は父のために隠します。まっ直《すぐ》ということの真の意味は、こう

り」

葉公語孔子曰、吾黨有直躬者、其父攘羊、而子證之、孔子曰、吾黨之直者、異於是、父爲子隱、子爲父隱、直在其中矣、

した自然の人情の中にあるのではないでしょうか」

19

樊遅《はんち》、仁《じん》を問《と》う。子曰《しい》わく、「居処《きょしょ》は恭《きょう》、事《こと》を執《と》りて敬《けい》、人《ひと》と与《まじ》わりて忠《ちゅう》なれ。夷狄《いてき》に之《ゆ》くと雖《いえど》も、棄《す》つ可《べ》からざる也《なり》」

樊遅問仁、子曰、居處恭、執事敬、與人忠、雖之夷狄、不可棄也、

樊遅が仁についておたずねした。先生はこういわれた。
「日常ではつつしみ深くし、仕事に対しては敬意をもってきちんと行ない、人とのつきあいでは誠実にする。この三つのことは、どんなに文化・道徳水準の低い土地に行っても、やめてはならないことだ」

20

子貢《しこう》問《と》うて曰《い》わく、「何如《いかん》ぞ斯《こ》れ之《こ》れを士《し》と謂《い》うべき」子《し》曰《い》わく、「己《おのれ》を行《おこの》うに恥《は》じ有《あ》り。四方《しほう》に使《つか》いして、君命《くんめい》を辱《はずか》しめず、士《し》と謂《い》うべし」曰《い》わく、「敢《あ》えて其《そ》の次《つぎ》を問《と》う」曰《い》わく、「宗族《そうぞく》は孝《こう》を称《しょう》す、郷党《きょうとう》は弟《てい》を称《しょう》す」曰《い》わく、「敢《あ》えて其《そ》の次《つぎ》を問《と》う」曰《い》わく、「言必《げんかなら》ず信《しん》。行《おこな》い必《かなら》ず果《か》。硜硜然《こうこうぜん》として小人《しょうじん》なる哉《かな》。抑《そもそ》も亦《ま》た以《も》って次《つぎ》と為《な》す可《べ》し」


子貢《しこう》が士の道について先生におたずねした。

「どのようであれば士、すなわち一流の人間といえるでしょうか」

「自分の行ないにおいて恥を知り、四方に使いに出て君主の命令をきちんと果たすならば、士といってよかろう」

「わかりました。それに次ぐものは、どのようなものでしょうか」

「一族の者からは孝（親孝行）だといわれ、郷里の者からは弟《てい》（目上の人を立てる人間）だといわれるものだ」

「では、その次はいかがでしょうか」

「自分が言うことはなんでもとにかく

曰《い》わく、「今《いま》の政《まつりごと》に従《したご》う者《もの》は何如《いかん》」

子曰《しい》わく、「噫《い》、斗筲《としょう》の人《ひと》、何《な》んぞ算《かぞ》うるに足《た》らん也《や》」

子貢問曰、何如斯可謂之士矣、子曰、行己有恥、使於四方、不辱君命、可謂士矣、曰、敢問其次、曰、宗族稱孝焉、郷黨稱弟焉、曰、敢問其次、曰、言必信、行必果、硜硜然小人哉、抑亦可以爲次矣、曰、今之從政者何如、子曰、噫、斗筲之人、何足算也、

守ろうとし、行なうことは善し悪しにかかわらず、とにかくきちんとやる者かな。まあ、小石のように小さく固まって、あまり融通のきかない類《たぐい》ではあるがね」

「最近の政治をしている人たちは、いかがでしょうか」

「ああ、自分の利益ばかりに敏感な器の小さい者たちだね。士として計るには足りない、つまらない器量だ」

21

子曰《しい》わく、「中行《ちゅうこう》を得《え》て之《こ》れと与《とも》にせずんば、

先生がいわれた。

「私は過不足のない中庸《ちゅうよう》の徳を備えた

必《かなら》ずや狂狷乎《きようけんか》。狂者《きようしや》は進《すす》みて取《と》る。狷者《けんしや》は為《な》さざる所有《ところあ》る也《なり》」

子曰、不得中行而與之、必也狂狷乎、狂者進取、狷者有所不爲也、

者に道を伝えたいと思っているが、中庸の徳が得がたいとすれば、次は狂《きよう》の人か狷《けん》の人かな。狂の人は大志を抱き積極果敢に善に向かう。狷の人は慎重だが節操があり、けっして不善をなさない」

22

子曰《しい》わく、「南人言《なんじんい》えること有《あ》りて曰《い》わく、人《ひと》にして恒無《つねな》ければ、以《も》って巫医《ふい》を作《な》すべからずと。善《よ》い夫《かな》」其《そ》の徳《とく》を恒《つね》にせざれば、或《ある》いは之《こ》れが羞《は》じを承《う》く。子曰《しい》わく、「占《うら》なわざるのみ」

先生がいわれた。「南方の人の言葉に、『言動がころころ変わる恒《つね》なき者には巫《みこ》の占いも医者の治療も役に立たない』とあるが、善い言葉だね」

また、『易経《えききよう》』の中の「徳を恒《つね》に保たなければ、人から羞《はずか》しめを受ける」という言葉について、先生は、「易で

子曰、南人有言曰、人而無恆、不可以作巫醫、善夫、不恆其德、或承之羞、子曰、不占而已矣、

占うまでもない、当然のことだ（恒久不変の恒の心が大切だ）」といわれた。

23

子《し》曰《い》わく、「君子《くんし》は和《わ》して同《どう》ぜず。小人《しょうじん》は同《どう》じて和《わ》せず」

子曰、君子和而不同、小人同而不和、

先生がいわれた。「君子は人と和《やわ》らぎ協調するが、やたらとつるんだりはしない。反対に、小人はよくつるむが、協調性はない」

24

子《し》貢《こう》、問《と》うて曰《い》わく、「郷人《きょうじん》皆《み》な之《こ》れを好《この》まば、何如《いかん》」

子貢が、人物の評判についておたずねした。

子《し》曰《い》わく、「未《いま》だ可《か》ならざる也《なり》」

「郷人《きょうじんみ》皆な之《こ》れを悪《にく》まば、何如《いかん》」

子《し》曰《い》わく、「未《いま》だ可《か》ならざる也《なり》。郷人《きょうじん》の善《よ》き者《もの》之《こ》れを好《この》み、其《そ》の善《よ》からざる者《もの》之《こ》れを悪《にく》むに如《し》かず」

子貢問曰、郷人皆好之、何如、子曰、未可也、郷人皆悪之、何如、子曰、未可也、不如郷人之善者好之、其不善者悪之、

「その土地の人がみなほめているとすれば、その人物はいかがでしょうか」

「それでは、その人物がすぐれているとはいえない」

「では、すぐれた人物がまわりからうとまれているということもありますから、その土地の人みなから憎まれている人物はいかがでしょう」

「それでは不十分だ。土地の善人がほめ、善くない人が憎む、といった人物の方が上だ」

25

子《し》曰《い》わく、

先生がいわれた。

「君子《くんし》は事《つか》え易《やす》くして、説《よろこ》ばせ難《がた》き也《なり》。之《こ》れを説《よろこ》ばすに道《みち》を以《も》ってせざれば、説《よろこ》ばざる也《なり》。其《そ》の人《ひと》を使《つこ》うに及《およ》びてや、之《こ》れを器《うつわ》とす。小人《しょうじん》は事《つか》え難《がた》くして説《よろこ》ばせ易《やす》き也《なり》。之《こ》れを説《よろこ》ばすに道《みち》を以《も》ってせずと雖《いえど》も、説《よろこ》ぶ也《なり》。其《そ》の人《ひと》を使《つこ》うに及《およ》びてや、備《そな》わるを求《もと》む」

子曰、君子易事而難説也、説之不以道、不説也、及其使人也、器之、小人難事而易説也、説之雖不以道、説也、及其使人也、求備焉、

「君子的人物には仕えやすいが、喜ばせるのは難しい。君子にはへつらってもだめだ。筋の通った道義によってでなければ喜ばない。君子は思いやりがあって、部下の長所に合った仕事を与えるので仕事がしやすい。

反対に、小人的人物には仕えるのはむずかしいが、喜ばせるのはかんたんだ。へつらいのように、道理に合ったことでなくても喜ぶ。しかし、部下には何でもさせようとするから、その人の下で仕事をするのは大変だ」

26

子曰《しい》わく、「君子《くんし》は泰《ゆたか》にして驕《おご》らず。小人《しょうじん》は驕《おご》って泰《ゆたか》ならず」

子曰、君子泰而不驕、小人驕而不泰、

先生がいわれた。
「君子は落ちついてゆったりしていて、しかもいばらない。小人は、反対に、落ちつきがなくゆったりしていない」

27

子曰《しい》わく、「剛毅木訥《ごうきぼくとつ》、仁《じん》に近《ちか》し」

子曰、剛毅木訥、近仁、

先生がいわれた。
「物欲に左右されない剛《ごう》、志があり勇敢な毅《き》、かざりけがなく質実な木《ぼく》、心に思うところはあるが口下手な訥《とつ》。この四つの資質は、仁に近い」

28

子路《しろ》問《と》うて曰《い》わく、「何如《いかん》ぞ斯《こ》れ之《こ》れを士《し》と謂《い》うべき」

子《し》曰《い》わく、「切切偲偲《せつせつしし》怡怡如《いいじょ》たり、士《し》と謂《い》うべし。朋友《ほうゆう》には切切偲偲《せつせつしし》、兄弟《きょうだい》には怡怡《いい》」

子路問曰、何如斯可謂之士矣、子曰、切切偲偲怡怡如也、可謂士矣、朋友切切偲偲、兄弟怡怡、

子路が、「どのようでしたら士、一流の人物といえるでしょうか」とおたずねした。

先生は子路に温和さが欠けているのを念頭において、こういわれた。

「人と交わるのに、誠意を尽くすこと、励ますこと、にこやかであること、が大切だ。友だちには、誠意をもって接し、励まし、兄弟にはにこやかであれば、士といえるね」

29

子曰《しい》わく、「善人《ぜんにん》民《たみ》を教《おし》うること七年《しちねん》、亦《ま》た以《も》って戎《じゅう》に即《つ》くべし」

子曰、善人教民七年、亦可以即戎矣、

先生がいわれた。

「ふつうの善人でも七年という歳月をかけて民を教育すれば、感化が進み、自らの生命をかけて戦争に従事するようにもなる」

30

子曰《しい》わく、「教《おし》えざる民《たみ》を以《も》って戦《たたこ》う。是《こ》れ之《こ》れを棄《す》つと謂《い》う」

子曰、以不教民戰、是謂棄之、

先生がいわれた。

「教育をしていない民を用いて戦うならば、きっと敗北する。これこそ上の者として、民を棄《す》てるということだ（戦いは生死にかかわる大事なのだから、しっかりした教育が必要だ）」

憲問第十四

1

憲《けん》、恥《は》じを問《と》う。子曰《しい》わく、「邦道《くにみち》あれば穀《こく》す。邦道無《くにみちな》きに穀《こく》するは、恥《は》じ也《なり》」

憲問恥、子曰、邦有道穀、邦無道穀、恥也、

門人の原憲《げんけん》（子思《しし》）が恥についておたずねした。

先生はいわれた。

「国家に道（道義）があれば、仕官して俸給を受けるのもいい。しかし、国家に道がなく、道義心のない政治で乱れているのに俸給を受け取るのは、恥だ」

2

「克《こく》、伐《ばつ》、怨《えん》、欲《よく》、行《おこな》われず、以《も》って仁《じん》と為《な》すべし」

子《し》曰《い》わく、「以《も》って難《かた》しと為《な》すべし。仁《じん》は則《すなわ》ち吾《わ》れ知《し》らざる也《なり》」

克伐怨欲不行焉、可以爲仁矣、子曰、可以爲難矣、仁則吾不知也、

原憲が、「勝ちたがり（克《こく》）、自慢（伐《ばつ》）、うらみ（怨《えん》）、物欲（欲《よく》）の四つの心の動きを抑えられれば仁といえましょうね」というと、先生はこういわれた。

「たしかにその四つを抑制するのは、難しいことだが、しかしそれで仁と言えるのかというと私にはわからない（仁とは、もっと高いものではないだろうか）」

3

子《し》曰《い》わく、「士《し》にして居《きょ》を懐《おも》うは、以《も》って士《し》

先生がいわれた。

「士人であるのに、生活の安楽さばかりを求めているようなら、それはもう

と為《な》すに足《た》らず」

子曰、士而懷居、不足以爲士矣、

士とは言えない」

4

子《し》曰わく、「邦道《くにみち》有《あ》れば、言《げん》を危《たか》くし、行《おこな》いを危《たか》くす。邦道《くにみち》無《な》ければ、行《おこな》いを危《たか》くし言《げん》は孫《ゆず》る」

子曰、邦有道、危言危行、邦無道、危行言孫、

先生がいわれた。

「その国家に道義のある政治が行なわれているときは、正しいと思ったことを厳しく主張し、実践も自らに厳しく行なってよい。しかし、国家の政治が道義を欠いて乱れているときは、実践は厳しくしてよいが、主張はやわらげた方がいい（そうした乱れた状況では、厳しい主張は反感を買い、自分の身を危うくするからだ）」

5

子曰《しい》わく、「徳《とく》有《あ》る者《もの》は必《かなら》ず言《げん》有《あ》り。言《げん》有《あ》る者《もの》は必《かなら》ずしも徳《とく》有《あ》らず。仁者《じんしゃ》は必《かなら》ず勇《ゆう》有《あ》り。勇者《ゆうしゃ》は必《かなら》ずしも仁《じん》有《あ》らず」

子曰、有徳者必有言、有言者不必有徳、仁者必有勇、勇者不必有仁、

先生がいわれた。

「徳のある人格者は必ず善い言葉を言う。しかし、善い言葉を言う者だからといって徳があるとは限らない。仁の人には必ず勇気があるが、勇敢な人に必ず仁があるとはいえない」

6

南宮适《なんきゅうかつ》、孔子《こうし》に問《と》いて曰《い》わく、「羿《げい》は射《しゃ》を善《よ》くし、奡《ごう》は舟《ふね》を盪《うご》か

南宮适《なんきゅうかつ》（南容《なんよう》）が先生にこうおたずねした。

「その昔、羿《げい》は弓がうまく、奡《ごう》は舟を

す。倶《とも》に其《そ》の死《し》を得《え》ざるがごとく然《しか》り。禹《う》と稷《しょく》は躬《み》ずから稼《か》して天《てん》下《か》を有《たも》つと」夫子《ふうし》答《こた》えず。南宮适《なんきゅうかつ》出《い》づ。子《し》曰わく、「君子《くんし》なる哉若《かなか》くのごとき人《ひと》。徳《とく》を尚《とうと》ぶ哉若《かなか》くのごとき人《ひと》」

南宮适問於孔子曰、羿善射、奡盪舟、倶不得其死然、禹稷躬稼而有天下、夫子不答、南宮适出、子曰、君子哉若人、尚徳哉若人、

地上で動かすほどの力持ちでしたが、どちらも普通の死に方はできませんでした。反対に夏《か》王朝を開いた禹《う》と稷《しょく》は、ともに農耕に従事していただけなのに、天下を得る人物となりました(やはり先生のように武の力よりも人格の力が大切だということでしょうか)」

先生はその場では答えられなかったが、南宮适が退出すると、こういわれた。

「君子だね。南宮适のような人は。力よりも徳を喜ぶのだからね」

7

子《し》曰《い》わく、

先生がいわれた。

「君子《くんし》にして仁《じん》ならざる者有《ものあ》り。未《い》まだ小人《しょうじん》にして仁《じん》なる者有《ものあ》らざる也《なり》」

子曰、君子而不仁者有矣夫、未有小人而仁者也、

「君子であっても仁でない人はいるだろうね。しかし、小人なのに仁者だという人はいない」

8

子《し》曰《い》わく、「之《こ》れを愛《あい》して能《よ》く労《ろう》すること勿《な》からん乎《や》。忠《ちゅう》にして能《よ》く誨《おし》うること勿《な》からん乎《や》」

子曰、愛之、能勿勞乎、忠焉、能勿誨乎、

先生がいわれた。

「子を真に愛するならば、りっぱな人物にするために、あえて苦労をさせずにはいられない。真に君主に忠であるならば、ただ従うだけでなく、あえて進言し教えないではいられない」

9

子《し》曰《い》わく、「命《めい》を為《つく》るに、裨《ひ》諶《じん》之《こ》れを艸創《そうそう》し、世叔《せいしゆく》之《こ》れを討論《とうろん》し、行人《こうじん》子羽《しう》之《こ》れを修飾《しゆうしよく》し、東里《とうり》の子産《しさん》之《こ》れを潤色《じゆんしよく》す」

子曰、爲命、裨諶艸創之、世叔討論之、行人子羽脩飾之、東里子産潤色之、

10

或《あ》るひと子産《しさん》を問《と》う。子《し》曰《い》わく、

先生がいわれた。
「鄭《てい》の国の外交文書は、大変すぐれていた。というのも、文書作成においては、裨《ひ》諶《じん》が草稿を書き、博学の世叔《せいしゆく》が検討し、外交官の子羽《しう》が添削し、東里《とうり》に住む子産《しさん》が文章に磨きをかけたからだ（四人の賢人が力を合わせて外交文書を作る、こうした慎重さがあればこそ、小国の鄭が大国の間にあって国を保つことができたのだ）」

ある人が春秋《しゆんじゆう》時代の名士三人の評価を知りたいと思い、まず子産という

「恵人《けいじん》なり」

子西《しせい》を問《と》う。曰《い》わく、

「彼《か》れを哉《や》彼《か》れを哉《や》」

管仲《かんちゅう》を問《と》う。曰《い》わく、

「この人《ひと》や、伯氏《はくし》の駢邑三百《べんゆうさんびやく》を奪《うば》う。疏《そ》食を飯《くら》い、歯《とし》を没《お》わるまで怨《えん》言無《げんな》し」

或問子產、子曰、惠人也、問子西、曰、彼哉彼哉、問管仲、曰、人也、奪伯氏駢邑三百、飯疏食、沒齒無怨言、

人物の評価を先生におたずねしたところ、「民に恵み深い人だ」といわれた。

子西《しせい》については、「語るに足りない」といわれた。

管仲《かんちゅう》については、「ひとかどの人物だね。斉《せい》の桓公《かんこう》が管仲の功労を評価して、伯氏の領地の三百戸の村を伯氏から取り上げて管仲に与えたのだが、伯氏は粗末な食事をしながらも、生涯怨みごとを言わなかった（管仲の功に心服していたからだ。これを観れば、人物のたしかさがわかる）」

11

子曰《しい》わく、

先生がいわれた。

「貧《まず》しくして怨《うら》む無《な》きは難《かた》く、富《と》みて驕《おご》る無《な》きは易《やす》し」

子曰、貧而無怨難、富而無驕易、

「貧しくて生活が苦しいときに、人や運命をうらまないのは難しい。しかし、金持ちでいばらないのは、比較的易しい」

12

子《し》曰わく、「孟公綽《もうこうしゃく》、趙魏《ちょうぎ》の老《ろう》と為《な》れば則《すなわ》ち優《ゆう》、以《も》って滕薛《とうせつ》の大夫《たいふ》と為《な》る可《べ》からず」

子曰、孟公綽、爲趙魏老則優、不可以爲滕薛大夫、

先生が、魯《ろ》の大夫《たいふ》の孟公綽《もうこうしゃく》についてこういわれた。

「彼は、趙《ちょう》や魏《ぎ》のような大国でも、家老としては十分やれる。しかし、滕《とう》や薛《せつ》のような小国でも、一国の大夫にすることはできない（家老は、家臣の長だが重要な政務の責任はない。これに対し、大夫には内外の政務をうまく処

13

子路《しろ》、成人《せいじん》を問《と》う。子曰《しい》わく、

「臧武仲《そうぶちゆう》の知《ち》、公綽《こうしやく》の不欲《ふよく》、卞荘《べんそう》子《し》の勇《ゆう》、冉求《ぜんきゆう》の芸《げい》の若《ごと》くにして、之《こ》れを文《かざ》るに礼楽《れいがく》を以《も》ってすれば、亦《ま》た以《も》って成人《せいじん》と為《な》すべし」

曰《い》わく、

「今《いま》の成人《せいじん》なる者《もの》は、何《な》んぞ必《かなら》ずしも然《しか》らん。利《り》を見《み》ては義《ぎ》を思《おも》い、危《あや》うきを見《み》ては命《めい》を授《さず》け、久要《きゆうよう》は

理する才が必要だ。彼は欲のない好人物だが、この才に欠けている。適材適所をおこたれば、国はあやうい)」

子路《しろ》が成人、人格の完成された人とはどのような人であるのか、おたずねした。

先生はこういわれた。

「臧武仲《ぞうぶちゆう》の知、孟公綽の無欲さ、卞荘《べんそう》子《し》の勇、冉求《ぜんきゆう》の才芸を合わせもち、礼儀と雅楽でこれを飾るなら、完成された人、成人と言える」

さらにこういわれた。

「しかし、今の時代の成人はここまでなくてもいい。自分の利益を目の前

平生《へいぜい》の言《げん》を忘《わす》れず、亦《ま》た以《も》って成《せい》人《じん》と為《な》すべし」

子路問成人、子曰、若臧武仲之知、公綽之不欲、卞莊子之勇、冉求之藝、文之以禮樂、亦可以爲成人矣、曰、今之成人者何必然、見利思義、見危授命、久要不忘平生之言、亦可以爲成人矣、

にしても義（道義・正義）を思い、危機に際しては一命をささげ、昔した約束を忘れないで果たすならば、それもまた成人と呼んでもいいだろう」

14

子《し》、公叔文子《こうしゆくぶんし》を公明賈《こうめいか》に問《と》いて曰《い》わく、「信《まこと》に夫子《ふうし》は言《い》わず笑《わら》わず取《と》らざる乎《か》」

先生が衛《えい》国の大夫、公叔文子《こうしゆくぶんし》について衛の人である公明賈《こうめいか》におたずねになった。

「ものも言わず、笑いもせず、物を贈られても受け取らないという『不言不

公明賈《こうめいか》対《こた》えて曰《い》わく、

「以《も》って告《つ》ぐる者《もの》過《あや》まつなり。夫子《ふうし》は時《とき》にして然《しか》る後《のち》に言《い》う。人其《ひとそ》の言《げん》を厭《いと》わず。楽《たの》しくして然《しか》る後《のち》に笑《わら》う。人其《ひとそ》の笑《わら》いを厭《いと》わず。義《ぎ》にして然《しか》る後《のち》に取《と》る。人其《ひとそ》の取《と》るを厭《いと》わず」

子《し》曰《い》わく、

「其《そ》れ然《しか》り、豈《あ》に其《そ》れ然《しか》らんや」


子問公叔文子於公明賈曰、信乎夫子不言不笑不取乎、公明賈對曰、以告者過也、夫子時然後言、人不厭其言、樂然後笑、人不厭其笑、義然後取、人不厭其取、子曰、其然、豈其然乎、

笑不取』の評判は本当ですか」

公明賈がこう答えた。

「それはそう伝えた者のまちがいです。あの方は、余計なことを言わず、言うべきときにはじめて言うので、人にいやがられません。また、笑うべきときにのみ笑いますから、それが自然で人にいやがられません。道義にかなっているときにだけ、贈り物を受け取るので、人からいやがられません（余計なことをせず過不足なく行なう方です）」

先生は、「なるほど、不言不笑不取というのとはちがうのですね」といわれた。

15

子《し》曰《い》わく、「臧武仲《ぞうぶちゅう》、防《ぼう》を以《も》って後《のち》を魯《ろ》に為《な》すを求《もと》む。君《きみ》を要《よう》せずと曰《い》うと雖《いえど》も、吾《わ》れ信《しん》ぜざる也《なり》」

子曰、臧武仲以防求爲後於魯、雖曰不要君、吾不信也、

先生がいわれた。

「臧武仲は罪によって魯の国を追われたにもかかわらず、帰国して自分の管理する防《ぼう》という土地に立てこもって、後継ぎを立てたいと魯の君に要求した。これは主君にお願いしたのであって強要したのではない、と言っても私は信用しない（後継ぎを立てるかどうかは君主の権限であり、要求が受け入れられないなら、反乱をおこすぞと君主を脅かすような真似は許されることではない）」

16

子曰《しい》わく、「晋《しん》の文公《ぶんこう》は譎《いつわ》りて正《ただ》しからず。斉《せい》の桓公《かんこう》は正《ただ》しくして譎《いつわ》らず」

子曰、晉文公譎而不正、齊桓公正不譎、

先生がいわれた。

「同じように有名な覇者であるが、晋《しん》の文公《ぶんこう》はいつわって正しい道をふまず、いつわらなかった。斉の桓公は正しい道をふみ、いつわらなかった。ともに諸侯を集めた大会盟を行なったが、文公は天子のもとではなく、自国に諸侯を集め、天子まで呼びよせた。桓公の場合、周《しゅう》の昭王《しょうおう》が楚《そ》の国で謀殺されたとき、楚を討つ宣言をするなど、天子中心の態度をとった（一般の名声をうのみにするのでなく、きちんと実像をつかまえることが大事だ）」

17

子路《しろ》曰《い》わく、「桓公《かんこう》、公子糾《こうしきゅう》を殺《ころ》す。召忽之《しょうこつこ》れに死《し》す。管仲死《かんちゅうし》せず。曰《い》わく、未《い》まだ仁《じん》ならざる乎《か》」子《し》曰《い》わく、「桓公《かんこう》、諸侯《しょこう》を九合《きゅうごう》し、兵車《へいしゃ》を以《も》ってせず。管仲《かんちゅう》の力《ちから》なり。其《そ》の仁《じん》に如《し》かんや。其《そ》の仁《じん》に如《し》かんや」

子路曰、桓公殺公子糾、召忽死之、管仲不死、曰、未仁乎、子曰、桓公九合諸侯、不以兵車、管仲之力也、如其仁、如其仁、

子路がいった。

「桓公が、斉国の君主相続の争いで兄弟の公子糾《こうしきゅう》を殺したとき、糾の部下である召忽《しょうこつ》は殉死しましたが、同じく糾の部下であった管仲は生き残って、しかも仇である桓公に仕えさえしました。これでは、仁と言えませんね」

先生はこういわれた。

「桓公は覇者として、諸侯を集め大会盟を行ない、衰えていた周の天子を中心とした中国の秩序を回復し、外敵をしりぞけた。それを武力を用いずに達成したのは、管仲の大功績だ。天下国家の運命という観点から見れば、だれ

18

子《し》貢《こう》曰《い》わく、

「管仲《かんちゅう》は仁者《じんしゃ》に非《あら》ざるか。桓公《かんこう》、公子糾《こうしきゅう》を殺《ころ》す。死《し》すること能《あた》わず。又《ま》た之《こ》れに相《しょう》たり」

子《し》曰《い》わく、

「管仲《かんちゅう》、桓公《かんこう》に相《しょう》として、諸侯《しょこう》に覇《は》たらしめ、天下《てんか》を一匡《いっきょう》す。民《たみ》、今《いま》に到《いた》りて其《そ》の賜《たまもの》を受《う》く。管仲微《かんちゅうな》かりせば、吾《わ》れ其《そ》れ髪《かみ》を被《こう》むり衽《えり》を左《ひだり》にせん。豈《あ》に匹夫匹婦《ひっぷひふ》の諒《まこと》を

がその仁に及ぼうか。だれがその仁に及ぼうか」


子貢《しこう》がいった。

「管仲は仁の人ではないのではないでしょうか。桓公が公子糾を殺したとき、殉死もせずにかえって仇の桓公に仕えました」

先生がいわれた。

「管仲は桓公を助けて諸侯の覇者となり、天下を正した。民は今に至るまでその恩恵を受けている。管仲がいなかったならば、私もまたざんばら髪で襟《えり》を左前にするといったような乱れた姿でいなくてはならなかったろう。管仲

為《な》すや、自《み》ずから溝瀆《こうとく》に経《くび》れて之《こ》れを知《し》るもの莫《な》きが若《ごと》くならん也《や》」

子貢曰、管仲非仁者與、桓公殺公子糾、不能死、又相之、子曰、管仲相桓公、霸諸侯、一匡天下、民到于今、受其賜、微管仲、吾其被髮左衽矣、豈若匹夫匹婦之爲諒也、自經於溝瀆而莫之知也、

19

公叔文子《こうしゅくぶんし》の臣大夫《しんたいふ》僎《せん》、文子《ぶんし》と同《おな》じく諸《こ》れを公《こう》に升《のぼ》す。子《し》、之《こ》れを聞《き》きて曰《い》わく、

のような大人物が殉死しなかったことは、名もない男女が、世間に義理立てして首をくって死ぬような小さな生き方と同列には扱えまい」

今は亡き衛の国の公叔文子は、自分の家臣の僎《せん》をすぐれた人物として君主に推薦したので、僎が大夫に昇進し、文子と同等の立場で国家の政庁に立つ

「以《も》って文《ぶん》と為《な》すべし」

公叔文子之臣大夫僎、與文子同升諸公、子聞之曰、可以爲文矣、

20

子《し》、衛霊公《えいれいこう》の無道《むどう》を言《い》う。康子《こうし》曰《い》わく、「夫《そ》れ是《か》くの如《ごと》くば、奚《な》んぞ喪《ほろ》びざる」

孔子《こうし》曰《い》わく、

「仲叔圉《ちゆうしゆくぎよ》は賓客《ひんきやく》を治《おさ》め、祝鮀《しゆくだ》は宗廟《そうびよう》を治《おさ》め、王孫賈《おうそんか》は軍旅《ぐんりよ》を治《おさ》む。

ようになった。

　先生はそのことを聞かれると、「なるほど文という死後の美しいおくり名にふさわしいね（自分の家臣と同列になるのをいとわず、国のために賢人を推薦したのだからね）」

　先生が衛国の君主霊公《れいこう》が道に外れていると話されたので、康子《こうし》が、「どうして、それで国君の地位を失わないでいられるのでしょうか」といった。

　先生はこういわれた。

「衛国には賢臣がいます。仲叔圉《ちゆうしゆくぎよ》が外交関係をうまく治め、祝鮀《しゆくだ》が国の祭祀を治め、王孫賈《おうそんか》が軍隊を治めています。

夫《そ》れ是《か》くの如《ごと》し。奚《な》んぞ其《そ》れ喪《ほろ》びん」

子言衛靈公之無道也、康子曰、夫如是、奚而不喪、孔子曰、仲叔圉治賓客、祝鮀治宗廟、王孫賈治軍旅、夫如是、奚其喪、

賢臣が国家の要所を治めているのだから、どうして失脚しましょうか」

21

子《し》曰《い》わく、「其《そ》れ言《げん》の怍《は》じざるは、則《すなわ》ち之《こ》れを為《な》すや難《かた》し」

子曰、其言之不怍、則爲之也難、

先生がいわれた。「内実のないことを大言壮語するのに恥を感じないようでは、それを実行するのは難しい（言を軽んじる者は、実行力に欠ける）」

22

陳成子《ちんせいし》、簡公《かんこう》を弑《しい》す。孔子《こうし》沐浴《もくよく》して朝《ちょう》し、哀公《あいこう》に告《つ》げて曰《い》わく、「陳恒《ちんこう》其《そ》の君《きみ》を弑《しい》す。請《こ》う之《こ》れを討《う》たん」

公《こう》曰《い》わく、「夫《か》の三子《さんし》に告《つ》げよ」

孔子《こうし》曰《い》わく、「吾《わ》れ大夫《たいふ》の後《のち》に従《したご》うを以《も》って、敢《あ》えて告《つ》げずんばあらざる也《なり》。君《きみ》曰《い》わく、夫《か》の三子者《さんししゃ》に告《つ》げよと」三子《さんし》に之《ゆ》きて告《つ》ぐ。可《き》かず。孔子《こうし》曰《い》わく、

斉の国の大夫陳成子《ちんせいし》（陳恒《ちんこう》）が主君の簡公《かんこう》を殺したとき、先生は斎戒沐浴《さいかいもくよく》して身を清め、魯国君主の哀公《あいこう》にこう告げられた。

「陳恒が主君を弑《しい》しました。これは大罪です。この魯国は斉の隣国ですから、道を正すために、どうか兵を起こしてお討ちとり下さい」

しかし、哀公は自ら命令を下さず、魯国の実力者、孟孫《もうそん》・叔孫《しゅくそん》・季孫《きそん》の三者に言いなさいと先生にいわれた。

先生は退出なさると、「私もまた国政に参与する責任のある大夫の末席についている以上、とにかく筋を申し上

「吾《わ》れ大夫《たいふ》の後《のち》に従《したご》うを以《も》って、敢《あ》えて告《つ》げずんばあらざる也《なり》」

陳成子弑簡公、孔子沐浴而朝、告於哀公曰、陳恆弑其君、請討之、公曰、告夫三子、孔子曰、以吾從大夫之後、不敢不告也、君曰、告夫三子者、之三子告、不可、孔子曰、以吾從大夫之後、不敢不告也、

げずにはおられなかったのだ。しかし、哀公は私に『あの三人に言え』とおおせられた」といわれた。先生は三人のところへ行って話されたが、三人はき入れなかった。魯の実力者三家もまた、斉の陳氏と同じく、主君の権力を上回り、軽んじるところがあったからである。先生はこういわれた。

「私も大夫の末席についている以上は、礼を守る上でも（無理かと思いつつも）あえて告げずにはいられなかったのだ」

23

子路《しろ》、君《きみ》に事《つこ》うることを問《と》う。子《し》曰《い》わく、

子路が主君に仕える道についておたずねした。先生はこういわれた。

「第一に、主君をあざむいてはならな

「欺《あざむ》くこと勿《な》き也《なり》。而《しこ》うして之《こ》れを犯《おか》す」

子路問事君、子曰、勿欺也、而犯之、

い。そして、君主の顔色をうかがわずに、諫《いさ》めるべきときには、勇気をもって諫めることだ」

24

子《し》曰《い》わく、「君子《くんし》は上達《じょうたつ》し、小人《しょうじん》は下達《かたつ》す」

子曰、君子上達、小人下達、

先生がいわれた。

「君子は上へ上へと達し、小人は下へ下へと達する（君子は高尚なこと、重要なことに詳しく、小人はどうでもいいことに詳しい）」

25

子《し》曰《い》わく、「古《いにし》えの学《まな》ぶ者《もの》は己《おのれ》の為《ため》にし、今《いま》

先生がいわれた。

「むかしの学問をする人は、自分の修

の学《まな》ぶ者《もの》は人《ひと》の為《ため》にす」

子曰、古之學者爲己、今之學者爲人、

26

蘧伯玉《きよはくぎよく》、人《ひと》を孔子《こうし》に使《つか》いす。孔子《こうし》、之《こ》れに坐《ざ》を与《あた》えて問《と》う。曰《い》わく、「夫子《ふうし》何《なに》をか為《な》す」対《こた》えて曰《い》わく、「夫子《ふうし》は其《そ》の過《あやま》ちを寡《すく》なくせんと欲《ほっ》して而《しか》も未《い》まだ能《あた》わざる也《なり》」使者《ししゃ》出《い》づ。子《し》曰《い》わく、「使《つか》いなる乎《かな》、使《つか》いなる乎《かな》」

養のためにしたが、今の時代の学問をする人は、人に知られたいためにする」

先生と親しい関係にあった衛国の大夫の蘧伯玉《きよはくぎよく》が、魯の国にいる先生のもとに使者をよこしてきた。

先生が、「大夫はいかがなされていますか」とたずねられると、使者は、「大夫は自分の過ちが少ないようにと努めておりますが、まだまだできていないと努めております」とお答え申し上げた。

その使者が退出したあと、先生は、謙遜《けんそん》しつつも主人の人格をほめた使者の力量を、「りっぱな使いだ、りっぱな使い

蘧伯玉使人於孔子、孔子與之坐而問焉、曰、夫子何爲、對曰、夫子欲寡其過而未能也、使者出、子曰、使乎、使乎、

だ」と評価された。

27

子《し》曰《い》わく、「其《そ》の位《くらい》に在《あ》らざれば、其《そ》の政《まつりごと》を謀《はか》らず」

子曰、不在其位、不謀其政、

先生がいわれた。
「その地位、役職にいるのでなければ、その仕事には口出ししないことだ。（分限を守るのが大切だ。）」
（泰伯第八・14に重出）

28

曾子《そうし》曰《い》わく、「君子《くんし》は思《おも》うこと其《そ》の位《くらい》を出《い》で

曾子《そうし》がいわれた。
「君子は、自分の職分・本分を超えた

ず」

ことは考えないものだ」

曾子曰、君子思不出其位、

29

子《し》曰《い》わく、「君子《くんし》は其《そ》の言《い》いて其《そ》の行《おこな》いに過《す》ぐるを恥《は》ず」

先生がいわれた。「君子は自分の言葉が実行以上になることを恥とする」

子曰、君子恥其言而過其行、

30

子《し》曰《い》わく、「君子《くんし》の道《みち》なる者《もの》三《みっ》つ、我《わ》れ能《よ》く

先生がいわれた。「君子の道に三つがあるが、私にはま

すること無《な》し。仁者《じんしゃ》は憂《うれ》えず。知《ち》者《しゃ》は惑《まど》わず。勇者《ゆうしゃ》は懼《おそ》れず」

子貢《しこう》曰《い》わく、

「夫子《ふうし》自《み》ずから道《い》う也《なり》」


子曰、君子道者三、我無能焉、仁者不憂、知者不惑、勇者不懼、子貢曰、夫子自道也、

31

子貢《しこう》、人《ひと》を方《たくら》ぶ。子《し》曰《い》わく、「賜《し》や賢《けん》なる哉《かな》。夫《そ》れ我《わ》れは則《すなわ》ち暇《いとま》あらず」

子貢方人、子曰、賜也賢乎哉、夫我則不暇、

だできていない。その三つとは、仁者は憂えず、知者は惑わず、勇者は懼《おそ》れずということだ」

　子貢は後にこのお言葉についていった。

「これはご自分から謙遜しておっしゃられたのであって、先生はおできになっている」


　子貢が他人の優劣を比較し、批評していた。

　先生は、「賜《し》（子貢）は賢いんだね。私は自分の修養に忙しくて、他人を批判しているひまはないがね」と遠回しに子貢をいましめられた。

32

子《し》曰《い》わく、「人《ひと》の己《おのれ》を知《し》らざるを患《うれ》えず、其《そ》の不能《ふのう》を患《うりょ》うる也《なり》」

子曰、不患人之不己知、患其不能也、

先生がいわれた。
「人が自分の能力を知ってくれないことを不満に思うより、自分が力量不足であることを心配しなさい」

33

子《し》曰《い》わく、「詐《いつわり》を逆《むか》えず、不信《ふしん》を億《おも》んぱからずして、抑《そもそ》も亦《ま》た先《さき》に覚《さと》る者《もの》は、是《こ》れ賢《けん》なる乎《か》」

先生がいわれた。
「だまされないか、自分が疑われないかと、はじめから先回りして勘繰ることはしないのに、『これはおかしい』と適切に素早く察知できる人は、賢い

子曰、不逆詐、不憶不信、抑亦先覺者、是賢乎、

といえるね」

34

微生畝《びせいほ》、孔子《こうし》に謂《い》いて曰《い》わく、「丘《きゆう》、何《な》んぞ是《こ》の栖栖《せいせい》たる者《もの》を為《な》すや。乃《すなわ》ち佞《ねい》を為《な》す無《な》からんや」孔子《こうし》曰《い》わく、「敢《あ》えて佞《ねい》を為《な》すに非《あら》ざる也《なり》。固《こ》を疾《にく》む也《なり》」

微生畝謂孔子曰、丘何爲是栖栖者與、無乃爲佞乎、孔子曰、非敢爲佞也、疾固也、

ある隠者（世の中からはなれ山野に住む人）が先生にこういった。

「丘《きゆう》さん、おまえさんはいろんな国の君主に説いて回るのに忙しいようだが、それでは口先でうまく人にとり入っていることになるんじゃないかね」

先生は答えていわれた。

「けっしてそんな口上手をやっているわけではありません。ただ独善的でこりかたまった考え方をする固《こ》という精神のあり方をにくむから説いているの

35

子《し》曰《い》わく、

「驥《き》は其《そ》の力《ちから》を称《しょう》せず。其《そ》の徳《とく》を称《しょう》する也《なり》」

子曰、驥不稱其力、稱其德也、

36

或《あ》るひと曰《い》わく、

「徳《とく》を以《も》って怨《うら》みに報《むく》ゆるは、何如《いかん》」

子《し》曰《い》わく、

です」


先生がいわれた。

「一日に千里を行く名馬の驥《き》は、その走力をほめられるのではなく、その徳、性質のよさをほめられるのだ（君子もまた同じだ）」


ある人が先生におたずねした。

「怨《うら》みのある相手に対して怨みで報復するのではなく、恩徳で報いるというのは、いかがでしょうか」

先生はいわれた。

「何《なに》を以《も》ってか徳《とく》に報《むく》いん。直《なお》きを以《も》って怨《うら》みに報《むく》い、徳《とく》を以《も》って徳《とく》に報《むく》ゆ」

或曰、以徳報怨、何如、子曰、何以報徳、以直報怨、以徳報徳、

「では恩徳のお返しには、何をもってするのですか。（怨みと恩徳のお返しが同じというのもおかしなことです）率直《そっちょく》な気持ちで怨みにはそれなりに対し、恩徳には恩徳をもってお返しすることです」

37

子《し》曰《い》わく、

「我《わ》れを知《し》る莫《な》き也夫《かな》」

子《し》貢《こう》曰《い》わく、

「何《なん》為《す》れぞ其《そ》れ子《し》を知《し》る莫《な》き也《や》」

子《し》曰《い》わく、

先生が嘆じてこういわれた。

「私のことを本当にわかってくれる人は、今の世にはいないなあ」

子貢がこのことばをあやしんでこういった。

「先生のような方をわかるものがいないなどということがどうしてありまし

「天《てん》を怨《うら》まず、人《ひと》を尤《とが》めず、下学《かがく》して上達《じょうたつ》す。我《わ》れを知《し》る者《もの》は其《そ》れ天《てん》か」

子曰、莫我知也夫、子貢曰、何爲其莫知子也、子曰、不怨天、不尤人、下學而上達、知我者其天乎、

38

公伯寮《こうはくりょう》、子路《しろ》を季孫《きそん》に愬《うつと》う。子服《しふく》景伯《けいはく》以《も》って告《つ》げて曰《い》わく、「夫子《ふうし》固《まこと》に惑《まど》える志《こころざし》有《あ》り。公伯《こうはく》寮《りょう》に於《お》いては、吾《わ》れ力《ちから》猶《な》お能《よ》く諸《こ》れを市朝《しちょう》に肆《さら》さん」

ようか」

先生はいわれた。

「これまで不運であっても天を怨まず、人をとがめず、身近なことを学んで高尚な道徳へと達してきた。私のことをわかってくれるのは、天だ」

魯国の実力者の季氏《きし》に子路が仕えていたが、子路の同僚の公伯寮《こうはくりょう》という人が、季氏の当主季孫《きそん》に、子路について事実でない悪口をいった。

魯の大夫の子服景《しふくけい》が先生にこのことをお知らせして、こういった。

子《し》曰《い》わく、「道《みち》の将《まさ》に行《おこな》われんとするや、命《めい》也《なり》。道《みち》の将《まさ》に廃《すた》れんとするや、命《めい》也《なり》。公伯寮《こうはくりよう》其《そ》れ命《めい》を如何《いかん》せん」

公伯寮愬子路於季孫、子服景伯以告曰、夫子固有惑志、於公伯寮、吾力猶能肆諸市朝、子曰、道之將行也與、命也、道之將廢也與、命也、公伯寮其如命何、

「季孫殿は公伯寮の言葉に心を惑わし、子路を疑っておいでです。私の力でも公伯寮のやつを死刑にして広場でさらしものにすることはできます」

先生はいわれた。

「世に道（道義）が行なわれるのも天命ですし、道が廃《すた》れるのも天命です。公伯寮ごときが天命をどうできましょうか（天命にまかせるのがよろしいかと思います）」

39

子《し》曰《い》わく、「賢者《けんじゃ》は世《よ》を辟《さ》く。其《そ》の次《つぎ》は地《ち》を辟《さ》く。其《そ》の次《つぎ》は色《いろ》を辟《さ》く。其《そ》の次《つぎ》

先生がいわれた。

「賢人は、世が乱れたときには世を避け、仕えない。これが一番だ。次は、乱れた国を避け、治まった国へ行く。

は言《げん》を辟《さ》く」

子曰《しい》わく、

「作《な》す者七人《ものしちにん》なり」


子曰、賢者辟世、其次辟地、其次辟色、其次辟言、子曰、作者七人矣、

次は、主君の自分に対する冷たい顔色・態度を感じとり避ける。その次は、主君の悪い言葉を聞いて、避ける」

先生はいわれた。

「そういうことができた人は、七人いる」

40

子路《しろ》、石門《せきもん》に宿《やど》る。晨門曰《しんもんい》わく、

「奚《いず》れ自《よ》りする」

子路曰《しろい》わく、

「孔氏自《こうしよ》りす」

曰《い》わく、

「是《こ》れ其《そ》の不可《ふか》を知《し》りて、而《しか》も之《こ》

子路が魯国に帰国したとき、日が暮れて城門が閉まっていたため、石門《せきもん》という門の近くで泊まった。

朝になり城内に入ろうとしたところ、朝の門番が、「どちらから」とたずねたので、子路が、「孔先生のお宅からだ」と答えると、門番は、「不可能で

れを為《な》す者与《ものか》」

子路宿於石門、晨門曰、奚自、子路曰、自孔氏、曰、是知其不可、而爲之者與、

41

子《し》、磬《けい》を衛《えい》に撃《う》つ。蕢《き》を荷《にな》いて孔《こう》氏《し》の門《もん》を過《す》ぐる者有《ものあ》り。曰《い》わく、

「心有《こころあ》る哉《かな》、磬《けい》を撃《う》つ乎《や》」

既《すで》にして曰《い》わく、

「鄙《いや》しい哉《かな》、硜硜乎《こうこうこ》として、己《おのれ》を知《し》る莫《な》き也《なり》、斯《こ》れ己《おのれ》のみ。深《ふか》ければ則《すなわ》ち厲《れい》し、浅《あさ》ければ則《すなわ》ち掲《けい》せよ」


あることを知りながら、それでもまだする、あのごくろうな方のところですね」といった。


先生が衛の国に滞在のところ、石の打楽器、磬《けい》をたたいておられた。たまたま荷を背負って戸口前を通り過ぎた隠者らしき者が、その音色を聞いて、「天下に道を行なう心があるな、この叩き方は」といった。

またしばらく聞いて、こういった。

「いや、よく聴くと、世を捨てきれない、いやしさがあるな、このこちこち

子曰《しい》わく、「果《か》なるかな、之《こ》れを難《かた》しとする末《な》し」

子擊磬於衞、有荷蕢而過孔氏之門者、曰、有心哉、擊磬乎、既而曰、鄙哉、硜硜乎、莫己知也、斯已而已矣、深則厲、淺則揭、子曰、果哉、末之難矣、

の固い音には。自分のことをわかってもらえないのなら、やめて世から身をひけばいい。『深い川なら着物を脱いで、浅い川ならすそをまくればいい』と『詩経《しきょう》』にもある。世にわかってもらえないのに無理してがんばるのは、川の深浅に応じて対処法を変えないようなものだ」

先生はこの言葉を聞いて、こういわれた。

「世に受け入れられないなら世を捨てる、というのはずいぶん思い切りがいいことだ。だが、そんな単純な思い切りは、難しいことじゃない」

42

子張《しちょう》曰《い》わく、「書《しょ》に云《い》う、高宗諒陰三年言《こうそうりょうあんさんねんい》わずと、何《なん》の謂《い》いぞ也《や》」

子曰《しい》わく、「何《な》んぞ必《かなら》ずしも高宗《こうそう》のみならん。古《いにし》えの人《ひと》は皆《み》な然《しか》り。君薨《きみこう》ずれば、百官己《ひゃくかんおのれ》を総《す》べて、以《も》って冢宰《ちょうさい》に聴《き》くこと三年《さんねん》」

子張曰、書云、高宗諒陰三年不言、何謂也、子曰、何必高宗、古之人皆然、君薨、百官總己、以聴於冢宰三年、

子張《しちょう》が先生にこうおたずねした。

「『書経《しょきょう》』に『殷《いん》の高宗《こうそう》は父王の喪に服して三年間ものを言わなかった』とありますが、どういうことでしょうか（国政にさしつかえがありませんか）」

先生がいわれた。

「それはなにも高宗にかぎったことではない。父母の喪は三年であり、むかしの人はみなそうだった。主君がお亡くなりになると、すべての官吏は自分の事務を自分で取りしきり、首相に命令を仰いだものだ。だから、後継ぎの君が、三年間何も言わないでも大丈夫だったのだ」

43

子曰《しい》わく、「上《かみ》、礼《れい》を好《この》めば、則《すなわ》ち民使《たみつか》い易《やす》き也《なり》」

子曰、上好禮、則民易使也、

先生がいわれた。

「上に立つ者が礼、規範を好めば、民も感化され、指導しやすくなる」

44

子路《しろ》、君子《くんし》を問《と》う。子曰《しい》わく、「己《おのれ》を脩《おさ》めて以《も》って敬《けい》す」曰《い》わく、「斯《か》くの如《ごと》きのみ乎《か》」曰《い》わく、「己《おのれ》を脩《おさ》めて以《も》って人《ひと》を安《やす》んず」

子路が君子についておたずねした。

先生がいわれた。

「自分の身を修《おさ》め、つつしみ深くすることだ」

「それだけでよろしいのでしょうか」

「自分の身を修め、人を安らかにする

曰《い》わく、「斯《か》くの如《ごと》きのみ乎《か》」

曰《い》わく、「己《おのれ》を脩《おさ》めて以《も》って百姓《ひやくせい》を安《やす》んず。己《おのれ》を脩《おさ》めて以《も》って百姓《ひやくせい》を安《やす》んずるは、堯舜《ぎようしゆん》も其《そ》れ猶《な》お諸《こ》れを病《や》めるか」


子路問君子、子曰、脩己以敬、曰、如斯而已乎、曰、脩己以安人、曰、如斯而已乎、曰、脩己以安百姓、脩己以安百姓、堯舜其猶病諸、

45

原壤《げんじよう》、夷《い》して俟《ま》つ。子曰《しい》わく、「幼《よう》にして孫弟《そんてい》ならず。長《ちよう》じて述《の》

ことだ」

「それだけでよろしいのでしょうか」

「自分の身を修め、万民を安らかにすることだ。これは堯《ぎよう》・舜《しゆん》のような聖人でさえも苦労されたことだ」


先生の古い知り合いの原壌《げんじよう》が尻を地につけ、すねを立てて坐る不作法な姿で、先生を待っていた。

べらる無《な》く、老《お》いて死《し》せざる、是《こ》れを賊《ぞく》と為《な》す」と。杖《つえ》を以《も》って其《そ》の脛《はぎ》を叩《たた》く。

原壌夷俟、子曰、幼而不孫弟、長而無述焉、老而不死、是爲賊、以杖叩其脛、

先生は、「小さいときから礼儀知らずで、大人になってから取り柄もなく、年をとって生きているだけ。こういうのを、世を害する賊《ぞく》というのだ」といわれて、杖でそのすねをぴしゃりと打たれた。

46

闕党《けっとう》の童子《どうじ》、命《めい》を将《おこの》う。或《あ》るひと之《こ》れを問《と》うて曰《い》わく、「益《えき》する者与《ものか》」子曰《しい》わく、「吾《わ》れ其《そ》の位《くらい》に居《い》るを見《み》る也《なり》。其《そ》の先生《せんせい》と並《なら》び行《ゆ》くを見《み》る也《なり》。益《えき》を

闕《けつ》という村出身の童子が、先生の家で取りつぎをしていた。

ある人がこれを見て、「取りつぎはなかなか大切な仕事ですから、あの少年は学問の進んだ者ですか」と先生におたずねした。

先生はいわれた。

求《もと》むる者《もの》に非《あら》ざる也《なり》。速成《そくせい》を欲《ほっ》する者也《ものなり》」

闕黨童子將命、或問之曰、益者與、子曰、吾見其居於位也、見其與先生竝行也、非求益者也、欲速成者也、

「あの子は、子どもなのに隅にすわらず大人と同じように上席についたり、一歩下がって歩くべき先輩と肩を並べて歩いたりします。そんな姿を私は目にしています。良いものを学ぼうというより、ただ早く成人並みになりたいと思っているだけの子です（ですから、礼儀作法を学ばせるために、取りつぎをさせているのです）」

衛霊公第十五

I

衛《えい》の霊公《れいこう》、陳《じん》を孔子《こうし》に問《と》う。孔子《こうし》対《こた》えて曰《い》わく、「俎豆《そとう》の事《こと》は則《すなわ》ち嘗《か》つて之《こ》れを聞《き》けり。軍旅《ぐんりょ》の事《こと》は、未《い》まだ之《こ》れを学《まな》ばざる也《なり》」明日《みょうにち》遂《つい》に行《ゆ》く。

衛靈公問陳於孔子、孔子對曰、俎豆之事、則嘗聞之矣、軍旅之事、未之學也、明日遂

衛《えい》国の君主、霊公《れいこう》が軍隊の陣形について先生にたずねられた。先生はお答えして申し上げた。「祭器の並べ方なら前から知っておりますが、兵隊の並べ方については学んだことがありません」先生は霊公が戦いを好むのをよしとせず、翌日、衛の国を立ち去られた。

行、

2

陳《ちん》に在《あ》りて糧《りよう》を絶《た》つ。従者《じゆうしや》病《や》んで能《よ》く興《た》つこと莫《な》し。子路《しろ》慍《いか》って見《まみ》えて曰《い》わく、

「君子《くんし》も亦《ま》た窮《きゆう》すること有《あ》る乎《か》」

子《し》曰《い》わく、

「君子《くんし》固《もと》より窮《きゆう》す。小人《しようじん》窮《きゆう》すれば、斯《ここ》に濫《みだ》る」

在陳絶糧、従者病、莫能興、子路慍見曰、
君子亦有窮乎、子曰、君子固窮、小人窮、
斯濫矣、

先生の御一行は、衛を去り陳《ちん》の国へ行かれたが、そこで衛国の大夫《たいふ》によって七日間囲まれ食糧がなくなり、お供の者は飢《う》えて起き上がることもできなかった。

子路《しろ》がこんな理不尽な状況に腹を立てて、先生に、「君子でも困窮することがあるのですか」といった。

先生はいわれた。

「君子ももちろん困窮することはある。小人は困窮すると心が乱れて、でたらめなことをするが、君子は乱れない

3

子《し》曰《い》わく、「賜《し》や、女《なんじ》は予《わ》れを以《も》って多《おお》く学《まな》びて之《こ》れを識《しる》す者《もの》と為《な》す与《か》」対《こた》えて曰《い》わく、「然《しか》り。非《ひ》なる与《か》」曰《い》わく、「非《ひ》也《なり》。予《わ》れは一以《いつも》って之《こ》れを貫《つらぬ》く」

子曰、賜也、女以予爲多學而識之者與、對曰、然、非與、曰、非也、予一以貫之、

（そこが違いだ）」

先生が子貢《しこう》にいわれた。「賜《し》よ、おまえは私のことを、たくさん学んで覚えている者だと思っているか」

子貢が、「その通りでございます。ちがいますでしょうか」と答えると、先生はこういわれた。「ちがうよ。私は一つの道理をもって世のさまざまな事に対する、いわば『一《いっ》以てこれを貫く』者だ」

4

子曰《しい》わく、「由《ゆう》、徳《とく》を知《し》る者《もの》は鮮《すく》なし」

子曰、由、知徳者鮮矣、

先生が子路にいわれた。「由《ゆう》よ、徳のことがわかる人は少ないね。」

5

子曰《しい》わく、「無為《むい》にして治《おさ》むる者《もの》は、其《そ》れ舜《しゅん》なる与《か》。夫《そ》れ何《なに》をか為《な》す哉《や》。己《おのれ》を恭《うやうや》しくして正《ただ》しく南面《なんめん》するのみ」

先生がいわれた。「自分が手を下さず、何もしなくても天下が平和に治まる、という政治ができたのは、まあ舜《しゅん》くらいであろうか。自分の身をつつしみ深くして、正しく天子の座につかれていただけだ（偉大なる徳のなせるわざだね）」

子曰、無爲而治者、其舜也與、夫何爲哉、恭己正南面而已矣、

6

子張《しちょう》、行《おこな》われんことを問《と》う。子曰《しい》わく、「言忠信《げんちゅうしん》、行篤敬《こうとくけい》なれば、蛮貊《ばんぱく》の邦《くに》と雖《いえど》も行《おこな》われん。言忠信《げんちゅうしん》ならず、行篤敬《こうとくけい》ならずば、州里《しゅうり》と雖《いえど》も行《おこな》われんや。立《た》てば則《すなわ》ち其《そ》の前《まえ》に参《さん》なるを見《み》る也《なり》。輿《よ》に在《あ》れば則《すなわ》ち其《そ》の衡《こう》に倚《よ》るを見《み》る也《なり》。夫《そ》れ然《しか》して後《のち》に行《おこな》われん」

子張《しちょう》がどうしたら世に正しい道徳が実現するのか、その方法を先生におたずねした。

先生はいわれた。

「言葉にまごころがあり、行ないにつつしみがあれば、文化のない外国であっても、道は行なわれる。しかし、そうしたことができなければ、文明のある国内の町や村であっても、道は行なわれない。言ってみれば、官僚として政庁に立っているときには、まごころ

子張《しちょう》、諸《こ》れを紳《しん》に書《しょ》す。

子張問行、子曰、言忠信、行篤敬、雖蠻貊之邦行矣、言不忠信、行不篤敬、雖州里行乎哉、立則見其參於前也、在輿則見其倚於衡也、夫然後行、子張書諸紳、

7

子《し》曰《い》わく、「直《なお》き哉《かな》、史魚《しぎょ》。邦道有《くにみちあ》るも矢《や》の如《ごと》く、邦道無《くにみちな》きも矢《や》の如《ごと》し。君子《くんし》なる哉《かな》、蘧伯玉《きょはくぎょく》。邦《くに》に道有《みちあ》れば則《すなわ》ち仕《つこ》う。邦《くに》に道無《みちな》ければ、則《すなわ》ち巻《ま》

やつつしみが目の前にあるように見え、政庁への出入りに車に乗っているときにも、まごころやつつしみが車の前の横木に書いてあるように見える。それほどまでにたえずその二つを意識し続ける努力をして、はじめて道徳を世に実現できよう」

子張は、このお答えを、忘れないように自分の帯に書きつけた。

先生が衛の大夫、二人を評してこういわれた。

「まっ直《すぐ》だね、史魚《しぎょ》は。国家に道があるときも、道がなく正義が行なわれていないときも正しいことを直言する。まるで矢のような直だ。蘧伯玉《きょはくぎょく》は、そ

いて之《こ》れを懐《ふところ》にす可《べ》し」

子曰、直哉史魚、邦有道如矢、邦無道如矢、君子哉蘧伯玉、邦有道則仕、邦無道、則可巻而懐之、

れより上の君子といえるね。国家に道があるときには仕えて才能を発揮し、道のないときには、才能をふところにおさめて隠し、難をまぬがれることができる」

8

子曰《しい》わく、「与《とも》に言《い》う可《べ》くして、之《こ》れと言《い》わざれば、人《ひと》を失《うしの》う。与《とも》に言《い》う可《べ》からずして、之《こ》れと言《い》えば、言《ことば》を失《うしの》う。**知者《ちしや》は人《ひと》を失《うしな》わず。亦《ま》た言《ことば》を失《うしな》わず**」

先生がいわれた。

「ある人の意見に賛同すべきときに、ともに発言しないでいると、その人との信頼関係を取りにがす。賛同すべきでないときに、ともに発言し賛同したりすると、言の信用を失う。知者は、そのようなあやまちをしないので、人の信用も、言の信用も失うことはな

子曰、可與言、而不與之言、失人、不可與言、而與之言、失言、知者不失人、亦不失言、

い」

9

子《し》曰《い》わく、「志士《しし》仁人《じんじん》は、生《せい》を求《もと》めて以《も》って仁《じん》を害《がい》すること無《な》く、身《み》を殺《ころ》して以《も》って仁《じん》を成《な》すこと有《あ》り」

先生がいわれた。「志がある人や仁の人は、命惜しさに人の道である仁を害することはしない。逆に、わが身を殺しても仁を成そうとする」

子曰、志士仁人、無求生以害仁、有殺身以成仁、

10

子貢《しこう》、仁《じん》を為《な》すことを問《と》う。子《し》曰《い》わく、「工《こう》、其《そ》の事《こと》を善《よ》くせんと欲《ほっ》すれば、必《かなら》ず先《ま》ず其《そ》の器《うつわ》を利《するど》くす。是《こ》の邦《ほう》に居《お》るや、其《そ》の大夫《たいふ》の賢《けん》なる者《もの》に事《つか》え、其《そ》の士《し》の仁《じん》なる者《もの》を友《とも》とせよ」

子貢問爲仁、子曰、工欲善其事、必先利其器、居是邦也、事其大夫之賢者、友其士之仁者、

子貢が仁の徳の身につけ方についておたずねした。

先生はいわれた。

「職人が仕事をうまくやろうとすれば、必ずまず道具を磨く。そのように、その国の政務を担当する大夫の中のすぐれた人物にお仕えし、その国の士人の中の仁徳ある者を友だちにして、自分を磨きあげることだ」

11

顔淵《がんえん》、邦《くに》を為《おさ》むることを問《と》う。子《し》

顔淵《がんえん》（顔回《がんかい》）が国の治め方をおたず

曰《い》わく、

「夏《か》の時《とき》を行《おこな》い、殷《いん》の輅《ろ》に乗《の》り、周《しゅう》の冕《べん》を服《ふく》し、楽《がく》は則《すなわ》ち韶舞《しょうぶ》。鄭《てい》声《せい》を放《はな》ち、佞人《ねいじん》を遠《とお》ざく。鄭声《ていせい》は淫《いん》、佞人《ねいじん》は殆《あやう》し」

顔淵問爲邦、子曰、行夏之時、乘殷之輅、服周之冕、樂則韶舞、放鄭聲、遠佞人、鄭聲淫、佞人殆、

12

子曰《しい》わく、

「人《ひと》、遠《とお》き慮《おもんぱか》り無《な》ければ、必《かなら》ず近《ちか》き憂《うれ》い有《あ》り」

ねした。

先生はこういわれた。

「暦は農業に便利な夏《か》王朝の暦を使い、車は質素でじょうぶな殷《いん》王朝式に乗り、冠は儀礼用として立派な周《しゅう》王朝式のものをかぶる。音楽は正調である舜の韶《しょう》の舞いをし、俗調である鄭《てい》の音曲はやらないようにする。また口先だけの者は遠ざけるようにする。鄭の音曲は下品であり、口上手な者は危険だからだ」

先生がいわれた。

「人として、遠くまで見通す配慮がないようでは、きっと身近な心配事が起こる」

子曰、人無遠慮、必有近憂、

13

子曰《しい》わく、「已《や》んぬるかな、吾《わ》れ未《い》まだ徳《とく》を好《この》むこと色《いろ》を好《この》むが如《ごと》くする者《もの》を見《み》ざる也《なり》」

子曰、已矣乎、吾未見好徳如好色者也、

先生が嘆息していわれた。「もうだめだなあ。私はまだ美人を好むように徳を好む人を見たことがないよ」

（子罕第九・18に重出）

14

子曰《しい》わく、「臧文仲《ぞうぶんちゆう》は其《そ》れ位《くらい》を窃《ぬす》む者《もの》か与。柳《りゆう》

先生がいわれた。「魯《ろ》国の大夫臧文仲《ぞうぶんちゆう》は、いわば位を盗んだ人だな。柳下恵《りゆうかけい》が賢人であること

下恵《かけい》の賢《けん》を知《し》りて、而《しか》も与《とも》に立《た》たざる也《なり》」

子曰、臧文仲其竊位者與、知柳下惠之賢、而不與立也、

を知りながら、主君に推薦しなかった。自分と同格になって、ともに政庁に立つことをきらったのだ」

15

子《し》曰《い》わく、「躬《み》自《み》ずから厚《あつ》くして、薄《うす》く人《ひと》を責《せ》むれば、則《すなわ》ち怨《うら》みに遠《とお》ざかる」

子曰、躬自厚、而薄責於人、則遠怨矣、

先生がいわれた。「自分の非にはきびしくし、他人の非にはゆるくする。そうすれば、人から怨《うら》まれたりしなくなるものだ」

16

子曰、

子《し》曰《い》わく、「之《こ》れを如何《いかん》、之《こ》れを如何《いかん》と曰《い》わざる者《もの》は、吾《わ》れ之《こ》れを如何《いかん》ともする末《な》きのみ」

子曰、不曰如之何如之何者、吾末如之何也已矣、

先生がいわれた。
「『これをどうしたらよいか、これをどうしたらよいか』と懸命に考えない者は、私にもどうすることもできない」

17

子《し》曰《い》わく、「羣居終日《ぐんきょしゅうじつ》、言《げん》は義《ぎ》に及《およ》ばず、好《この》んで小慧《しょうけい》を行《おこな》う、難《かた》い哉《かな》」

子曰、羣居終日、言不及義、好行小慧、難

先生がいわれた。
「一日中群れて雑談し、話が道義のことには及ばず、好んで浅知恵を働かすというのでは、君子となるのは難しい」

矣哉、

18

子曰《しい》わく、「君子《くんし》は義《ぎ》以《もっ》て質《しつ》と為《な》し、礼以《れいも》って之《こ》れを行《おこな》い、孫以《そんも》って之《こ》れを出《い》だし、信以《しんも》って之《こ》れを成《な》す。君《くん》子《し》なる哉《かな》」

子曰、君子義以爲質、禮以行之、孫以出之、信以成之、君子哉、

先生がいわれた。

「義を根本とし、礼法にしたがって行ない、謙遜して発言し、誠実さをもってしあげる。これでこそ君子だね」

19

子曰《しい》わく、

先生がいわれた。

「君子《くんし》は無能《むのう》を病《なや》みとす。人《ひと》の己《おのれ》を知《し》らざるを病《なや》みとせざる也《なり》」

子曰、君子病無能焉、不病人之不己知也、

「君子は自分に能力がないことを気にし、人が自分を評価してくれないことなどは気にかけない」

20

子曰《しい》わく、「君子《くんし》は世《よ》を没《おわ》るまで名称《なしよう》せられざるを疾《にく》む」

子曰、君子疾沒世而名不稱焉、

先生がいわれた。「君子は名声のために生きるのではないが、生涯世の人にその名を賞賛されないことも恥とする（いつか真価を認められるようにと自分を磨き続けるのだ）」

21

子曰《しい》わく、

先生がいわれた。

「君子《くんし》は諸《こ》れを己《おのれ》に求《もと》め、小人《しょうじん》は諸《こ》れを人《ひと》に求《もと》む」

子曰、君子求諸己、小人求諸人、

「君子は事の責任・原因を自分に求めるが、小人は他人に求め、責任を転嫁《てんか》する」

22

子《し》曰《い》わく、

「君子《くんし》は矜《おごそ》かにして争《あらそ》わず、羣《ぐん》して党《とう》せず」

子曰、君子矜而不争、羣而不黨、

先生がいわれた。

「君子は謹厳だが、人と争うことはしない。他の大勢と一緒にいることはあっても、徒党を組むことはない」

23

子《し》曰《い》わく、

先生がいわれた。

「君子《くんし》は言《げん》を以《も》って人《ひと》を挙《あ》げず、人《ひと》を以《も》って言《げん》を廃《はい》せず」

子曰、君子不以言擧人、不以人廢言、

「君子は、発言が良いからといってその人物を抜擢せず、また人物がすぐれなかったり身分が低かったりしても、その発言を無視したりはしない（君子は、人と言とを混同しない）」

24

子貢《しこう》問《と》うて曰《い》わく、「一言《いちげん》にして以《も》って身《み》を終《お》わるまで之《こ》れを行《おこな》う可《べ》き者《もの》有《あ》り乎《や》」子《し》曰《い》わく、**「其《そ》れ恕《じょ》か乎。己《おのれ》の欲《ほっ》せざる所《ところ》は、人《ひと》に施《ほどこ》すこと勿《な》かれ」**

子貢問曰、有一言而可以終身行之者乎、子

子貢が、「ただ一つの言葉で一生かけて行なう価値のあるものはありますか」とおたずねした。

先生はこういわれた。「それは恕《じょ》だね。思いやりということだ。自分が望まないことは、人にもしないように」

曰、其恕乎、己所不欲、勿施於人、

25

子《し》曰《い》わく、「吾《わ》れの人《ひと》に於《お》けるや、誰《たれ》をか毀《そし》り誰《たれ》をか誉《ほ》めん。如《も》し誉《ほ》むる所有《ところあ》る者《もの》は、其《そ》れ試《こころ》むる所有《ところあ》り。斯《こ》の民《たみ》や、三代《さんだい》の直道《ちょくどう》にして行《おこな》う所以《ゆえん》也《なり》」

子曰、吾之於人也、誰毀誰譽、如有所譽者、其有所試矣、斯民也、三代之所以直道而行也、

先生がいわれた。

「私は人を、理由なく悪く言ったり、ほめたりはしない。もしほめることがあるとすれば、根拠があってのことだ。今の世の民もよく治まっていた夏・殷・周、三王朝時代の民と同じように、善悪や是非を区別し、不公正なことをしない民である（民がそうであるなら、善を善とし、悪を悪とする公正な態度が大切であり、たいした根拠もなく、やたらにそしったり、ほめたりするべきではない）」

26

子曰《しい》わく、「吾《わ》れ猶《な》お史《し》の闕文《けつぶん》に及《およ》ぶ也《なり》。馬《うま》有《あ》る者《もの》は人《ひと》に借《か》して之《こ》れに乗《の》らしむ。今《いま》は亡《な》きかな」

子曰、吾猶及史之闕文也、有馬者借人乗之、今亡矣夫、

先生がいわれた。
「私の若いころには、まだこんなことがあった。歴史の記録官が疑わしいことについてはあえて書かないで空白にしておいて、後の世の知者の知恵を待った。また馬を持っている者が人にただで乗せてやった。今の時代では、そんな慎重さや人情はあまり見なくなった」

27

子曰《しい》わく、「巧言《こうげん》は徳《とく》を乱《みだ》る。小《しょう》を忍《しの》ばざれば、則《すなわ》ち大謀《たいぼう》を乱《みだ》る」

先生がいわれた。
「口のうまい者に乗せられると、善悪の区別があいまいになり、徳が乱される。小さなことでむきになるようでは、

子曰、巧言亂德、小不忍、則亂大謀、

大事を成し遂げられない」

28

子曰《しい》わく、「衆《しゅう》の之《こ》れを悪《にく》む、必《かなら》ず察《さつ》す。衆《しゅう》の之《こ》れを好《この》む、必《かなら》ず察《さつ》す」

子曰、衆惡之、必察焉、衆好之、必察焉、

先生がいわれた。
「世の多くの人が悪く言うときも必ず自分で調べ考える。世の多くの人がよく言うときも必ず自分で調べ考える」

29

子曰《しい》わく、「人能《ひとよ》く道《みち》を弘《ひろ》む。道《みち》の人《ひと》を弘《ひろ》むるに非《あら》ず」

先生がいわれた。
「人が道を弘《ひろ》めるのであって、道が人を弘めるのではない（道徳を実現できるのはあくまで人間である。道という

子曰、人能弘道、非道弘人、

30

子《し》曰《い》わく、「過《あや》まって改《あらた》めざる、是《こ》れを過《あや》まちと謂《い》う」

子曰、過而不改、是謂過矣、

31

子《し》曰《い》わく、「吾《わ》れ嘗《か》つて終日《しゅうじつ》食《くら》わず、終夜《しゅうや》寝《い》ねず、以《も》って思《おも》う。益無《えきな》し。学《まな》ぶ

抽象的な何かが人間を良くしてくれるわけではない。肝心なのは人間の努力だ)」

先生がいわれた。
「過ちをしても改めない、これを本当の過ちという」

先生がいわれた。
「私は以前、一日中食べず、一晩中眠らずに考え続けたことがあったが、む

に如《し》かざる也《なり》」

子曰、吾嘗終日不食、終夜不寢、以思、無益、不如學也、

だだった。書を読み、師に聞いて学ぶ方がいい」

32

子《し》曰《い》わく、「君子《くんし》は道《みち》を謀《はか》りて食《しょく》を謀《はか》らず。耕《たがや》して餒《う》え其《そ》の中《うち》に在《あ》り。学《まな》びて禄《ろく》其《そ》の中《うち》に在《あ》り。君子《くんし》は道《みち》を憂《うれ》いて貧《まず》しきを憂《うれ》えず」

子曰、君子謀道不謀食、耕也餒在其中矣、學也祿在其中矣、君子憂道不憂貧、

先生がいわれた。

「君子は、道、正しい心のあり方を求め、食をことさら求めない。食を得ようと耕しても凶作などで飢えることもある。君子が学ぶのは道を得るためだが、学べば人に用いられて俸禄《ほうろく》が得られる。君子は道のことを心配するが、貧しいことは心配しない」

33

子《し》曰《い》わく、「知《ち》之《こ》れに及《およ》べども、仁《じん》之《こ》れを守《まも》ること能《あた》わざれば、之《こ》れを得《う》ると雖《いえど》も、必《かなら》ず之《こ》れを失《うしの》う。知《ち》之《こ》れに及《およ》び、仁《じん》能《よ》く之《こ》れを守《まも》れども、荘《そう》以《も》って之《こ》れに涖《のぞ》まざれば、則《すなわ》ち民《たみ》敬《けい》せず。知《ち》之《こ》れに及《およ》び、仁《じん》能《よ》く之《こ》れを守《まも》り、荘《そう》以《も》って之《こ》れに涖《のぞ》めども、之《こ》れを動《うご》かすに礼《れい》を以《も》ってせざれば、未《い》まだ善《よ》からざる也《なり》」

子曰、知及之、仁不能守之、雖得之、必失

先生がいわれた。
「知（知識・学問）は十分であっても、私欲のない仁で守りかためなければ、人の信頼を失う。知と仁は十分であっても、荘《そう》（威儀を正したどっしりした態度）で臨まなければ、人の尊敬は得られない。知・仁・荘が十分でも、人の気持ちを動かすのに礼（礼儀）をもってしなければ、善を尽くしたとはいえない」

之、知及之、仁能守之、不莊以涖之、則民不敬、知及之、仁能守之、莊以涖之、動之不以禮、未善也、

34

子《し》曰《い》わく、
「君子《くんし》は小知《しょうち》す可《べ》からず、而《しこ》うして大受《たいじゅ》す可《べ》き也《なり》。小人《しょうじん》は大受《たいじゅ》す可《べ》からず、而《しこ》うして小知《しょうち》す可《べ》き也《なり》」

子曰、君子不可小知、而可大受也、小人不可大受、而可小知也、

先生がいわれた。
「君子は小さな仕事では本当の力を出せないが、大きな仕事をまかせれば本領を発揮することができる。小人は、大きな仕事はまかせられないが、小さい仕事では力を発揮する」

35

子曰《しい》わく、「民《たみ》の仁《じん》に於《お》けるや、水火《すいか》よりも甚《はなは》だし。水火《すいか》は、吾《わ》れ蹈《ふ》みて死《し》する者《もの》を見《み》る。未《い》まだ仁《じん》を蹈《ふ》みて死《し》する者《もの》を見《み》ざる也《なり》」

子曰、民之於仁也、甚於水火、水火吾見蹈而死者矣、未見蹈仁而死者也、

先生がいわれた。

「水や火は生活に必要だが、人に仁が必要なのは、水、火以上である。それに水や火にはふみこんで死ぬ人も見るが、仁にふみこんで死んだ人を見たことはない（なぜ人格を磨く仁の道にふみこむのをためらうのであろうか）」

36

子曰《しい》わく、「仁《じん》に当《あた》りては、師《し》にも譲《ゆず》らず」

子曰、當仁、不讓於師、

先生がいわれた。

「仁を行なうに当たっては、先生にも遠慮はいらない」

37

子《し》曰《い》わく、「君子《くんし》は貞《てい》にして諒《りょう》ならず」

子曰、君子貞而不諒、

先生がいわれた。
「君子は筋《すじ》を通すが、馬鹿正直に小さなことにこだわることはない」

38

子《し》曰《い》わく、「君《きみ》に事《つこ》うるには、其《そ》の事《こと》を敬《つつし》みて、其《そ》の食《しょく》を後《のち》にす」

子曰、事君、敬其事、而後其食、

先生がいわれた。
「主君の下で仕事をするに当たっては、まずなによりもその仕事を誠心誠意しつかりこなし、報酬や待遇のことは後回しにすることだ」

39

子曰《しい》わく、「教《おし》え有《あ》りて類無《るいな》し」

子曰、有教無類、

先生がいわれた。「教育は人を選ばない（どんな種類の人間も教育によって向上する）」

40

子曰《しい》わく、「道同《みちおな》じからざれば、相《あ》い為《ため》に謀《はか》らず」

子曰、道不同、不相爲謀、

先生がいわれた。「進む道が同じでないならば、話し合ってもしかたがない（事をはかるのであれば、道を同じくする者とするのがよい）」

41

子曰《しい》わく、「辞《じ》は達《たつ》するのみ」

子曰、辭達而已矣、

先生がいわれた。

「文章は、意味が伝わるのが何より大切だ」

42

師冕《しべん》見《まみ》ゆ。階《かい》に及《およ》ぶ。子曰《しい》わく、「階也《かいなり》」席《せき》に及《およ》ぶ。子曰《しい》わく、「席也《せきなり》」皆《みな》坐《ざ》す。子《し》、之《こ》れに告《つ》げて曰《い》わく、

目の不自由な音楽師が先生に面会しに来たことがあった。

彼が階段に近づいたとき、先生は「階段があります」といわれ、席に近づくと、「ここがお席です」といわれた。

みなが坐ると、「だれそれはそこに、

「某《ぼう》は斯《ここ》に在《あ》り、某《ぼう》は斯《ここ》に在《あ》り」

師冕《しべん》出《い》づ。子張《しちょう》問《と》いて曰《い》わく、

「師《し》と言《い》う道《みち》か」

子《し》曰《い》わく、

「然《しか》り。固《もと》より師《し》を相《たす》くる道也《みちなり》」


師冕見、及階、子曰、階也、及席、子曰、席也、皆坐、子告之曰、某在斯、某在斯、師冕出、子張問曰、與師言之道與、子曰、然、固相師之道也、

だれそれはここにいます」と丁寧に説明された。

楽師が退出すると、子張がおたずねした。

「あのようにするのが楽師への対応の仕方でしょうか」

「そうだ。古より楽師は目の不自由な人がなす仕事であったから、あのように丁寧に対応し助けるのが作法とされてきた。その作法にしたがったのだ」

季氏第十六

I

季氏《きし》、将《まさ》に顓臾《せんゆ》を伐《う》たんとす。冉《ぜん》有《ゆう》、季路《きろ》、孔子《こうし》に見《まみ》えて曰《い》わく、「季氏《きし》将《まさ》に顓臾《せんゆ》に事有《ことあ》らんとす」孔子《こうし》曰《い》わく、「求《きゅう》、乃《すなわ》ち爾《なんじ》是《こ》れ過《あや》まてる無《な》き与《か》。夫《そ》れ顓臾《せんゆ》は、昔者《むかし》先王《せんおう》以《も》って東蒙《とうもう》の主《あるじ》と為《な》す。且《か》つ邦域《ほういき》の中《うち》に在《あ》り。是《こ》れ社稷《しゃしょく》の臣《しん》也《なり》。何《なに》を以《も》ってか伐《う》つことを為《な》さん」

魯《ろ》の重臣である季氏《きし》が、魯の属国である顓臾《せんゆ》を攻めようとしていた。季氏に仕えていた冉有《ぜんゆう》と季路《きろ》（子路《しろ》）は、先生のところへ来て、「季氏が顓臾を攻めようとしています」と申し上げた。

先生はいわれた。

「求《きゅう》（冉有）よ、おまえの方がまちがっているということはないのかね。そもそも顓臾という国は、昔、周《しゅう》の王がわが国にある東蒙山《とうもうさん》の祭り主として定冉有《ぜんゆう》曰《い》わく、「夫子《ふうし》之《こ》れを欲《ほっ》す。吾《わ》れ二《に》臣《しん》なる者《もの》は皆《み》な欲《ほっ》せざる也《なり》」

孔子《こうし》曰《い》わく、「求《きゅう》、周任《しゅうじんい》言えること有《あ》り。曰《い》わく、力《ちから》を陳《の》べて列《れつ》に就《つ》く。能《あた》わざる者《もの》は止《や》むと。危《あやう》くして持《じ》せず、顚《くつがえ》って扶《たす》けずんば、則《すなわ》ち将《は》た焉《いずく》んぞ彼《か》の相《しょう》を用《もち》いん。且《か》つ爾《なんじ》が言過《げんあやま》てり。虎兕《こじ》柙《こう》より出《い》で、亀玉《きぎょく》櫝《とく》の中《うち》に毀《こわ》る、是《こ》れ誰《たれ》の過《あや》まちぞ与《や》」

冉有《ぜんゆうい》曰わく、「今夫《いまか》の顓臾《せんゆ》は、固《かた》くして費《ひ》に近《ちか》し。今《いまと》取らざれば、

めた国であって、だからわが国の領土の中にあるのだ。それをなんでわが国の重臣が攻めなければならないのだ」

冉有がいった。

「私たちもそう思いますが、季氏はそれでも顓臾を欲しがっているのです。私たちはそんなことをしたくないのです」

先生はいわれた。

「求よ、古《いにしえ》の記録官であった周任《しゅうにん》に、次のような言葉があるのを知っているかね。『力を尽くして職務に当たり、できなければ辞職する』と。危ないところを助けない、転んだところを支えない、というのでは、助け役というのはいったい何の役に立つのだろう。そ

後世《こうせい》必《かなら》ず子孫《しそん》の憂《うれ》いを為《な》さん」
孔子《こうし》曰《い》わく、「求《きゅう》、君子《くんし》は夫《か》の之《こ》れを欲《ほっ》すと曰《い》うを舎《お》きて、而《しか》も必《かなら》ず之《こ》れが辞《じ》を為《な》す者《もの》を疾《にく》む。丘《きゅう》や聞《き》く、国《くに》を有《たも》ち家《いえ》を有《たも》つ者《もの》は、寡《すく》なきことを患《うれ》えずして、均《ひと》しからざるを患《うりょ》う。貧《まず》しきを患《うれ》えずして、安《やす》からざるを患《うりょ》う。蓋《けだ》し均《ひと》しければ貧《まず》しきこと無《な》く、和《やわ》らげば寡《すく》なきこと無《な》く、安《やす》ければ傾《かたむ》くこと無《な》し。夫《そ》れ是《かく》の如《ごと》くなるが故《ゆえ》に、遠《えん》人服《じんふく》せざれば、則《すなわ》ち文徳《ぶんとく》を脩《おさ》めて以《も》って之《こ》れを来《き》たす。既《すで》に之《こ》れを

れにおまえの言い分はまちがっている。虎や野牛が檻《おり》から逃げだせば、それは番人の責任。亀の甲や宝玉が箱の中で壊れていたら、それは管理人の責任ではないか（主君のせいにするのはよくないね。おまえたちの責任だよ）」

冉有はいった。

「しかし、先生。顓臾は、季氏の領地である費《ひ》にも近く、堅固な地ですから、今、取っておかないと、後で必ず後悔することになりそうなのです」

先生はいわれた。

「求よ、本当は顓臾を欲しがっているくせに、最初に『自分たちは攻めたくないと思っているんですが』などと言う。こういう言い方は、私は嫌いだね。

来《き》たせば、則《すなわ》ち之《こ》れを安《やす》んず。今《いま》、由《ゆう》と求《きゅう》や、夫子《ふうし》を相《たす》け、遠人服《えんじんふく》せずして、而《しか》も来《き》たすこと能《あた》わざる也《なり》。邦分崩離析《くにぶんぽうりせき》して、而《しか》も守《まも》ること能《あた》わざる也《なり》。而《しこ》うして干戈《かんか》を邦《ほう》内《ない》に動《うご》かさんことを謀《はか》る。吾《わ》れ季《き》孫《そん》の憂《うれ》いは、顓臾《せんゆ》に在《あ》らずして、蕭牆《しょうしょう》の内《うち》に在《あ》るを恐《おそ》るる也《なり》」

季氏將伐顓臾、冉有季路見於孔子曰、季氏將有事於顓臾、孔子曰、求、無乃爾是過與、夫顓臾、昔者先王以爲東蒙主、且在邦域之中矣、是社稷之臣也、何以伐爲、冉有曰、夫子欲之、吾二臣者皆不欲也、孔子曰、求、周任有言、曰、陳力就列、不能者止、危而

さて、顓臾についてだが、私は次のように聞いている。『国を保ち家を保つ者は、貧しいことを心配するのではない。みなが不公平であることを心配する。貧しいことを心配するのではなく、みなが安心できないことを心配する』と。思うに、公平であれば貧しいということもなく、仲よくしていれば少ないということもなく、安心があれば動揺もなくなるものだ。遠くの人がこちらに服さないのであれば、武ではなく文の徳でこちらに引き寄せ、その上で安定させるのが筋《すじ》ではないか。いま、おまえたちふたりは、季氏を助ける立場にありながら、遠くの人が服さないのを引き寄せることもできない。

不持、顚而不扶、則將焉用彼相矣、且爾言過矣、虎兕出於柙、龜玉毀於櫝中、是誰之過與、冉有曰、今夫顓臾、固而近於費、今不取、後世必爲子孫憂、孔子曰、求、君子疾夫舍曰欲之、而必爲辭之、丘也聞、有國有家者、不患寡而患不均、不患貧而患不安、蓋均無貧、和無寡、安無傾、夫如是故、遠人不服、則脩文德以來之、既來之、則安之、今由與求也、相夫子、遠人不服、而不能來也、邦分崩離析、而不能守也、而謀動干戈於邦內、吾恐季孫之憂、不在顓臾、而在蕭牆之內也、

2

孔子《こうし》曰《い》わく、「天下《てんか》道《みち》有《あ》れば、則《すなわ》ち礼楽征伐天《れいがくせいばつてん》

国がばらばらになりそうなのに、それを守ることもできない。それでいながら、国内で戦争を起こそうとしている。季孫《きそん》が顓臾を気にかけているうちに、国内で争いが起こるのではないか、と私はそれを恐れているのだよ」

先生がいわれた。「天下に道が行なわれていれば、礼や

子《し》自《よ》り出《い》づ。天下《てんか》道《みち》無《な》ければ、則《すなわ》ち礼楽征伐諸侯《れいがくせいばつしょこう》自《よ》り出《い》づ。諸侯《しょこう》自《よ》り出《い》づれば、蓋《けだ》し十世《じっせい》にして失《うしな》わざること希《まれ》なり。大夫《たいふ》自《よ》り出《い》づれば、五世《ごせい》にして失《うしな》わざること希《まれ》なり。陪臣国命《ばいしんこくめい》を執《と》れば、三世《さんせい》にして失《うしな》わざること希《まれ》なり。天下《てんか》道有《みちあ》れば、則《すなわ》ち政《まつりごと》大夫《たいふ》に在《あ》らず。天《てん》下《か》道有《みちあ》れば、則《すなわ》ち庶人議《しょじんぎ》せず」

孔子曰、天下有道、則禮樂征伐自天子出、天下無道、則禮樂征伐自諸侯出、自諸侯出、蓋十世希不失矣、自大夫出、五世希不失矣、陪臣執國命、三世希不失矣、天下有道、則政不在大夫、天下有道、則庶人不議、

楽、あるいは征伐はすべて天子から起こる。天下に道が行なわれていなければ、礼や楽、征伐は諸侯から起こるようになる。諸侯から起こるようになっては、まず十代はもたない。諸侯の重臣である大夫《たいふ》より起こるようになっては、まず五代ももたない。大夫の家臣が国政をとるようになったとしたら、まず三代ももたない。天下に道が行なわれていれば、大夫が政治の実権を握ることはなく、庶民が政治についてあれこれ口出ししたりもしなくなる」

3

孔子《こうし》曰《い》わく、「禄《ろく》の公室《こうしつ》を去《さ》ること五世《ごせい》なり。政《まつりごと》の大夫《たいふ》に逮《およ》ぶこと四世《よせい》なり。故《ゆえ》に夫《か》の三桓《さんかん》の子《し》孫微《そんび》なり」

孔子曰、祿之去公室五世矣、政逮於大夫四世矣、故夫三桓之子孫微矣、

先生がいわれた。

「臣下の待遇を決める権限は本来君主のものであるが、それが魯の君主から失われてもう五代になる。国政が季氏らの大夫（重臣）に握られてから、四代になる。そのように筋に外れたことが長く続くわけはない。だから、季氏の三家の子孫たちの力も衰えてきたのだ」

4

孔子《こうし》曰《い》わく、「益者三友《えきしやさんゆう》、損者三友《そんしやさんゆう》。直《なお》きを友《とも》

先生がいわれた。

「有益な友が三種、有害な友が三種ある。人間のまっすぐな直《ちょく》なる者、誠実

とし、諒《りょう》を友《とも》とし、多聞《たぶん》を友《とも》とするは、益《えき》なり。便辟《べんぺき》を友《とも》とし、善《ぜん》柔《じゅう》を友《とも》とし、便佞《べんねい》を友《とも》とするは、損《そん》なり」

孔子曰、益者三友、損者三友、友直、友諒、友多聞、益矣、友便辟、友善柔、友便佞、損矣、

5

孔子《こうし》曰《い》わく、「益者三楽《えきしゃさんらく》、損者三楽《そんしゃさんらく》。礼楽《れいがく》を節《せつ》するを楽《たの》しみ、人《ひと》の善《ぜん》を道《い》うを楽《たの》しみ、賢友《けんゆう》多《おお》きを楽《たの》しむは、益《えき》な

な者、知識のある多聞《たぶん》の者を友にするのは有益だ。反対に、まっすぐものを言わないで追従する者、裏表があって誠実でない者、口ばかりうまい者を友にするのは、有害だ」

先生がいわれた。

「有益な楽しみが三種、有害な楽しみが三種ある。礼儀と音楽をきちんと行なうことを楽しむ、他人の善行や美点をほめるのを楽しむ、すぐれた友だち

り。驕楽《きょうらく》を楽《たの》しみ、佚遊《いつゆう》を楽《たの》しみ、宴楽《えんらく》を楽《たの》しむは、損《そん》なり」

孔子曰、益者三樂、損者三樂、樂節禮樂、樂道人之善、樂多賢友、益矣、樂驕樂、樂佚遊、樂宴樂、損矣、

6

孔子《こうし》曰《い》わく、「君子《くんし》に侍《はべ》るに三《み》つの愆《あや》まち有《あ》り。言未《げんい》まだ之《こ》れに及《およ》ばずして而《しか》も言《い》う、之《こ》れを躁《そう》と謂《い》う。言之《げんこ》れに及《およ》んで而《しか》も言《い》わざる、之《こ》れを隠《いん》と謂《い》う。未《い》まだ顔色《がんしょく》を見《み》ずして而《しか》も言《い》

が多いのを楽しむ。この三楽は、有益だ。反対に、度を越して驕楽《きょうらく》する、なまけて遊ぶのを楽しむ、酒におぼれて楽しむ。この三楽は有害だ」

先生がいわれた。

「上位の人に仕えるときに、三つの過ちがある。言うべきときではないのに、言うのは、お調子ものだ。言うべきなのに言わないのは、隠し立てする者だ。上の人の表情からその考えを推察しないで発言するものは、ものが見えてい

う、之《こ》れを瞽《こ》と謂《い》う」

孔子曰、侍於君子有三愆、言未及之而言、謂之躁、言及之而不言、謂之隠、未見顔色而言、謂之瞽、

7

孔子《こうし》曰《い》わく、「君子《くんし》に三《み》つの戒《いまし》め有《あ》り。少《わか》き時《とき》は、血気《けっき》未《いま》だ定《さだ》まらず。之《こ》れを戒《いまし》むること色《いろ》に在《あ》り。其《そ》の壮《さか》んなるに及《およ》びてや、血気《けっき》方《まさ》に剛《かた》し、之《こ》れを戒《いまし》むること闘《たたか》いに在《あ》り。其《そ》の老《お》ゆるに及《およ》びてや、血気《けっき》既《すで》に衰《おとろ》う。

ない者だ」

先生がいわれた。
「君子には人生の時期に応じて、三つの戒めがある。若いときには血気が落ちつかないので、男女の情欲を戒める必要がある。三十歳前後の壮年期には血気が盛んで人とぶつかりやすいので、人と争い闘うことを戒める必要がある。老年になると血気が衰えて肉体的な欲

之《こ》れを戒《いまし》むること得《う》るに在《あ》り」

孔子曰、君子有三戒、少之時、血氣未定、戒之在色、及其壯也、血氣方剛、戒之在鬭、及其老也、血氣既衰、戒之在得、

8

孔子《こうし》曰《い》わく、
「君子《くんし》に三《み》つの畏《おそ》れ有《あ》り。天命《てんめい》を畏《おそ》れ、大人《たいじん》を畏《おそ》れ、聖人《せいじん》の言《げん》を畏《おそ》る。小人《しょうじん》は天命《てんめい》を知《し》らずして畏《おそ》れざる也《なり》。大人《たいじん》に狎《な》れ、聖人《せいじん》の言《げん》を侮《あなど》る」

望は少なくなるが、財貨を求めすぎる欲を戒める必要がある」

先生がいわれた。
「君子には畏《おそ》れ敬うことが三つある。天命を畏れ、人格のすぐれた先輩を敬愛し、聖人の言を畏れ敬う。小人は天命を知らないからこれを畏れず、すぐれた先輩になれなれしくして尊敬せず、聖人の言をあなどる」

孔子曰、君子有三畏、畏天命、畏大人、畏聖人之言、小人不知天命而不畏也、狎大人、侮聖人之言、

9

孔子《こうし》曰《い》わく、「生《う》まれながらにして之《こ》れを知《し》る者《もの》は、上也《じようなり》。学《まな》んで之《こ》れを知《し》る者《もの》は、次《つ》ぎ也《なり》。困《くる》しみて之《こ》れを学《まな》ぶは、又《ま》た其《そ》の次《つ》ぎ也《なり》。困《くる》しみて而《しか》も学《まな》ばざるは、民《たみ》にして斯《こ》れを下《しも》と為《な》す」

先生がいわれた。「生まれつきわかっている者が最上である。学ぶことによって理解する者は、その次だ。ゆきづまって学ぶ者がその次であり、ゆきづまっても学ばないのが最低だ」

孔子曰、生而知之者、上也、學而知之者、

次也、困而學之、又其次也、困而不學、民斯爲下矣、

10

孔子《こうし》曰《い》わく、「君子《くんし》に九《ここの》つの思《おも》い有《あ》り。視《み》るには明《めい》を思《おも》い、聴《き》くには聡《そう》を思《おも》い、色《いろ》は温《おん》を思《おも》い、貌《かたち》は恭《きょう》を思《おも》い、言《ことば》は忠《ちゅう》を思《おも》い、事《こと》は敬《けい》を思《おも》い、疑《うたが》わしきには問《と》うを思《おも》い、忿《いか》りには難《なん》を思《おも》い、得《う》るを見《み》ては義《ぎ》を思《おも》う」

孔子曰、君子有九思、視思明、聽思聰、色思溫、貌思恭、言思忠、事思敬、疑思問、

先生がいわれた。

「君子には九つの思うことがある。見るときには明（はっきり見ること）を思い、聴くときには聡（もれなく聞くこと）を思い、顔つきは温（おだやかであること）を思い、姿・態度については恭（うやうやしく控えめであること）を思い、言葉については忠（誠実であること）を思い、仕事には敬（慎重であること）を思い、疑わしいことには問（問いかけること）を思い、怒

忿思難、見得思義、

11

孔子《こうし》曰《い》わく、「善《ぜん》を見《み》ては及《およ》ばざるが如《ごと》くし、不善《ふぜん》を見《み》ては湯《ゆ》を探《さぐ》るが如《ごと》くす。吾《わ》れ其《そ》の人《ひと》を見《み》る、吾《わ》れ其《そ》の語《ご》を聞《き》く。隠居《いんきょ》して以《も》って其《そ》の志《こころざし》を求《もと》め、義《ぎ》を行《おこな》いて以って其《そ》の道《みち》を達《たっ》す。吾《わ》れ其《そ》の語《ご》を聞《き》く、未《い》まだ其《そ》の人《ひと》を見《み》ざる也《なり》」

孔子曰、見善如不及、見不善如探湯、吾見

るときには難（その後のめんどう）を思い、利得を目の前にしたときは義（公正な道義）を思う」

先生がいわれた。

「『人の善行を見れば、とても自分は及ばないと気を引きしめ、不善を見れば、熱湯に手を入れたときさっと手を引くように、遠ざかる』。私はそういう古語を聞いたし、そういう人も見た。『世が乱れているときは、隠れ住んで志をきたえておき、活躍の場を得たときは義（道義）にしたがって人の道を世に広める』。私は、こういう古語を聞いたことはあるが、まだこういう人

其人矣、吾聞其語矣、隠居以求其志、行義以達其道、吾聞其語矣、未見其人也、

は見たことがない」

12

孔子《こうし》曰《い》わく、「斉《せい》の景公《けいこう》、馬千駟《うませんし》有《あ》り。死《し》するの日《ひ》、民《たみ》、徳《とく》として称《たと》うる無《な》し。伯夷《はくい》・叔斉《しゅくせい》、首陽《しゅよう》の下《もと》に餓《う》えたり。民《たみ》、今《いま》に到《いた》るまで之《こ》れを称《たと》う。誠《まこと》に富《と》みを以《も》ってせず、亦《ま》た祇《まさ》に以《も》って異《こと》なり。其《そ》れ斯《こ》れを之《こ》れ謂《い》う与《か》」

孔子曰、齊景公有馬千駟、死之日、民無徳

先生がいわれた。

「斉《せい》国の景公《けいこう》は、馬四千頭を所有するほど富を持つ君主であったけれども、死んだときにはだれも徳（人格）をほめる者はいなかった。一方、伯夷《はくい》と叔《しゅく》斉《せい》は首陽山《しゅようざん》のふもとで飢《う》え死にしたけれども、人々は今にいたるまでほめている。『詩経《しきょう》』にある『その名が賞讃されるのは、富によるのではなく、ふつうの人間とは違う徳行による』という言葉は、このことを言っているんだ

而稱焉、伯夷叔齊餓于首陽之下、民到于今稱之、誠不以富、亦祇以異、其斯之謂與、

ろうね」

13

陳亢《ちんこう》、伯魚《はくぎょ》に問《と》うて曰《い》わく、「子《し》も亦《ま》た異聞《いぶんあ》有る乎《か》と」対《こた》えて曰《い》わく、「未《い》まだし。嘗《か》って独《ひと》り立《た》てり。鯉《り》趨《はし》りて庭《にわ》を過《す》ぐ。曰《い》わく、詩《し》を学《まな》びたる乎《か》と。対《こた》えて曰《い》わく、未《い》まだしと。詩《し》を学《まな》ばずば、以《も》って言《い》う無《な》しと。鯉《り》退《しりぞ》いて詩《し》を学《まな》ぶ。他日《たじつ》又《ま》た独《ひと》り立《た》てり。鯉《り》趨《はし》りて庭《にわ》

門弟の陳亢《ちんこう》が先生の子の伯魚《はくぎょ》にこうたずねたことがあった。

「あなたはお父さまである先生から、特別な教えを受けたことがおありですか」

伯魚はこうお答えした。

「いえ、特にはありません。いつか、父が庭に一人で立っておりましたとき、私がそこを小走りで通ると、父が、『詩三百篇を学んだか』と言いました。私が、『いいえ、まだです』と答えま

を過《す》ぐ。曰《い》わく、礼《れい》を学《まな》びたる乎《か》と。対《こた》えて曰《い》わく、未《いま》だしと。礼《れい》を学《まな》ばずば、以《も》って立《た》つ無《な》しと。鯉《り》退《しりぞ》いて礼《れい》を学《まな》ぶ。斯《こ》の二《ふた》つの者《もの》を聞《き》けりと」

陳亢《ちんこう》退《しりぞ》いて喜《よろこ》んで曰《い》わく、「一《いち》を問《と》うて三《さん》を得《え》たり。詩《し》を聞《き》き、礼《れい》を聞《き》き、又《ま》た君子《くんし》の其《そ》の子《こ》を遠《とお》ざくるを聞《き》く也《なり》」


陳亢問於伯魚曰、子亦有異聞乎、對曰、未也、嘗獨立、鯉趨而過庭、曰、學詩乎、對曰、未也、不學詩、無以言、鯉退而學詩、他日又獨立、鯉趨而過庭、曰、學禮乎、對曰、未也、不學禮、無以立、鯉退而學禮、

すと、父は、『詩を学ばなければ、ちゃんとした発言はできないよ』と言いました。私はその後、詩を学びました。また、ある日同じように庭で私が父のそばを通ったとき、『礼を学んだか』と聞かれましたので、『まだ学んでいません』と答えると、『礼を学ばなければ、世に出てやっていけないよ』と父は言いました。私はその後、礼を学びました。この二つのことを教えられました」

　陳亢は、退出すると喜んでいった。「一つを聞いて、三つのことがわかった。詩が大事であること、礼が大事であること、そして、君子（先生）は自分の子を特別あつかいしないというこ

と、を教えられた」

聞斯二者、陳亢退而喜曰、問一得三、聞詩、聞禮、又聞君子之遠其子也、

14

邦君《ほうくん》の妻《つま》、君《きみ》、之《こ》れを称《しょう》して夫人《ふじん》と曰《い》う。夫《ふ》人《じん》自《み》ずから称《しょう》して小童《しょうどう》と曰《い》う。邦人《ほうじん》之《こ》れを称《しょう》して君夫人《くんぷじん》と曰《い》う。諸《こ》れを異邦《いほう》に称《しょう》して寡小《かしょう》君《くん》と曰《い》う。異邦《いほう》の人《ひと》之《こ》れを称《しょう》して、亦《ま》た君夫人《くんぷじん》と曰《い》う。

邦君之妻、君稱之曰夫人、夫人自稱曰小童、邦人稱之曰君夫人、稱諸異邦曰寡小君、異邦人稱之、亦曰君夫人、

国君の妻のことは、君主は「夫人《ふじん》」と呼ぶ。夫人は自分のことを「小童《しょうどう》」といい、その国の人が国内で呼ぶときには「君夫人《くんふじん》」といい、外国に対していうときには謙遜《けんそん》して「寡小君《かしょうくん》」と呼んだ。外国の人がいうときには、敬意を表して、やはり「君夫人」と呼んだ。

陽貨第十七

1

陽貨《ようか》、孔子《こうし》を見《み》んと欲《ほっ》す。孔子《こうし》見《み》ず。孔子《こうし》に豚《いのこ》を帰《おく》る。孔子《こうし》其《そ》の亡《な》きを時《とき》として往《ゆ》きて之《こ》れを拝《はい》す。諸《こ》れに塗《みち》に遇《お》う。孔子《こうし》に謂《い》いて曰《い》わく、「来《き》たれ、予《わ》れ爾《なんじ》と言《い》わん。曰《い》わく、其《そ》の宝《たから》を懐《いだ》きて其《そ》の邦《くに》を迷《まよ》わす。仁《じん》と謂《い》うべき乎《か》」

魯《ろ》国で権力を持つ季孫氏《きそんし》の家臣の陽《よう》貨《か》（陽虎《ようこ》）が先生にお会いしたいと思ったが、先生は陽貨の人物を好んでいなかったので、避けて会われなかった。そこで陽貨は、先生の留守のときに、高価な蒸した子豚を贈った。先生がお礼のあいさつに来たところで会おうと陽貨は考えていたが、先生はそれをわかっておられていて、陽貨が留守のときを見はからってお出かけになられた。

曰《い》わく、

「不可《ふか》」

「事《こと》に従《したご》うことを好《この》みて、亟《しば》しば時《とき》を失《うしの》う。知《ち》と謂《い》うべき乎《か》」

曰《い》わく、

「不可《ふか》」

「日月《じつげつ》逝《ゆ》く、歳《とし》、我《わ》れと与《とも》にせず」

孔子《こうし》曰《い》わく、

「諾《だく》、吾《わ》れ将《まさ》に仕《つか》えんとす」


陽貨欲見孔子、孔子不見、歸孔子豚、孔子時其亡也而往拜之、遇諸塗、謂孔子曰、來、予與爾言、曰、懷其寶而迷其邦、可謂仁乎、

しかし、陽貨がまちぶせしていたのか、途中で出会ってしまわれた。陽貨がこういった。

「お話をしたいと思っていました。貴殿は、宝を胸に抱きながら国を乱れたままにしておられる。それで仁といえますかな」

先生は、「いえないでしょうね」と答えられた。

陽貨が、「貴殿は政治に腕を振るいたいと思っているのに、たびたび機会を逃しておられる。それで知といえますかな」といった。

先生は、「いえないでしょうね」と答えられた。

陽貨が、「月日は過ぎ去ってかえっ

曰、不可、好從事而亟失時、可謂知乎、曰、不可、日月逝矣、歲不我與、孔子曰、諾、吾將仕矣、

てこないものです。年も自分のために待ってはくれません。今こそ私に仕えるときではありませんか」と言うと、先生は「承知しました。私もいずれお仕えしましょう」と、角の立たない答えで受け流された。

2

子《し》曰《い》わく、「性《せい》相《あ》い近《ちか》き也《なり》。習《なら》えば相《あ》い遠《とお》き也《なり》」

子曰、性相近也、習相遠也、

先生がいわれた。「人は生まれたときには互いに似ている。しかし、学びの有無によって善にも悪にもなり、互いに遠くへだたる」

3

子《し》曰《い》わく、「唯《た》だ上知《じょうち》と下愚《かぐ》とは移《うつ》らず」

子曰、唯上知與下愚不移、

つづけて、こういわれた。

「人は学びによって変化するものだ。ただし、とび抜けて賢い者と、極端に愚かな者は、変わらない」

4

子《し》、武城《ぶじょう》に之《ゆ》き、弦歌《げんか》の声《こえ》を聞《き》く。夫子《ふうし》莞爾《かんじ》として笑《わら》いて曰《い》わく、「鶏《にわとり》を割《さ》くに焉《いずく》んぞ牛刀《ぎゅうとう》を用《もち》いん」子《し》游《ゆう》対《こた》えて曰《い》わく、「昔者《むかし》は偃《えん》や諸《こ》れを夫子《ふうし》に聞《き》く。曰《い》わく、君子《くんし》道《みち》を学《まな》べば則《すなわ》ち人《ひと》を

先生が、門人の子游《しゆう》が長官をしている魯の小さな町武城《ぶじょう》に行かれたとき、街で礼楽にきちんとしたがった琴の音と歌が聞こえてきた。これは子游の指導によるものだったが、このような儀礼と雅楽は国家を治めるための方法であるので、このような小さな町には大げさともいえるものであった。

その大げさにも見える子游による礼

愛《あい》し、小人道《しょうじんみち》を学《まな》べば則《すなわ》ち使《つか》い易《やす》き也《なり》と」

子曰《しい》わく、「二三子《にさんし》、偃《えん》の言是《げんぜ》也《なり》。前言《ぜんげん》は之《こ》れに戯《たわ》むるる耳《のみ》」

子之武城、聞弦歌之聲、夫子莞爾而笑曰、割雞焉用牛刀、子游對曰、昔者偃也聞諸夫子、曰、君子學道則愛人、小人學道則易使也、子曰、二三子、偃之言是也、前言戲之耳、

楽の指導をほほえましく思われたのか、先生はにっこり笑われて、「鶏をさくのにどうして牛切り包丁が必要なのかな（こんな小さな町を治めるのに国家用の礼楽まで民に習わせなくてもよいのではないか）」といわれた。

子游はこう答えた。

「以前、私、偃《えん》は先生からお聞きしました。為政者である君子が礼楽を通して道（道徳）を学ぶと人を愛するようになり、民衆が礼楽によって道を学べば、おだやかになり治安がよくなると」

先生はいわれた。

「諸君、偃のことばの方が正しい。さっき言ったのは冗談だ（礼楽によって

5

公山弗擾《こうさんふつじょう》、費《ひ》を以《も》って畔《そむ》く。召《よ》ぶ。子《し》、往《ゆ》かんと欲《ほっ》す。子路《しろ》説《よろこ》ばずして、曰《い》わく、

「之《ゆ》くこと末《な》ければ已《や》む。何《な》んぞ必《かなら》ずしも公山氏《こうさんし》に之《こ》れ之《ゆ》かん也《や》」

子《し》曰《い》わく、

「夫《そ》れ我《わ》れを召《よ》ぶ者《もの》は豈《あ》に徒《いたず》らならん哉《や》。如《も》し我《わ》れを用《もち》うる者有《ものあ》らば、吾《わ》れは其《そ》れ東周《とうしゅう》を為《な》さん乎《か》」

公山弗擾以費畔、召、子欲往、子路不説、

道を身につけるのは、国の大小や人を選ばない)」

魯国の季氏の家老であった公山不擾《こうざんふじょう》が費《ひ》という町を根拠地として季氏に叛《そむ》いた。

公山は先生を正式にお招きした。

先生が行こうとされると、子路《しろ》はそれをよく思わず、「行かれることはありませんよ。どうして公山一族などのところにお行きになられるのですか」といった。

先生はこういわれた。

「こうして私を招く以上、単なる呼びかけでなく、私を用いようとしている

曰、末之也已、何必公山氏之之也、子曰、夫召我者而豈徒哉、如有用我者、吾其爲東周乎、

のだろう。もし私を用いてくれる者があるならば、この東方のわが国に周《しゅう》王朝の理想を再興しようじゃないか」

（最終的には、先生は公山一族のところには行かれず、公山は結局敗れて他国へと亡命した）

6

子張《しちょう》、仁《じん》を孔子《こうし》に問《と》う。孔子《こうし》曰《い》わく、「能《よ》く五者《ごしゃ》を天下《てんか》に行《おこの》うを、仁《じん》と為《な》す」請《こ》う之《こ》れを問《と》わん。曰《い》わく、「恭《きょう》、寛《かん》、信《しん》、敏《びん》、恵《けい》。恭《きょう》なれば則《すなわ》ち侮《あなど》られず。寛《かん》なれば則《すなわ》ち衆《しゅう》を

子張《しちょう》が仁のことをおたずねした。

先生はいわれた。

「五つのことを世に行なうことができれば、仁といえるね」

子張がさらにおたずねすると、こういわれた。

「その五つとは、恭・寛・信・敏・恵だ。恭、つまりつつしみ深くしていれば、人から侮《あなど》られない。寛、つまり人

得《う》。信《しん》なれば則《すなわ》ち人任《ひとにん》ず。敏《びん》なれば則《すなわ》ち功有《こうあ》り。恵《けい》なれば則《すなわ》ち以《も》って人《ひと》に使《つこ》うに足《た》る」

子張問仁於孔子、孔子曰、能行五者於天下、爲仁矣、請問之、曰、恭寛信敏惠、恭則不侮、寛則得衆、信則人任焉、敏則有功、惠則足以使人、

に寛容で心が広ければ、人々の心を得ることができる。信、つまり言行が一致して誠があれば、人から信頼され仕事を任される。敏、つまり機敏に実行するなら功績があがる。恵、つまり他人に財を分かち与えるなら、うまく人を使うことができる」

7

仏肸《ひっきつ》召《よ》ぶ。子《し》、往《ゆ》かんと欲《ほっ》す。子《し》路《ろ》曰《い》わく、「昔者《むかし》由《ゆう》や諸《こ》れを夫子《ふうし》に聞《き》く。曰《い》わく、親《み》ずから其《そ》の身《み》に於《お》いて不《ふ》

晋《しん》国の大夫《たいふ》、趙簡子《ちょうかんし》の家臣である仏《ひっ》肸《きつ》が先生をお招きした。先生が行かれようとしたので、子路はお止めして、こういった。

「以前、わたくし由《ゆう》は、先生からこう

善《ぜん》を為《な》す者《もの》は、君子《くんし》入《い》らざる也《なり》と。仏肸《ひっきつ》、中牟《ちゅうぼう》を以《も》って畔《そむ》く。子《し》の往《ゆ》くや之《こ》れを如何《いかん》」

子《し》曰《い》わく、

「然《しか》り、是《こ》の言《げん》有《あ》る也《なり》。堅《かた》しと曰《い》わずや、磨《ま》して磷《うす》らがず。白《しろ》しと曰《い》わずや、涅《でっ》して緇《くろ》まず。吾《わ》れ豈《あ》に匏瓜《ほうか》ならんや。焉《いずく》んぞ能《よ》く繫《かか》りて食《く》われざらん」

佛肸召、子欲往、子路曰、昔者由也聞諸夫子、曰、親於其身爲不善者、君子不入也、佛肸以中牟畔、子之往也如之何、子曰、然、有是言也、不曰堅乎、磨而不磷、不曰白乎、涅而不緇、吾豈匏瓜也哉、焉能繫而不食、

教えていただきました。自分から不善をなすような者のところには、君子は仲間入りしない、と。仏肸は趙簡子が管理している中牟《ちゅうぼう》という地の長官でありながら、そこを根拠地として趙簡子に叛いています。そのような者のところへ先生が行かれるのは、いかがなものでしょうか」

先生はいわれた。

「たしかに、そういうことをいったね。しかし諺《ことわざ》にも、『本当に堅いものなら、研《と》いでも薄くはならない』、『本当に白いものなら、黒土にまぶしても黒くはならない』というではないか。（私は薄くも、黒くもならない）それに、私は苦瓜でもあるまい。ぶらさがってい

8

子《し》曰《い》わく、「由《ゆう》や、女《なんじ》、六言《りくげん》六蔽《りくへい》を聞《き》ける乎《か》」

対《こた》えて曰《い》わく、「未《い》まだし」

「居《お》れ、吾《わ》れ女《なんじ》に語《つ》げん。仁《じん》を好《この》みて学《がく》を好《この》まざれば、其《そ》の蔽《へい》や愚《ぐ》。知《ち》を好《この》みて学《がく》を好《この》まざれば、其《そ》の蔽《へい》や蕩《とう》。信《しん》を好《この》みて学《がく》を好《この》まざれ

て、だれにも食われない、というのではなく、用いてくれる人がいるなら力を発揮したいものではないか」

　先生が子路にこういわれた。「由よ、おまえは六言の美徳（仁・知・信・直・勇・剛）と六つの害について、聞いたことがあるか」

　子路が起立して、「まだ承ったことがありません」と答えると、先生はこういわれた。

「まあ、おすわり。では話してあげよう。仁を好んでも学問をなさないと、その害として愚かになる。知を好んでも学問を好まないと、害として理屈ば

ば、其《そ》の蔽《へい》や賊《ぞく》。直《ちょく》を好《この》みて学《がく》を好《この》まざれば、其《そ》の蔽《へい》や絞《こう》。勇《ゆう》を好《この》みて学《がく》を好《この》まざれば、其《そ》の蔽《へい》や乱《らん》。剛《ごう》を好《この》みて学《がく》を好《この》まざれば、其《そ》の蔽《へい》や狂《きょう》」

子曰、由也、女聞六言六蔽矣乎、對曰、未也、居、吾語女、好仁不好學、其蔽也愚、好知不好學、其蔽也蕩、好信不好學、其蔽也賊、好直不好學、其蔽也絞、好勇不好學、其蔽也亂、好剛不好學、其蔽也狂、

9

かりが先行してとりとめがなくなる。信を好んでも学問を好まないと、つまらないことに対して、誠実すぎたり盲信したりして人や自分を傷つける。直《ちょく》を好んでも学問を好まないと、人に厳しくなりすぎて情が足りなくなる。勇を好んでも学問を好まないと、乱暴になったり秩序を乱したりする。剛（決心が堅いこと）を好んでも学問を好まないと、まわりを見ずに性急に目標を達成しようとする独善に陥る（六徳はもちろんすばらしいものではあるが、害を避けるためには、学問をして磨きをかける必要がある）」

子《し》曰《い》わく、「小子《しょうし》何《な》んぞ夫《か》の詩《し》を学《まな》ぶ莫《な》きや。詩《し》は以《も》って興《おこ》すべく、以《も》って観《み》るべく、以《も》って羣《つど》うべく、以《も》って怨《うら》むべし。之《こ》れを邇《ちか》くしては父《ちち》に事《つか》え、之《こ》れを遠《とお》くしては君《きみ》に事《つこ》う。多《おお》く鳥獣草木《ちょうじゅうそうもく》の名《な》を識《し》る」

子曰、小子何莫學夫詩、詩可以興、可以觀、可以羣、可以怨、邇之事父、遠之事君、多識於鳥獸草木之名、

先生が弟子たちにいわれた。

「おまえたちは、どうしてあの詩三百篇を学ばないのだ。詩を朗誦すれば、志や感情が高められ、ものごとを観る目が養われ、人とうまくやっていけるし、怨《うら》むようなときも怒りにまかせることなく処することができるようになる。近く父に仕え、遠く国君に仕えるのにも役立つ。そのうえ、鳥獣草木の名前をたくさん識《し》ることができる」

10

子《し》、伯魚《はくぎょ》に謂《い》いて曰《い》わく、

先生がご子息の伯魚《はくぎょ》（鯉《り》）に向かっ

「女《なんじ》は周南《しゅうなん》・召南《しょうなん》を為《まな》びたる乎《か》。人《ひと》にして周南《しゅうなん》・召南《しょうなん》を為《まな》ばざれば、其《そ》れ猶《な》お正《まさ》しく牆《かべ》に面《むか》いて立《た》つがごとき与《か》」

子謂伯魚曰、女爲周南召南矣乎、人而不爲周南召南、其猶正牆面而立也與、

ていわれた。
「おまえは『詩経《しきょう》』の冒頭の周南《しゅうなん》と召《しょ》南《うなん》の詩を学んだか。あれには道徳の基本が含まれている。人として周南・召南の詩を学ばないというのは、塀にぴったり向かって立ち、先を見ることも先に進むこともできないでいるようなものだ」

11

子《し》曰《い》わく、
「礼《れい》と云《い》い礼《れい》と云《い》う、玉帛《ぎょくはく》を云《い》わんや。楽《がく》と云《い》い楽《がく》と云《い》う、鐘鼓《しょうこ》を云《い》わんや」

先生がいわれた。
「人はよく、『礼、礼が大事だ』と言うが、儀礼を行なうときに使う玉や絹のことだろうか。人はよく、『楽《がく》、楽が大事だ』と言うが、雅楽に用いる鐘や太鼓のことだろうか（礼楽の本《もと》であ

子曰、禮云禮云、玉帛云乎哉、樂云樂云、鐘鼓云乎哉、

る精神を忘れ、礼楽の末《すえ》である玉帛《ぎょくはく》鐘鼓《しょうこ》を礼楽だと思っているのでは本末転倒だ)」

12

子《し》曰《い》わく、「色厲《いろはげ》しくして内荏《うちやわら》かなるは、諸《こ》れを小人《しょうじん》に譬《たと》うれば、其《そ》れ猶《な》お穿窬《せんゆ》の盗《とう》のごとき与《か》」

子曰、色厲而内荏、譬諸小人、其猶穿窬之盗也與、

先生がいわれた。

「高い位についている者で、外見は威厳ありそうにしているが、すぐに利益につられる中身のない人間は、世の中でいえば、コソ泥みたいなものだ(見た目をとりつくろっていて、正体を見破られやしないかといつもびくびくしている)」

13

子《し》曰《い》わく、

先生がいわれた。

「郷原《きょうげん》は徳《とく》の賊也《ぞくなり》」

子曰、郷原德之賊也、

「一見いい人に見えるが、八方美人で人に媚《こ》びるような者は、表面上善人に見えるだけにかえって本当の徳を害するものだ」

14

子《し》曰《い》わく、「道《みち》に聴《き》いて塗《みち》に説《と》くは、徳《とく》を之《こ》れ棄《す》つる也《なり》」

子曰、道聽而塗說、德之棄也、

先生がいわれた。

「どこかで聞いた善いことばをそのますぐに受け売りで話してしまう者は、それを身につけることをしないのだから、徳をむしろ棄《す》てていることになる」

15

子《し》曰《い》わく、「鄙《ひ》夫《ふ》は与《とも》に君《きみ》に事《つこ》う可《べ》けんや。

先生がいわれた。

「つまらない小さな人間とは、どうし

其《そ》の未《い》まだ之《こ》れを得《え》ざるや、之《こ》れを得《え》んことを患《うりよ》う。既《すで》に之《こ》れを得《う》れば、之《こ》れを失《うしな》わんことを患《うりよ》う。苟《いやし》くも之《こ》れを失《うしな》わんことを患《うりよ》うれば、至《いた》らざる所無《ところな》し」

子曰、鄙夫可與事君也與哉、其未得之也、患得之、既得之、患失之、苟患失之、無所不至矣、

16

子《し》曰《い》わく、「古《いにし》えは民《たみ》に三《み》つの疾《やま》い有《あ》り。今《いま》や或《あ》るいは是《こ》れすらも之《こ》れ亡《な》き也《なり》。

てともに主君にお仕えできようか。つまらない人間は、地位を手に入れないうちは出世のことばかりを気にかけ、地位を手に入れると今度はそれを失うことばかりを心配する。そんな人間は、地位を失わないためなら、どんなことでもやりかねないよ」

先生がいわれた。「昔は人々に三つの偏った性質、狂・矜《きよう》・愚があったが、今はそれさえだめになってしまった。昔の狂というのは

古《いにし》えの狂《きょう》や肆《し》、今《いま》の狂《きょう》や蕩《とう》。古《いにし》えの矜《きょう》や廉《れん》、今《いま》の矜《きょう》や忿戻《ふんれい》。古《いにし》えの愚《ぐ》や直《ちょく》、今《いま》の愚《ぐ》や詐《いつわ》るのみ」

子曰、古者民有三疾、今也或是之亡也、古之狂也肆、今之狂也蕩、古之矜也廉、今之矜也忿戾、古之愚也直、今之愚也詐而已矣、

志がありすぎて走りすぎるきらいはあったが大きな筋《すじ》はおさえていた。しかし今の狂は気ままでやりたい放題というだけだ。昔の矜というのは自尊心がありすぎて自分を守りすぎるきらいはあったが、孤高の良さもあった。しかし、今の矜はただ人と争うだけだ。昔の愚というのは、正直すぎて愚かにも見える愚直者であったが、今の愚は人をだまし、ごまかすというだけだ」

17

子曰《しい》わく、「巧言令色《こうげんれいしょく》、鮮《すくな》し仁《じん》」

子曰、巧言令色、鮮矣仁、

先生がいわれた。
「口ばかりうまく外見を飾る者には、ほとんど仁はないものだ」
（学而第一・3に重出）

18

子曰《しい》わく、「紫《むらさき》の朱《しゅ》を奪《うば》うを悪《にく》む也《なり》。鄭声《ていせい》の雅楽《ががく》を乱《みだ》るを悪《にく》む也《なり》。利口《りこう》の邦《ほう》家《か》を覆《くつがえ》す者《もの》を悪《にく》む」

子曰、惡紫之奪朱也、惡鄭聲之亂雅樂也、惡利口之覆邦家者、

先生がいわれた。

「(世の中では、邪が正を脇に追いやることがある) 服の色としては朱が正式なのに、間色《かんしょく》である紫の方が広まってしまうのを、私はにくむ。みだらな鄭《てい》の国の音楽が正統な雅楽を乱すのをにくむ。口ばかりうまい小利口者が国家を覆すのをにくむ」

19

子曰《しい》わく、「予《わ》れ言《い》うこと無《な》からんと欲《ほっ》す」

先生が、「私はもう語って聞かせるのをやめようと思う」といわれた。

子貢《しこう》は、「先生がもし何もおっしゃ

子貢《しこう》曰《い》わく、「子《し》、如《も》し言《い》わずば、則《すなわ》ち小子《しょうし》何《なに》をか述《の》べん」

子《し》曰《い》わく、

「天何《てんなに》をか言《い》わん哉《や》。四時《しじ》行《おこな》わる、百物《ひゃくぶつ》生《しょう》ず。天何《てんなに》をか言《い》わん哉《や》」

子曰、予欲無言、子貢曰、子如不言、則小子何述焉、子曰、天何言哉、四時行焉、百物生焉、天何言哉、

20

孺悲《じゅひ》、孔子《こうし》を見《み》んと欲《ほっ》す。孔子《こうし》、辞《じ》するに疾《やま》いを以《も》ってす。命《めい》を将《おこな》

ってくださらないのなら、私どもは何を伝えていけばいいのでしょうか（どうか話すのをやめるなどとおっしゃらないでください）」というと、先生はこういわれた。

「天は何か言うだろうか。言葉がなくても、四季はめぐっているし、すべてが育っている。天は何も言わないが、そこに教えはある（私の言葉だけを頼りにしてはならない）」

孺悲《じゅひ》というかつて先生から教えを受けたことがある者が、先生にお会いし

う者《もの》戸《と》を出《い》づ。瑟《しつ》を取《と》って歌《うた》い、之《こ》れをして之《こ》れを聞《き》かしむ。

孺悲欲見孔子、孔子辭以疾、將命者出戶、取瑟而歌、使之聞之、

21

宰我《さいが》問《と》う。「三年《さんねん》の喪《も》は、期《き》已《すで》に久《ひさ》し。君子《くんし》三年《さんねん》礼《れい》を為《な》さざれば、礼《れい》必《かなら》ず壊《やぶ》れん。三年《さんねん》楽《がく》を為《な》さざれば、楽《がく》必《かなら》ず崩《くず》れん。旧穀《きゅうこく》既《すで》に没《つ》き

たいと言ってきたが、先生は病気だと言って断わられた。

取りつぎの者が孺悲に伝えようと戸口を出るとすぐに、先生は瑟《しつ》（琴）を弾《ひ》いて歌い、孺悲にあえて聞こえるようにされた。（おそらく孺悲には何か落ち度があったのに対して、仮病だと当人にはっきり伝えることで反省を促したのである）

宰我《さいが》が先生におたずねした。「父母が亡くなったとき、三年の喪に服することになっていますが、一年だって十分長い期間です。君子が、三年間も通常の礼から離れてしまっては、

て、新穀《しんこく》既《すで》に升《な》る。燧《すい》を鑽《き》りて火《ひ》を改《あらた》む。期《き》にして可《か》なり」子《し》曰《い》わく、「夫《か》の稲《いね》を食《くら》い、夫《か》の錦《にしき》を衣《き》る。女《なんじ》に於《お》いて安《やす》き乎《か》」曰《い》わく、「安《やす》し」「女安《なんじやす》くば、則《すなわ》ち之《こ》れを為《な》せ。夫《そ》れ君子《くんし》の喪《も》に居《お》るや、旨《うま》きを食《くろ》うて甘《あま》からず。楽《がく》を聞《き》いて楽《たの》しからず。居処安《きょしょやす》からず。故《ゆえ》に為《な》さざる也《なり》。今《い》ま女安《なんじやす》くば則《すなわ》ち之《こ》れを為《な》せ」宰我《さいが》出《い》づ。子《し》曰《い》わく、「予《よ》の不仁《ふじん》なるや。子生《こう》まれて三年《さんねん》、然《しか》る後《のち》

礼は廃《すた》れてしまうと思います。三年も音楽から離れていては、音楽も崩れてしまいます。古い穀物がなくなり新しい穀物が実るのも、火をおこすのに使う木の種類がひとめぐりするのも一年周期なのですから、喪も一年でいいのではないでしょうか」

先生はいわれた。

「一年経《た》ったなら、美味いものを食い、いい着物を着ても、おまえ自身は平気なのかね」

「はい。平気です」

「おまえが平気ならそれでいいだろう。喪に服しているときというのは、君子は、ものを食ってもうまくなく、音楽を聞いても楽しくなく、家にあっても

に父母《ふぼ》の懐《ふところ》を免《まぬが》る。夫《そ》れ三年《さんねん》の喪《も》は、天下《てんか》の通喪也《つうそうなり》。予《よ》や三年《さんねん》の其《そ》の父母《ふぼ》に愛《おし》むこと有《あ》る乎《か》」

宰我問、三年之喪、期已久矣、君子三年不爲禮、禮必壞、三年不爲樂、樂必崩、舊穀既沒、新穀既升、鑽燧改火、期可已矣、子曰、食夫稻、衣夫錦、於女安乎、曰、安、女安、則爲之、夫君子之居喪、食旨不甘、聞樂不樂、居處不安、故不爲也、今女安、則爲之、宰我出、子曰、予之不仁也、子生三年、然後免於父母之懷、夫三年之喪、天下之通喪也、予也有三年之愛於其父母乎、

落ち着かない。だから、そうしないのだ。おまえが平気だというなら、おまえ自身はそれでよいだろう」

宰我が退出したあと、先生はいわれた。

「予《よ》（宰我）は仁（人の情）に欠けるやつだね。子どもは生まれてから三年、父母の懐にある。だから、天下で行なわれている親の喪も三年なのだ。予だって三年間、父母の懐で愛情を受けていただろうに」

22

子曰《しい》わく、「飽《あ》くまでも食《くら》いて日《ひ》を終《お》え、心《こころ》を用《もち》うる所無《ところな》きは、難《かた》いかな。博《ばく》弈《えき》なる者有《ものあ》らず乎《や》。之《こ》れを為《な》すは、猶《な》お已《や》むに賢《まさ》れり」

子曰、飽食終日、無所用心、難矣哉、不有博弈者乎、爲之猶賢乎已、

先生がいわれた。
「やたらと食べてばかりで一日を終え、何も考えずにだらだらしているようでは、見込みがない、すごろくや囲碁といった遊びがあるだろう。あのようなものでも何も考えず何もしないよりはましだ」

23

子路曰《しろい》わく、「君子《くんし》勇《ゆう》を尚《たっと》ぶ乎《か》」

子路が、「君子は勇を大事にしますか」と先生におたずねした。
先生は、勇にかたよりがちな子路の

子曰《しい》わく、「君子《くんし》義《ぎ》を以《も》って上《かみ》と為《な》す。君子《くんし》勇有《ゆうあ》りて義《ぎ》無《な》ければ乱《らん》を為《な》し、小《しょう》人勇有《じんゆうあ》りて義《ぎ》無《な》ければ盗《とう》を為《な》す」

子路曰、君子尙勇乎、子曰、君子義以爲上、君子有勇而無義爲亂、小人有勇而無義爲盜、

性向をお考えになられてこういわれた。

「君子は勇ではなく義、正義・道義を第一にする。上に立つ者が勇であっても義に欠けているなら反乱を起こす。一般の民が勇であっても義に欠けているなら盗みをはたらく（単純な勇ではなく、義を第一とした大勇でなければならない）」

24

子貢《しこうい》曰わく、「君子《くんし》も亦《ま》た悪《にく》むこと有《あ》る乎《か》」子《し》曰《い》わく、「悪《にく》むこと有《あ》り。人《ひと》の悪《あく》を称《しょう》する者《もの》を悪《にく》む。下流《かりゅう》に居《い》て上《かみ》を訕《そし》る者《もの》

子貢がおたずねした。

「君子でもやはり悪《にく》むということがありますでしょうか」

先生はいわれた。

「君子も悪むことはある。他人の悪口を言いふらす者、下位の者でありなが

を悪《にく》む。勇《ゆう》にして礼《れい》無《な》き者《もの》を悪《にく》む。果敢《かかん》にして窒《ふさ》がる者《もの》を悪《にく》む」

曰《い》わく、「賜《し》も亦《ま》た悪《にく》むこと有《あ》る乎《か》」

「徼《かす》めて以《も》って知《ち》と為《な》す者《もの》を悪《にく》む。不孫《ふそん》にして以《も》って勇《ゆう》と為《な》す者《もの》を悪《にく》む。訐《あば》いて以《も》って直《ちょく》と為《な》す者《もの》を悪《にく》む」

子貢曰、君子亦有惡乎、子曰、有惡、惡稱人之惡者、惡居下流而訕上者、惡勇而無禮者、惡果敢而窒者、曰、賜也亦有惡乎、惡徼以爲知者、惡不孫以爲勇者、惡訐以爲直者、

ら上の者をけなし陰口を言う者、勇はあるが礼を欠いている者、果敢に行動するが道理のわからない者、こうした者たちを君子は悪むのだ」

先生はつづけて、「賜《し》（子貢）よ、おまえもまた悪むことがあるか」といわれた。

子貢はこう答えた。

「他人の意見や考えを盗みとって、自分の知だとしている者、単に傲慢《ごうまん》で不遜《ふそん》であるのにそれを勇だとしている者、他人の隠しごとをあばきたててそれを直《ちょく》（まっすぐ）だとしている者などを、わたくしは悪みます」

25

子《し》曰《い》わく、「唯《た》だ女子《じょし》と小人《しょうじん》とは養《やしな》い難《がた》しと為《な》す也《なり》。之《こ》れを近《ちか》づくれば則《すなわ》ち不《ふ》孫《そん》、之《こ》れを遠《とお》ざくれば則《すなわ》ち怨《うら》む」

子曰、唯女子與小人爲難養也、近之則不孫、遠之則怨、

先生がいわれた。
「教育のない女子と下々の者は、扱い方がむずかしい。近づければ、わがまま、無遠慮になるし、遠ざければ不平を持ち、こちらを怨んでくる（慈愛とともに威厳をもって接する距離感が大切だ）」

26

子《し》曰《い》わく、「年四十《とししじゅう》にして悪《にく》まる、其《そ》れ終《おわ》るのみ」

先生がいわれた。
「四十歳になって人から憎まれるようでは、まあおしまいだろうね」

子曰、年四十而見惡焉、其終也已、

微子第十八

I

微子《びし》は之《こ》れを去《さ》り、箕子《きし》は之《こ》れが奴《ど》と為《な》り、比干《ひかん》は諫《いさ》めて死《し》す。孔《こう》子《し》曰《い》わく、「殷《いん》に三仁有《さんじんあ》り」

微子去之、箕子爲之奴、比干諫而死、孔子曰、殷有三仁焉、

殷《いん》王朝末期、紂王《ちゅうおう》は暴君となり、無道なことを行なっていた。微《び》国を治めていた紂の兄微子《びし》は、その無道ぶりを諫《いさ》めたが聴き入れられなかったので紂のところを去り、先祖の祭りをつづけた。箕《き》国を治めていた紂王のおじ箕子《きし》は紂王を諫めて怒りを買い、奴隷の身に落ちた。同じく紂王のおじ比干《ひかん》もまた紂王を諫めたが、紂王は、「聖人の胸には七つの穴があるということだが

本当だろうか」と言って、比干の胸を割《さ》いて殺してしまった。

先生は、「殷王朝には三人の仁者、人格者がいた」といわれた。

2

柳下恵《りゅうかけい》、士師《しし》と為《な》りて、三たび黜《しりぞ》けらる。人《ひと》曰《い》わく、「子《し》未《い》まだ以《も》って去《さ》るべからざる乎《か》」曰《い》わく、「道《みち》を直《なお》くして人《ひと》に事《つこ》う、焉《いず》くに往《ゆ》くとして三《み》たび黜《しりぞ》けられざらん。道《みち》を枉《ま》げて人《ひと》に事《つこ》う、何《な》んぞ必《かなら》ずしも父母《ふぼ》の邦《くに》を去《さ》らん」

柳下恵《りゅうかけい》は魯《ろ》国で裁判長に三回任命され、三回免職された。ある人が、「それでもまだあなたはこの国を去らないのか（自らに合う他の国を探すのがよいではないか）」と言ったところ、こう答えた。

「まっすぐ正道を貫いていて人に仕えようとすれば、どこに行っても三度退けられます。退けられないようにと、自らの道を曲げて人に仕えるくらいな

柳下恵爲士師、三黜、人曰、子未可以去乎、曰、直道而事人、焉往而不三黜、枉道而事人、何必去父母之邦、

ら、なにもあえて父母の国を去る必要もないでしょう」

3

斉《せい》の景公《けいこう》、孔子《こうし》を待《ま》ちて曰《い》わく、「季氏《きし》の若《ごと》くするは則《すなわ》ち吾《わ》れ能《あた》わず。季《き》・孟《もう》の間《かん》を以《も》って之《こ》れを待《ま》たん」

曰《い》わく、「吾《わ》れ老《お》いたり。用《もち》うる能《あた》わざる也《なり》」

孔子《こうし》行《さ》る。

斉《せい》国の景公《けいこう》が先生を登用するに当たって、待遇について、「魯の季氏《きし》ほどにはできないが、季氏と孟氏《もうし》の中間くらいの待遇をしよう」と言った。しかし、国内で反対され、その待遇の約束を果たせなくなったので、景公は「わたしも年老いた。貴殿をもはや登用できない」と言った。先生は斉国を去られた。

齊景公待孔子曰、若季氏則吾不能、以季孟之間待之、曰、吾老矣、不能用也、孔子行、

4

斉人《せいひと》、女楽《じよがく》を帰《おく》る。季桓子《きかんしこ》之れを受《う》け、三日《みつか》朝《ちょう》せず。孔子《こうし》行《さ》る。

齊人歸女樂、季桓子受之、三日不朝、孔子行、

先生が魯の宰相をなさっていたとき、短期間で魯国が安定し勢いが増した。隣国の斉はこの勢いを恐れ、それを乱そうと、美女八十人の歌舞団を魯国へ贈った。

最高実力者の季桓子《きかんし》は、それを受けて、夢中になり、三日も政庁に出なかった。先生は魯国の政治に絶望され、祖国を立ち去られた（先生が五十六歳のときのことで、これが先生御一行の放浪の旅のはじまりとなった）

5

楚狂接輿《そきょうしょうよ》、歌《うた》いて孔子《こうし》を過《す》ぎて曰《い》わく、「鳳《ほう》や鳳《ほう》や、何《な》んぞ徳《とく》の衰《おとろ》えたる。往《ゆ》く者《もの》は諫《いさ》むべからず。来《き》たる者《もの》は猶《な》お追《お》うべし。已《や》みなん已《や》みなん。今《いま》の政《まつりごと》に従《したご》う者《もの》は殆《あやう》し」孔子《こうし》下《お》りて、之《こ》れと言《い》わんと欲《ほっ》す。趨《はし》って之《こ》れを辟《さ》く。之《こ》れと言《い》うを得《え》ず。

楚狂接輿歌而過孔子曰、鳳兮鳳兮、何德之衰、往者不可諫、來者猶可追、已而已而、今之從政者殆而、孔子下、欲與之言、趨而

楚《そ》国の人でわざと狂人のまねをしている接輿《せつよ》という者が、こう歌いながら、先生の乗られている車の前を通り過ぎた。

「鳳凰《ほうおう》よ、鳳凰よ、世に道がなければ隠れるはずなのに、なぜこんな乱れた世にとどまっているのか。世も末だ。過ぎたことはしかたがないが、これからのことはまだ間に合う。やめなさい、やめなさい。今の世の政治にかかわるのは危なすぎる」

（この鳳凰とはあきらかに先生のことで、乱れたこの世の中では、世の中から離れて早く隠者になるように、とす

辟之、不得與之言、

6

長沮《ちょうそ》、桀溺《けつでき》、耦《ぐう》して耕《たがや》す。孔子《こうし》之《こ》れを過《す》ぐ。子路《しろ》をして津《しん》を問《と》わしむ。長沮《ちょうそ》曰《い》わく、「夫《か》の輿《よ》を執《と》る者《もの》を誰《たれ》と為《な》す」子路《しろ》曰《い》わく、「孔丘《こうきゅう》と為《な》す」曰《い》わく、「是《こ》れ魯《ろ》の孔丘《こうきゅう》か与《か》」曰《い》わく、「是《こ》れ也《なり》」曰《い》わく、「是《こ》れ津《しん》を知《し》れり」桀溺《けつでき》に問《と》う。桀溺《けつでき》曰《い》わく、「子《し》は

すめているのだった)

先生は車を下りて話をされようとしたが、接輿は小走りして避けられたので話すことができなかった。

隠者の長沮《ちょうそ》と桀溺《けつでき》がならんで畑を耕していた。先生の御一行がそこを通り、先生は子路《しろ》に河の渡し場はどこかたずねさせられた。その間先生が子路の代わりに馬車の手綱を持たれていた。

長沮が、「あの馬車の手綱を持っているのはだれか」と問うので、子路は、「孔丘《こうきゅう》です」と答えた。長沮が、「それじゃ、あの魯の孔丘かね」と言うので、

誰《たれ》と為《な》す」曰《い》わく、「仲由《ちゅうゆう》と為《な》す」曰《い》わく、「是《こ》れ魯《ろ》の孔丘《こうきゅう》の徒《と》与《か》」対《こた》えて曰《い》わく、「然《しか》り」曰《い》わく、「滔滔《とうとう》たる者《もの》は天下《てんか》皆《み》な是《こ》れ也《なり》。而《しこ》うして誰《たれ》か以《も》って之《こ》れを易《か》えん。且《か》つ而其《なんじそ》の人《ひと》を辟《さ》くるの士《し》に従《したご》う与《よ》りは、豈《あ》に世《よ》を辟《さ》くるの士《し》に従《したご》うに若《し》かん哉《や》」と。耰《ゆう》して輟《や》まず。

子路《しろ》行《ゆ》きて以《も》って告《つ》ぐ。夫子《ふうし》憮然《ぶぜん》として曰《い》わく、「鳥獣《ちょうじゅう》は与《とも》に羣《むれ》を同じくすべからず。吾《わ》れ斯《こ》の人《ひと》

「そうです」と答えると、「それならあちこち巡り歩いて道を知っている上に、もの知りだそうだから、渡し場の場所くらい知ってるだろう」と言った。

そこで子路は桀溺にたずねると、桀溺は「おまえさんはだれだね」と言うので、「仲由《ちゅうゆう》です」と答えた。桀溺が、「それじゃ孔丘の弟子かね」と言うので、「そうです」と答えると、こう言った。

「滔々《とうとう》と流れ、せき止められないのは、この河だけではない。天下もすべて低きに流れて止めようがない。いったいだれとともにこの世の中を改めようというのだ。おまえさんも、いもしない立派な君主をさがして結果として人を

の徒《と》と与《とも》にするに非《あら》ずして、誰《たれ》と与《とも》にせん。天下《てんか》道有《みちあ》らば、丘《きゆう》、与《も》って易《か》えざる也《なり》」

長沮桀溺耦而耕、孔子過之、使子路問津焉、長沮曰、夫執輿者爲誰、子路曰、爲孔丘、曰、是魯孔丘與、曰、是也、曰、是知津矣、問於桀溺、桀溺曰、子爲誰、曰、爲仲由、曰、是魯孔丘之徒與、對曰、然、曰、滔滔者天下皆是也、而誰以易之、且而與其從辟人之士也、豈若從辟世之士哉、耰而不輟、子路行以告、夫子憮然曰、鳥獸不可與同羣、吾非斯人之徒與、而誰與、天下有道、丘不與易也、

避けている人についているよりは、世を避けて暮らすわれわれにつく方がましじゃないかね」と言い、種に土をかける手を止めなかった。

子路は先生のところに戻り、やりとりを報告した。先生は「ふー」とあきれられて、こう言われた。

「世が乱れているからといって、鳥や獣といっしょに暮らすわけにはいかない。この世の人々とともに生きていくのでなくて、だれといっしょに生きてゆくというのか。もし今天下に道が行なわれているのならば、私も世を変えようとは思わない（今道がないからこそ、人々とともに変えようとしているのだ）」

7

子路《しろ》、従《したが》いて後《おく》る。丈人《じようじん》の杖《つえ》を以《も》って蓧《あじか》を荷《にの》うに遇《お》う。子路《しろ》問《と》いて曰《い》わく、「子《し》、夫子《ふうし》を見《み》たる乎《か》」丈人曰《じようじんい》わく、「四体《したい》勤《つと》めず、五穀《ごこく》分《わ》かたず。孰《たれ》をか夫子《ふうし》と為《な》す」其《そ》の杖《つえ》を植《た》てて芸《くさぎ》る。子路《しろ》拱《きよう》して立《た》つ。子路《しろ》を止《とど》めて宿《しゆく》せしむ。鶏《にわとり》を殺《ころ》し黍《しよ》を為《つく》りて之《こ》れに食《くら》わしめ、其《そ》の二子《にし》を見《まみ》えしむ。明日《みようにち》子路《しろ》行《ゆ》きて以《も》って告《つ》ぐ。子《し》曰《い》わく、「隠《いん》者也《じやなり》」子路《しろ》をして反《かえ》って之《こ》れを見《み》しむ。

子路が先生のお供をしていて、後《おく》れたとき、杖で竹籠をかついでいる老人に出会った。子路が、「あなたはうちの先生を見ませんでしたか」と聞いた。

老人は、「手足も動かさず、穀物も作らない、そんな人は『先生』とは呼べないな」といって、杖を立てて草刈りを始めた。子路は、これはただ者ではない、と思い、敬礼した。

老人は子路を自分のうちに泊めて、鶏をつぶし、黍《きび》の飯を炊いて歓待した。また、長幼の義にしたがって、二人の子どもを呼んで年長者である子路にあいさつさせた。

至《いた》れば則《すなわ》ち行《さ》れり。子路《しろ》曰《い》わく、「仕《つか》えざるは義《ぎ》無《な》し。長幼《ちょうよう》の節《せつ》は、廃《はい》す可《べ》からざる也《なり》。君臣《くんしん》の義《ぎ》、之《こ》れを如何《いかん》ぞ其《そ》れ之《こ》れを廃《はい》せん。其《そ》の身《み》を潔《きよ》くせんと欲《ほっ》して、大倫《たいりん》を乱《みだ》る。君子《くんし》の仕《つか》うるは、其《そ》の義《ぎ》を行《おこの》う也《なり》。道《みち》の行《おこな》われざるは、已《すで》に之《こ》れを知《し》れり」

子路從而後、遇丈人以杖荷蓧、子路問曰、子見夫子乎、丈人曰、四體不勤、五穀不分、孰爲夫子、植其杖而芸、子路拱而立、止子路宿、殺雞爲黍而食之、見其二子焉、明日子路行以告、子曰、隱者也、使子路反見之、至則行矣、子路曰、不仕無義、長幼之節、

翌日、子路が先生に追いついてこのことを報告すると、先生は、「隠者だ」といって、子路に引き返してもう一度会って、先生のお考えを伝えてくるようにさせられた。ところが、老人はもう去っていた。子路は、留守番の子どもに、先生の意を伝えた。

「主君に仕えなければ、君臣の義はありません。御老人でさえ捨てられない長幼の義と同様に、君臣の義もまた捨てられないものなのです。自分ひとりが清くあろうと思って、主君に仕えないでいれば、それはかえって大きな道徳を乱すことになりましょう。君子が仕えるのは、義を実現するためです。それが現実にはむずかしいのは、もち

不可廢也、君臣之義、如之何其廢之、欲潔其身、而亂大倫、君子之仕也、行其義也、道之不行、已知之矣、

8

逸民《いつみん》は、伯夷《はくい》、叔斉《しゅくせい》、虞仲《ぐちゅう》、夷逸《いいつ》、朱張《しゅちょう》、柳下恵《りゅうかけい》、少連《しょうれん》。子《し》曰わく、「其《そ》の志《こころざし》を降《くだ》さず、其《そ》の身《み》を辱《はず》かしめざるは、伯夷《はくい》・叔斉《しゅくせい》か」

柳下恵《りゅうかけい》・少連《しょうれん》を謂《い》わく、「志《こころざし》を降《くだ》し、身《み》を辱《はず》かしむ。言《げん》は倫《みち》に中《あた》り、行《こう》は慮《おも》んぱかりに中《あた》る。其《そ》れ斯《こ》れのみ」

虞仲《ぐちゅう》・夷逸《いいつ》を謂《い》わく、「隠居《いんきょ》して

ろんわかっていますが、それでもやるのです」

すぐれた世捨て人には、伯夷《はくい》・叔《しゅ》斉《くせい》・虞仲《ぐちゅう》・夷逸《いいつ》・朱張《しゅちょう》・柳下恵《りゅうかけい》・少《しょ》連《うれん》がいる。

先生はいわれた。

「志を高く持ち続け、その身を辱《はずかし》めることもなかったのは、伯夷と叔斉だろうね」

柳下恵と少連については、こういわれた。

「志は低くなり、その身を辱めはした

言《げん》を放《お》く。身《み》は清《せい》に中《あた》り、廃《はい》は権《けん》に中《あた》る。我《わ》れは則《すなわ》ち是《こ》れに異《こと》なり。可《か》も無《な》く不可《ふか》も無《な》し」

逸民、伯夷、叔齊、虞仲、夷逸、朱張、柳下惠、少連、子曰、不降其志、不辱其身、伯夷叔齊與、謂柳下惠少連、降志辱身矣、言中倫、行中慮、其斯而已矣、謂虞仲夷逸、隱居放言、身中清、廢中權、我則異於是、無可無不可、

9

大師《たいし》摯《し》は斉《せい》に適《ゆ》く。亜《あ》飯干《はんかん》は楚《そ》に適《ゆ》く。三飯繚《さんぱんりよう》は蔡《さい》に適《ゆ》く。四《し》飯缺《はんけつ》

が、言うことは道理にかなっていて、行ないも思慮にかなっていた。そんなところだろうか」

　虞仲と夷逸については、こういわれた。

「世の中から隠れて住み、言いたい放題だったが、身は清く、世の捨て方はまあ程よかった。ところで、私は彼らとはちがって、あらかじめ身の処し方を決めこむようなことはしないね（道にしたがって、状況に柔軟に処していく）」

　殷王朝が滅びたあと、音楽も乱れて、音楽長である大師の摯《し》は斉に行き、そ

は秦《しん》に適《ゆ》く。鼓方叔《こほうしゅく》は河《か》に入《い》る。播鼗武《はとうぶ》は漢《かん》に入《い》る。少師陽《しょうしよう》、撃磬《げっけい》襄《じょう》は海《うみ》に入《い》る。

大師摯適齊、亞飯干適楚、三飯繚適蔡、四飯缺適秦、鼓方叔入于河、播鼗武入于漢、少師陽、撃磬襄入于海、

10

周公《しゅうこう》、魯公《ろこう》に謂《い》いて曰《い》わく、「君子《くんし》は其《そ》の親《しん》を施《す》てず。大臣《だいじん》をして以《もち》いざるに怨《うら》ましめず。故旧《こきゅう》、大故《たいこ》無《な》ければ、則《すなわ》ち棄《す》てざる也《なり》。備《そな》わることを一人《いちにん》に求《もと》むる無《な》か

れに次席の干《かん》は楚に行き、三席の繚《りょう》は蔡《さい》に行き、四席の缺《けつ》は秦《しん》へと行った。鼓《つづみ》を打つ係の方叔《ほうしゅく》は河内《かだい》に、鼗《ふりつづみ》をならす係の武《ぶ》は漢水《かんすい》に、大師の補佐官である少師の陽《よう》と磬《けい》を打つ係の襄《じょう》は海に乗り出し島に行った。

周《しゅう》王朝が建てられたとき、周公《しゅうこう》(旦《たん》)は、魯国の君主となって赴任する子の伯禽《はくきん》にこう教えられた。「徳のある君主というものは、親・親族を忘れず大切にし、大臣たちが自分は信じられていないと不満を持つこと

れ」

周公謂魯公曰、君子不施其親、不使大臣怨乎不以、故舊無大故、則不棄也、無求備於一人、

がないようにし、昔なじみの知人はよほどひどいことをしないかぎりは見捨てず、一人に対して全能であることを求めないようにするものだ」

11

周《しゅう》に八士《はっし》有《あ》り。伯達《はくたつ》。伯适《はくかつ》。仲突《ちゅうとつ》。仲忽《ちゅうこつ》。叔夜《しゅくや》。叔夏《しゅくか》。季随《きずい》。季騧《きか》。

周有八士、伯達、伯适、仲突、仲忽、叔夜、叔夏、季随、季騧、

かつて周の盛んなときには、一家のうちに伯達《はくたつ》・伯适《はくかつ》・仲突《ちゅうとつ》・仲忽《ちゅうこつ》・叔《しゅく》夜《や》・叔夏《しゅくか》・季随《きずい》・季騧《きか》という八人の英才があらわれた。(それほどに国が栄え、人材が多数輩出されていたのだ)

子張第十九

1

子張《しちょう》曰《い》わく、「士《し》は危《あや》うきを見《み》ては命《めい》を致《いた》す。得《う》るを見《み》ては義《ぎ》を思《おも》う。祭《まつ》りには敬《けい》を思《おも》う。喪《も》には哀《あい》を思《おも》う。其《そ》れ可《か》なるのみ」

子張曰、士見危致命、見得思義、祭思敬、喪思哀、其可已矣、

子張《しちょう》がいった。

「一流の人物、士というものは、国家が危急のときは命を投げ出して事に当たり、利益を目の前にしたときは道義に反しないかを考え、祖先などの祭祀に当たってはつつしみ深くし敬いの気持ちで臨み、喪には哀しみの心情をこめる。それでまあ士としてはよろしかろう」

2

子張《しちょう》曰《い》わく、「徳《とく》を執《と》ること弘《ひろ》からず。道《みち》を信《しん》ずること篤《あつ》からずば、焉《いずく》んぞ能《よ》く有《あ》りと為《な》し、焉《いずく》んぞ能《よ》く亡《な》しと為《な》さん」

子張曰、執徳不弘、信道不篤、焉能爲有、焉能爲亡、

子張がいった。「徳を守るのに中途半端で、道を信じるのにもたいして熱心でない。そんな程度の人には、道徳があるとも、ないとも言えない」

3

子夏《しか》の門人《もんじん》、交《まじわ》りを子張《しちょう》に問《と》う。子張《しちょう》曰《い》わく、「子夏《しか》何《なに》をか云《い》える」

子夏《しか》の門人が交際について子張に質問した。

子張は、「君の先生の子夏殿はどう

対《こた》えて曰《い》わく、「子夏《しか》曰《い》わく、可《か》なる者《もの》は之《こ》れに与《くみ》し、其《そ》の不可《ふか》なる者《もの》は之《こ》れを拒《こば》め、と」子張《しちょうい》曰わく、「吾《わ》が聞《き》く所《ところ》に異《こと》なり。君子《くんし》は賢《けん》を尊《たっと》びて衆《しゅう》を容《い》れ、善《ぜん》を嘉《よ》みして不能《ふのう》を矜《あわ》れむ。我《わ》れの大賢《だいけん》なる与《か》、人《ひと》に於《お》いて何《なん》の容《い》れざる所《ところ》ぞや。我《わ》れの不賢《ふけん》なる与《か》、人将《ひとまさ》に我《わ》れを拒《こば》まんとす。之《こ》れを如何《いかん》ぞ其《そ》れ人《ひと》を拒《こば》まん也《や》」

子夏之門人、問交於子張、子張曰、子夏云何、對曰、子夏曰、可者與之、其不可者拒之、子張曰、異乎吾所聞、君子尊賢而容衆、

言われていましたか」とたずねた。

門人は、「子夏先生は、良い者とはつきあい、良くない者とはつきあわないことだ、と教えられました」と答えた。

子張はこういった。

「私が孔先生からうかがったことは、それとはちがいます。君子は、賢人を尊びつつも、一般の大衆も受け容れる。善き人をほめながらも、だめな人にも同情する。もしこちらが大変すぐれているならば、人に良い感化を与えるはずですから、どんな人も受け容れられる。逆にこちらが劣っているならば、向こうの方がつきあいをことわる。こちらから人を拒絶するまでもない（つ

嘉善而矜不能、我之大賢與、於人何所不容、我之不賢與、人將拒我、如之何其拒人也、

4

子夏《しか》曰《い》わく、「小道《しょうどう》と雖《いえど》も、必《かなら》ず観《み》る可《べ》き者有《ものあ》らん。遠《とお》きを致《いた》すには恐《おそ》らくは泥《なず》まん。是《ここ》を以《も》って君子《くんし》は為《な》さざる也《なり》」

子夏曰、雖小道、必有可觀者焉、致遠恐泥、是以君子不爲也、

5

まり、人とのつきあいは拒絶するものではない、と教わりました）」

子夏がいった。

「いろいろな技芸や細かな専門的知識といった小道《しょうどう》にも見るべきものはある。しかし、国家を治める遠大な事業をなすに当たって頼りになるものではない。だから、君子は国と人を治める大道《たいどう》を学び、小道を学ばないのだ」

子夏《しか》曰《い》わく、「日《ひ》に其《そ》の亡《な》き所《ところ》を知《し》り、月《つき》に其《そ》の能《よ》くする所《ところ》を忘《わす》る無《な》きは、学《がく》を好《この》むと謂《い》うべきのみ」

子夏曰、日知其所亡、月無忘其所能、可謂好學也已矣、

子夏がいった。

「毎日、自分の知らなかったことを新たに知るようにし、毎月、自分が覚えていること、できていることを復習して忘れないようにする。これなら学を好むといえる」

6

子夏《しか》曰《い》わく、「博《ひろ》く学《まな》びて篤《あつ》く志《こころざ》し、切《たしか》に問《と》いて近《ちか》く思《おも》う。仁《じん》其《そ》の中《うち》に在《あ》り」

子夏曰、博學而篤志、切問而近思、仁在其

子夏がいった。

「博《ひろ》く学んで、志を篤《あつ》く持ち、自分に切実なことを師友に問い、自分の身にひきつけて考えるならば、仁の徳はそうした姿勢のうちに自《おのず》から生まれるものだ」

中矣、

7

子夏曰《しかい》わく、「百工《ひゃくこう》は肆《みせ》に居《い》て、以《も》って其《そ》の事《こと》を成《な》す。君子《くんし》は学《まな》びて、以《も》って其《そ》の道《みち》を致《いた》す」

子夏がいった。
「職人はそれぞれ仕事場で仕事をする。君子は学問をして、道を極めてゆく」

子夏曰、百工居肆、以成其事、君子學以致其道、

8

子夏曰《しかい》わく、「小人《しょうじん》の過《あや》まちや、必《かなら》ず文《かざ》る」

子夏がいった。
「小人が過ちをすると、必ずとりつく

子夏曰、小人之過也、必文、

ろってごまかそうとする」

9

子夏《しか》曰《い》わく、

「君子《くんし》に三変《さんぺん》有《あ》り、之《こ》れを望《のぞ》めば儼然《げんぜん》。之《こ》れに即《つ》くや温《おん》。其《そ》の言《げん》を聴《き》くや厲《れい》」


子夏曰、君子有三變、望之儼然、即之也溫、聽其言也厲、

子夏がいった。

「君子は、接する仕方によって三つの姿に変化して見える。はなれて見ると威厳があり、近くで接してみると温和であり、その言葉を聞くときびしい」

10

子夏《しか》曰《い》わく、

「君子《くんし》は信《しん》ぜられて而《しこ》うして後《のち》に

子夏がいった。

「君子は、指導者の立場にあるとき、

其《そ》の民《たみ》を労《ろう》す。未《い》まだ信《しん》ぜられざれば、則《すなわ》ち以《も》って己《おのれ》を厲《なや》ますと為《な》す也《なり》。信《しん》ぜられて而《しこ》うして後《のち》に諫《いさ》む。未《い》まだ信《しん》ぜられざれば、則《すなわ》ち以《も》って己《おのれ》を謗《そし》ると為《な》す也《なり》」

子夏曰、君子信而後勞其民、未信、則以爲厲己也、信而後諫、未信、則以爲謗己也、

人々に信用されてからはじめて人に働いてもらう。信頼を得ていないうちに働かせようとすると、人々は自分たちを苦しめようとしていると思うものだ。同様に、君子は、主君から信頼を得てはじめて、主君には耳の痛いきびしい意見を言うものだ。まだ信頼されていないのに、そのように諫《いさ》めると、主君は自分が単に非難されていると思うものだ」

11

子夏《しか》曰《い》わく、「大徳《だいとく》は閑《のり》を踰《こ》えず、小徳《しょうとく》は出入《しゅつにゅう》するも可《か》也《なり》」

子夏がいった。
「忠信孝弟《こうてい》のような大徳については、きまりを外れないように。日常のふるまい方のような小徳については、多少ゆるくてもいい」

子夏曰、大徳不踰閑、小徳出入可也、

12

子游《しゆう》曰《い》わく、「子夏《しか》の門人《もんじん》小子《しようし》は、洒掃《さいそう》・応《おう》対《たい》・進退《しんたい》に当《あた》りては、則《すなわ》ち可《か》なり。抑《そも》そも末也《まつなり》。之《こ》れを本《もと》づくれば則《すなわ》ち無《な》し、之《こ》れを如何《いかん》」と。子夏《しか》、之《こ》れを聞《き》きて曰《い》わく、「噫《い》、言游過《げんゆうあや》まてり。君子《くんし》の道《みち》は、孰《いず》れをか先《ま》ず伝《つた》えん、孰《いず》れをか後《のち》に倦《う》まん。諸《こ》れを草木《そうもく》に譬《たと》うるに、区《く》して以《も》って別《わか》る。君子《くんし》の道《みち》は、

子游《しゆう》がいった。

「子夏の弟子たちはそうじや客の接待や行儀作法については問題ないが、そうしたことは末《まつ》だ。本《もと》である道徳の原理となるとたよりない。これはいかがなものか」

子夏はこの話を聞くと、こういった。

「ああ、言游《げんゆう》（子游）はまちがっている。君子の道を教えるのには順序がある。末を先にしたからといって、本を教えないというわけではない。弟子の力に応じて、教え方も変わってくる。

焉《いずく》んぞ誣《し》うべけん也《や》。始《はじ》め有《あ》り卒《おわ》り有《あ》る者《もの》は、其《そ》れ惟《た》だ聖人《せいじん》乎《か》」

子游曰、子夏之門人小子、當洒掃應對進退、則可矣、抑末也、本之則無、如之何、子夏聞之曰、噫、言游過矣、君子之道、孰先傳焉、孰後倦焉、譬諸草木、區以別矣、君子之道、焉可誣也、有始有卒者、其惟聖人乎、

13

子夏《しか》曰《い》わく、

「仕《つか》えて優《ゆう》なれば則《すなわ》ち学《まな》び、学《まな》びて優《ゆう》なれば則《すなわ》ち仕《つこ》う」

子夏曰、仕而優則學、學而優則仕、

たとえていえば、草木の大小によって世話の仕方がちがうようなものだ。君子の道は、難しい高尚なことを力のない者におしつけても身につくものではない。順序を問わず、なにもかも身につけるなどということは、聖人にできることで、若者に教えるには、順序を工夫する必要があるのだ」

子夏がいった。

「官に就職して余力があれば学問をする。あるいは学問をして余力があれば官に就《つ》く」

14

子《し》游《ゆうい》曰わく、「喪《も》は哀《あい》を致《いた》して止《や》む」

子游曰、喪致乎哀而止、

子游がいった。

「喪には、哀しみを極めるというのでよい（哀しみが極まりすぎて死に至るというのは誤りだ）」

15

子《し》游《ゆうい》曰わく、「吾《わ》が友張《ともちょう》や、能《よ》くし難《がた》きを為《な》す也《なり》。然《しか》り而《しこ》うして、未《い》まだ仁《じん》ならず」

子游曰、吾友張也、爲難能也、然而未仁、

子游がいった。

「わが友子張は、人のなし難いことをなす力がある。しかし、まだ仁、人格の完成には至っていない」

16

曾子《そうし》曰《い》わく、「堂堂《どうどう》たるかな張《ちょう》や。与《とも》に並《なら》びて仁《じん》を為《な》し難《がた》し」

曾子曰、堂堂乎張也、難與竝爲仁矣、

曾子《そうし》がいわれた。「見た目は実に堂々たるものだね、子張は。しかし、いっしょに仁を行なうのは難しい」

17

曾子《そうし》曰《い》わく、「吾《わ》れ諸《こ》れを夫子《ふうし》に聞《き》く。人《ひと》未《い》まだ自《み》ずから致《いた》す者有《ものあ》らざる也《なり》。必《かなら》ずや親《おや》の喪乎《もか》」

曾子がいわれた。「先生からこうお聞きした。『人は自ら真情を出し尽すということはまずない。あるとすれば親が亡くなったときだろう』」

曾子曰、吾聞諸夫子、人未有自致者也、必也親喪乎、

18

曾子《そうし》曰《い》わく、「吾《わ》れ諸《こ》れを夫子《ふうし》に聞《き》く。孟荘子《もうそうし》の孝《こう》や、其《そ》の他《た》は能《よ》くすべき也《なり》。其《そ》の父《ちち》の臣《しん》と父《ちち》の政《まつりごと》を改《あらた》めざるは、是《こ》れ能《よ》くし難《がた》き也《なり》」

曾子曰、吾聞諸夫子、孟荘子之孝也、其他可能也、其不改父之臣與父之政、是難能也、

曾子がいわれた。

「先生からこうお聞きした。『孟荘子《もうそうし》のした親孝行はまねできるものも多いが、まねできないのは喪に服していた三年間、亡父の臣下をそのまま用い、政《まつりごと》のやり方を変えなかったという点だ』」

19

孟氏《もうし》、陽膚《ようふ》をして士師《しし》たらしむ。曾子《そうし》に問《と》う。曾子《そうし》曰《い》わく、「上《かみ》其《そ》の道《みち》を失《うしな》い、民散《たみさん》ずること久《ひさ》し。如《も》し其《そ》の情《じょう》を得《う》れば、則《すなわ》ち哀矜《あいきょう》して喜《よろこ》ぶこと勿《な》かれ」

孟氏使陽膚爲士師、問於曾子、曾子曰、上失其道、民散久矣、如得其情、則哀矜而勿喜、

魯《ろ》の大夫《たいふ》の孟氏が、曾子の弟子の陽膚《ようふ》を司法（裁判）の長に任命した。陽膚は曾子にそのやり方、心得についてたずねた。

曾子はいわれた。

「為政者が正しい道を失っているために、民も乱れてしまってから長くたっている。だから、もし犯罪の実情をつかんだとしても、自分の知力でそれをつかんだことを喜んではならない。それにあわれみを感じるべきだ」

20

子《し》貢《こう》曰《い》わく、

子《し》貢《こう》がいった。

「殷《いん》の紂王《ちゅうおう》は極悪人のようにいわれて

「紂《ちゅう》の不《ふ》善《ぜん》、是《か》くの如《ごと》く之《こ》れ甚《はなは》だしからざる也《なり》、是《ここ》を以《も》って君子《くんし》は下流《かりゅう》に居《お》ることを悪《にく》む。天下《てんか》の悪《あく》皆《み》な帰《き》す」

子貢曰、紂之不善、不如是之甚也、是以君子悪居下流、天下之悪皆帰焉、

21

子貢《しこう》曰《い》わく、「君子《くんし》の過《あや》まちや、日月《じつげつ》の食《しょく》の如《ごと》し。過《あや》まつや、人皆《ひとみ》な之《こ》れを見《み》る。

いるが、紂の不善はそこまでひどくはない。しかし、一度悪徳者という烙印《らくいん》を押されてしまうと、それが拡大して伝えられる。川の下流に水が集まるように、悪の評判が集められ実際以上の大悪人にされてしまう。だから君子は川の下流、つまり悪の評価が集まるような悪い立場にいるのを避ける。世の中の悪がみな、その下流にいる者に集まってしまうからだ」

子貢がいった。

「君子の過ちは、日食や月食に似ている。君子は自分の過ちをごまかしたりしないので、日食・月食のようにだれ

更《あらた》むるや、人皆《ひとみ》な之《こ》れを仰《あお》ぐ」

子貢曰、君子之過也、如日月之食焉。過也、人皆見之、更也、人皆仰之、

22

衛《えい》の公孫朝《こうそんちょう》、子貢《しこう》に問《と》うて曰《い》わく、「仲尼《ちゅうじ》焉《いず》くにか学《まな》べる」子貢《しこう》曰《い》わく、「文武《ぶんぶ》の道《みち》は、未《い》まだ地《ち》に墜《お》ちず。人《ひと》に在《あ》り。賢者《けんじゃ》は其《そ》の大《おお》いなる者《もの》を識《し》り、不《ふ》賢者《けんじゃ》は其《そ》の小《ちい》さき者《もの》を識《し》る。文武《ぶんぶ》の道《みち》有《あ》らざること莫《な》し。夫子《ふうし》焉《いず》くにか学《まな》ばざらん。而《しこ》うし

の目にもはっきり見える。すぐに欠けたところが改められるところも似ている。再び輝きを取り戻した姿を人々は仰ぎ見て尊敬をする」

衛《えい》国の大夫、公孫朝《こうそんちょう》が子貢に、「仲《ちゅ》尼《うじ》(孔子)はどこで勉強したのか」と質問をした。子貢は、こう答えた。「周《しゅう》の文王《ぶんおう》と武王《ぶおう》の道は衰えたといっても、まだ地に墜《お》ちてはいません。人の心の中に生きています。すぐれた人は、その道の大事なところを覚えており、すぐれていない人でもこまごましたことを覚えております。

て亦《ま》た何《なん》の常《つね》の師《し》か之《こ》れ有《あ》らん」

衞公孫朝問於子貢曰、仲尼焉學、子貢曰、文武之道、未墜於地、在人、賢者識其大者、不賢者識其小者、莫不有文武之道焉、夫子焉不學、而亦何常師之有、

23

叔孫武叔《しゅくそんぶしゅく》、大夫《たいふ》に朝《ちょう》に語《かた》りて曰《い》わく、

「子貢《しこう》は仲尼《ちゅうじ》よりも賢《まさ》れり」子服《しふく》景伯《けいはく》、以《も》って子貢《しこう》に告《つ》ぐ。子貢《しこう》曰《い》わく、

「之《こ》れを宮牆《きゅうしょう》に譬《たと》うれば、賜《し》の牆《かき》

つまり文王・武王の道はどこにでもありましたから、先生はそれを学ばれました。先生はだれにでも、どこででも学ばれました。ですから、きまった一人の師の弟子となって学んだというわけではありません」

魯の大夫、叔孫武叔《しゅくそんぶしゅく》が政庁で同僚の大夫にこういった。

「子貢は、先生の仲尼（孔子）より上だな」

子服景伯《しふくけいはく》は、子貢にその話を報《しら》せた。

子貢はいった。

「屋敷の塀にたとえていえば、私の塀の高さはせいぜい肩までといったとこ

や肩《かた》に及《およ》ぶ。室家《しつか》の好《よ》きを窺《うかが》い見《み》る。夫子《ふうし》の牆《かき》は数仭《すうじん》。其《そ》の門《もん》を得《え》て入《い》らざれば、宗廟《そうびょう》の美《び》、百官《ひやくかん》の富《とみ》を見《み》ず。其《そ》の門《もん》を得《う》る者《もの》、或《ある》いは寡《すく》なし。夫子《ふうし》の云《い》うこと、亦《ま》た宜《むべ》ならず乎《や》」

叔孫武叔語大夫於朝曰、子貢賢於仲尼、子服景伯以告子貢、子貢曰、譬之宮牆、賜之牆也及肩、窺見室家之好、夫子之牆數仭、不得其門而入、不見宗廟之美、百官之富、得其門者或寡矣、夫子之云、不亦宜乎、

ろです。だから、部屋の中がきれいなのが覗《のぞ》けるのです。一方、先生の塀の高さは身の丈の数倍もありますから、門を見つけて入るのでなければ、その宗廟《そうびょう》の見事さや多くの役人が並んでいる壮観は見られません。しかし、その門から入ることができる者は少ないのですから、叔孫武叔が言うことも、まあ、もっともでしょう（先生の真価は偉大すぎて、だれにでも簡単にわかるものではない）」

24

叔孫武叔《しゆくそんぶしゆく》、仲尼《ちゆうじ》を毀《そし》る。子貢《しこう》曰《い》わく、「以《も》って為《な》す無《な》き也《なり》。仲尼《ちゆうじ》は毀《そし》るべからざる也《なり》。他人《たにん》の賢者《けんじや》は、丘陵《きゆうりようなり》也。猶《な》お踰《こ》ゆ可《べ》き也《なり》。仲尼《ちゆうじ》は日月《じつげつなり》也。得《え》て踰《こ》ゆる無《な》し。人《ひとみ》自ずから絶《た》たんと欲《ほつ》すと雖《いえど》も、其《そ》れ何《なに》をか日月《じつげつ》に傷《そこな》わん乎《や》。多《まさ》に其《そ》の量《りよう》を知《し》らざるを見《み》る也《なり》」

叔孫武叔毀仲尼、子貢曰、無以爲也、仲尼不可毀也、他人之賢者、丘陵也、猶可踰也、仲尼日月也、無得而踰焉、人雖欲自絶、其何傷於日月乎、多見其不知量也、

叔孫武叔が孔子の悪口をいったので、子貢はこういった。

「そういうことはおやめになったほうがよいですよ。先生の悪口など言えるものではありません。他の賢者はせいぜい丘のようなもので、まだ越えていくことができますが、先生は太陽や月のようなものです。越えていくことなどできません。他人が絶交しようとしたところで、太陽や月が傷つくことはありえません。自らの身の程知らずっぷりを宣伝することになるだけです」

25

陳子禽《ちんしきん》、子貢《しこう》に謂《い》いて曰《い》わく、

「子《し》は恭《きょう》を為《な》す也《なり》。仲尼《ちゅうじ》豈《あ》に子《し》よりも賢《まさ》らん乎《や》」

子貢《しこう》曰《い》わく、

「君子《くんし》は一言《いちげん》以《も》って知《ち》と為《な》し、一《いち》言《げん》以《も》って不知《ふち》と為《な》す。言《げん》は慎《つつ》しまざる可《べ》からざる也《なり》。夫子《ふうし》の及《およ》ぶ可《べ》からざるや、猶《な》お天《てん》の階《はし》して升《のぼ》る可《べ》からざるがごとき也《なり》。夫子《ふうし》の邦《ほう》家《か》を得《え》んには、所謂《いわゆる》之《こ》れを立《た》つれば斯《ここ》に立《た》ち、之《こ》れを道《みち》びけば斯《ここ》に行《おこな》われ、之《こ》れを綏《やす》んずれば斯《ここ》に来《き》

陳子禽《ちんしきん》が子貢にいった。

「あなたは謙遜なさっておいでだ。先生の仲尼があなた以上にすぐれていることなど、ありますまい」

子貢はいった。

「君子は、一言言うだけで見識があるとされ、一言言うだけで不見識とされるものです。ですから、言葉には慎重でなくてはなりません。（先生より私がすぐれているなどとは決して言えません。）先生の及びがたさは、天には梯子《はしご》をかけて昇れないようなものです。もし先生が国政を担当なさっていたら、いわゆる『民の生活を成り立たせよう

たり、之《こ》れを動《うご》かせば斯《ここ》に和《やわ》らぐ。其《そ》の生《い》くるや栄《さか》え、其《そ》の死《し》するや哀《かな》しまる。之《こ》れを如何《いかん》ぞ其《そ》れ及《およ》ぶ可《べ》けん也《や》」

陳子禽謂子貢曰、子爲恭也、仲尼豈賢於子乎、子貢曰、君子一言以爲知、一言以爲不知、言不可不愼也、夫子之不可及也、猶天之不可階而升也、夫子之得邦家者、所謂立之斯立、道之斯行、綏之斯來、動之斯和、其生也榮、其死也哀、如之何其可及也、

とすればすぐに成り立ち、民を指導すれば従い、民を安んじれば集まってきて、民を励ませばみな仲好く暮らす』ということになったでしょう。生前はにぎやかに栄え、亡くなったときにはみなが悲しんだ。こういう方に及ぶことができるでしょうか」

堯曰第二十

I

堯曰《ぎょうい》わく、「咨《ああ》、爾舜《なんじしゅん》。天《てん》の暦数《れきすう》、爾《なんじ》の躬《み》に在《あ》り。允《まこと》に其《そ》の中《ちゅう》を執《と》れ。四海困窮《しかいこんきゅう》し、天禄永《てんろくなが》く終《お》わらん」舜《しゅん》も亦《ま》た以《も》って禹《う》に命《めい》ず。曰《い》わく、「予《わ》れ小子履《しょうしり》、敢《あ》えて玄牡《げんぼ》を用《もち》いて、敢《あ》えて昭《あき》らかに皇皇《こうこう》たる后帝《こうてい》

古代の聖王である堯《ぎょう》が、自らの後継者である舜《しゅん》に天子の位を譲るときに、こういった。

「ああ、なんじ舜よ。天の定めはなんじの身にあって、いま天子の位を継ぐことになる。しっかりと中庸《ちゅうよう》を保って政治せよ。そうせずに天下が困窮することになれば、その天の定めも永遠に消え失せてしまうだろう」

舜もまた、後継者である禹《う》に同じく

に告《つ》ぐ。罪有《つみあ》るは敢《あ》えて赦《ゆる》さず。帝臣《ていしんおお》蔽《おお》わず。簡《えら》ぶこと帝《てい》の心《こころ》に在《あ》り。朕《わ》が躬《み》に罪有《つみあ》らば、万方《ばんぽう》を以《も》ってすること無《な》かれ。万方《ばんぽう》に罪有《つみあ》らば、罪《つみ》は朕《わ》が躬《み》に在《あ》り」「周《しゅう》に大《おお》いなる賚《たまものあ》有り。善人《ぜんにん》是《こ》れ富《と》めり。周親《しゅうしん》有《あ》りと雖《いえど》も、仁人《じんじん》に如《し》かず。百姓《ひゃくせい》過《あや》まち有《あ》らば、予《わ》れ一人《いちにん》に在《あ》り」

堯曰、咨爾舜、天之暦數在爾躬、允執其中、四海困窮、天祿永終、舜亦以命禹、曰、予小子履、敢用玄牡、敢昭告于皇皇后帝、有罪不敢赦、帝臣不蔽、簡在帝心、朕躬有罪、無以萬方、萬方有罪、罪在朕躬、周有大賚、

天子の位を譲るときに、同じ言葉を告げた。

禹の建てた夏《か》王朝には、後に桀《けつ》という暴君が出たため、湯《とう》がこれを討ち殷《いん》王朝が建ったのだが、その湯王はこのようにいった。

「ふつつかなる私、履《り》は、ここに黒い雄牛を捧げて、はっきりと偉大な天帝に申し上げます。罪人である桀は厳正に処罰します。天下の賢人は、これを蔽《おお》い隠すことなく用います。悪人も賢人も、天帝の御心にしたがって私意をまじえません。私の身に罪がありましたら、私を罰して万民は罰しないでくださいませ。万民に罪がありましたら、それは私の身に罰を下してくださいま

善人是富、雖有周親、不如仁人、百姓有過、
在予一人、

すように」

その殷王朝の末期、暴君の紂王《ちゅうおう》が出たとき、それを討った周《しゅう》の武王《ぶおう》は次のようにいった。

「周には天の賜物がある。人材が豊富なのだ。近い親戚よりも、もっと頼りになるのはすぐれた人材だ。また、人々にあやまちがあれば、その責めは私ひとりが負う」

2

権量《けんりょう》を謹《つつ》しみ、法度《ほうど》を審《つまび》らかにし、廃《すた》れたる官《かん》を修《おさ》むれば、四方《しほう》の政《まつりごと》行《おこな》わる。滅《ほろ》びたる国《くに》を興《おこ》し、絶《た》えたる世《よ》を継《つ》ぎ、逸民《いつみん》を挙《あ》ぐれ

秤《はかり》や桝目を正しくし、制度をきちんと定め、必要な官職を復活させれば、四方の行政はうまくゆく。滅んだ国を復興させ、絶えた家を継がせ、乱れた世から隠れていた有為の人材を登用す

ば、天下《てんか》の民心《たみこころ》を帰《き》す。重《おも》んずる所《ところ》は、民《たみ》、食《しょく》、喪《そう》、祭《さい》。

謹權量、審法度、修廢官、四方之政行焉、興滅國、繼絶世、擧逸民、天下之民歸心焉、所重民食喪祭、

れば、天下の人々は帰服する。大切なのは、民であり、食糧であり、喪であり、祭りである。

3

寛《かん》なれば則《すなわ》ち衆《しゅう》を得《え》、信《しん》なれば則《すなわ》ち民任《たみにん》ず。敏《びん》なれば則《すなわ》ち功有《こうあ》り。公《こう》なれば則《すなわ》ち説《よろこ》ぶ。

寛則得衆、信則民任焉、敏則有功、公則說、

寛、つまりおおらかで寛容であれば、人々の支持を得る。信、つまり言行一致であれば、人々から信用される。敏、つまり行動が機敏であれば、功績が上がる。公、つまり公平であれば、人々に喜ばれる。

4

子張《しちょう》、孔子《こうし》に問《と》いて曰《い》わく、「何如《いか》なれば斯《こ》れ以《も》って政《まつりごと》に従《したご》うべき」

子曰《しい》わく、「五美《ごび》を尊《とうと》び、四悪《しあく》を屏《しりぞ》くれば、斯《こ》れ以《も》って政《まつりごと》に従《したご》うべし」

子張《しちょう》曰《い》わく、「何《なに》をか五美《ごび》と謂《い》う」

子曰《しい》わく、「君子《くんし》は恵《けい》して費《ついや》さず。労《ろう》して怨《うら》まず。欲《ほっ》して貪《むさぼ》らず。泰《たい》にして驕《おご》らず。威《い》あって猛《たけ》からず」

子張《しちょう》が先生に、「政治を行なうには、どのようなことが必要でしょうか」とおたずねした。

先生はこういわれた。

「五美を尊び、四悪をしりぞければ、政治を行うことができる」

子張がいった。

「五美、五つの美点とはどのようなものでしょうか」

先生がいわれた。

「適切な恵みを民に与えるが、ばらまきはしない。人を使って労働させても怨《うら》まれない。何かを求めることはあっても、むさぼらない。ゆったりしてい子張《しちょう》曰《い》わく、「何《なに》をか恵《けい》して費《ついや》さずと謂《い》う」子《し》曰《い》わく、「民《たみ》の利《り》する所《ところ》に因《よ》って之《こ》れを利《り》す。斯《こ》れ亦《ま》た恵《けい》して費《ついや》さざるにあらずや。労《ろう》す可《べ》きを択《えら》んで之《こ》れを労《ろう》す。又《ま》た誰《たれ》をか怨《うら》まん。仁《じん》を欲《ほっ》して仁《じん》を得《う》。又《ま》た焉《いずく》んぞ貪《むさぼ》らん。君子《くんし》は衆寡《しゅうか》と無《な》く、小大《しょうだい》と無《な》く、敢《あ》えて慢《あなど》る無《な》し。斯《こ》れ亦《ま》た泰《たい》にして驕《おご》らざるにあらずや。君子《くんし》は其《そ》の衣冠《いかん》を正《ただ》しくし、其《そ》の瞻視《せんし》を尊《とうと》くす。儼然《げんぜん》として人望《ひとのぞ》んで之《こ》れを

るが驕《おご》りはない。威厳はあっても、荒々しさはない。これが五美だ」

子張が、「恵んでもばらまきはしない、とはどういうことですか」とおたずねした。

先生は五美すべてについて詳しく述べられた。

「民が利益と思うことを適切に与える、これが恵んでもばらまきはしないということだ。民にとっての必要性がはっきりした労働をえらんで労働させるのなら、怨まれることはない。求めるといっても仁を求め仁を得るのならば、貪《むさぼ》るということはありえない。君子は、人の多少や、事の大小にかかわらず侮《あなど》るということはないから、ゆったりし

畏《おそ》る。斯《こ》れ亦《ま》た威《い》あって猛《たけ》からざるにあらずや」

子張《しちょう》曰《い》わく、

「何《なに》をか四《し》悪《あく》と謂《い》う」

子《し》曰《い》わく、

「教《おし》えずして殺《ころ》す、之《こ》れを虐《ぎゃく》と謂《い》う。戒《いまし》めずして成《な》るを視《み》る、之《こ》れを暴《ぼう》と謂《い》う。令《れい》を慢《みだり》にして期《き》を致《いた》す、之《こ》れを賊《ぞく》と謂《い》う。之《こ》れを猶《ひと》しく人《ひと》に与《あと》うる也《なり》、出納《すいとう》の吝《やぶさ》かなる、之《こ》れを有司《ゆうし》と謂《い》う」


子張問於孔子曰、何如斯可以従政矣、子曰、尊五美、屏四悪、斯可以従政矣、子張曰、

ていても驕ることはない。身につける衣や冠をきちんとし、目をまっすぐ向け、おごそかにしていると、人々が見て畏敬の念を持つ。これが威厳はあっても荒々しさ、猛々しさはない、ということだ」

　子張がいった。

「四悪、四つの悪いこととは、どのようなものでしょうか」

　先生はいわれた。

「ふだんから民に教育を施さないでいて、悪事をなしたときに死刑にするのは、むごく残酷だ。これを虐《ぎゃく》という。注意をすることなく、いきなり成績を検査するのは不意打ちでよくない。これを暴という。命令はゆるくしていて、

何謂五美、子曰、君子惠而不費、勞而不怨、欲而不貪、泰而不驕、威而不猛、子張曰、何謂惠而不費、子曰、因民之所利而利之、斯不亦惠而不費乎、擇可勞而勞之、又誰怨、欲仁而得仁、又焉貪、君子無衆寡、無小大、無敢慢、斯不亦泰而不驕乎、君子正其衣冠、尊其瞻視、儼然人望而畏之、斯不亦威而不猛乎、子張曰、何謂四惡、子曰、不教而殺、謂之虐、不戒視成、謂之暴、慢令致期、謂之賊、猶之與人也、出納之吝、謂之有司、

期日どおりにできていないとして罰する。これを賊という。当然出すべき民へのお金を出しおしみする。これを有司（財物の出入りを管理するせこい役人）という。これが君子のしてはならない四悪だ」

5

子《し》曰《い》わく、「命《めい》を知《し》らざれば、以《も》って君子《くんし》と為《な》す無《な》き也《なり》。礼《れい》を知《し》らざれば、以《も》

先生がいわれた。

「自らの命《めい》、天命・運命がわからないようでは、君子といえない。礼、社会の規範がわからないようでは、世の中

って立《た》つ無《な》き也《なり》。言《げん》を知《し》らざれば、
以《も》って人《ひと》を知《し》る無《な》き也《なり》」

子曰、不知命、無以爲君子也、不知禮、無以立也、不知言、無以知人也、

で自ら立つことはできない。言、人の言葉の真意がわからないようでは、人を理解することはできない」

解説

『論語』は古典中の古典です。しかし、この書物に読む価値があるのは、ただそれだけによるものではありません。『論語』は、現代日本でまさに「今」読まれるべき本です。

現代日本では、さまざまな問題が山積みになっています。しかし、その根本の原因は、と考えると、それは精神的な拠《よ》り所がない、というところにあると思います。心がゆらぎやすく、折れやすくなっている。心がゆらぐのは、まだいいのです。ゆらぎには、柔軟性という一面もありますから。けれども、「折れる」のはまずい。「精神の基準」がなくなって――なくなってというか、液状化してしまって――その帰結として、経済状況の悪化などという事態が出てくる。逆にいえば、精神の基準があって、それを軸に前を向いて学んでいけば、たとえば国際競争力だって、これはむしろ高まらざるをえないくらいのものです。

では、その精神を培《つちか》う基準というものをどこに求めるか。そのひとつが、『論語』だろうと思います。ことは精神にかかわるものですから、いきなり外からなじみのないものを持ってきたところで、それを培うには足りません。実は、『論語』というのは、すでに日本文化の一部として、われわれの深いところに流れているのです。だから、土壌としてはある。ただ、それを耕すのを怠っていた、というのが現状なのです。問題はそれをどうやって掘り起こすのか、ということでしょう。

さいわい、いまそれをもう一度掘り返そうという気運も出てきました。私も十年前、『声に出して読みたい日本語』（草思社）という本を出しましたが、これも『論語』に代表される素読《そどく》の復権、ということを考えつつ行なった仕事でした。

ところで、『論語』を「精神の基準」とするときに、いちばん核になる考え方というのはなんでしょうか。私は、それは、「学ぶことを中心として人生を作り上げていること」だと思います。今回、『論語』を訳していて、いちばん共感したのも、まずこの点でした。

教育者は、人を教育する、ということ以前に、「学び続けることが生きることだ」と心底考えているということ、そしてそれを自身で実践していることが何よりも重要です。そして、その点、孔子は理想の教育者です。このような教育者は、直接、狭い意味での「教育」をしなかったとしても、その感化力で人を動かしてしまいます。日本でいえば、幕末の吉田松陰《よしだしょういん》なんかもそのタイプの人間でしょう（彼もまた、もちろん『論語』『孟子《もうし》』を読んでいました）。

「学ぶ」ことはひとりではできません。『論語』に特徴的なのは、「やりとり」が多く収められているということです。孔子自身の思想は、もちろんそこに含まれているのですけれども、その思想を体系的に叙述したものではありません。

ある弟子に聞かれたことに対して、孔子がコメントを返す。即興で出てきているのですが、たいへんな鋭さと深さを持っている。それは二千五百年後の現代の日本人に対しても、ぐさりと突き刺さってくるほどのものです。「ああ、これはまさにいまの自分のこのことに対して言っているのだな」という感じを持ってしまう。まるで達人鍼灸師《しんきゅうし》の鍼《はり》のようにツボにくるわけです。

孔子の言葉にある、厳しさと温かさ、そしてときに交えるユーモア。孔子の冗談に、本気で反論する弟子、それに対して、「いや、あれは冗談なんだよ、でもお前がいうとおりだね」とさらに返す孔子（陽貨第十七・4）。ほほえましい場面でありながら、ここにはまた弟子が先生を引き出す、啓発《けいはつ》する、という姿があります。

弟子たちもすばらしく優秀な者揃いというわけではありません。「もういい年だろうに、まだこんな質問をするのか」という場面も何度か出てきます。しかし、それに対しての孔子の、手抜きのない、温かく的確な答え。

自分自身で学び、弟子たちとも議論をする。それによって、お互いに高めあうことができる。孔子はそう考えています。だから人から批判を受けても、「私は幸せ者だ。もし過ちがあれば、誰かがきっと気づいて教えてくれる」（述而第七・30）と心から言える。

そして、やわらかく他者を受け入れていくそういう人格が、学び続けていくことで、「一以てこれを貫く」（里仁第四・15、衛霊公第十五・3）という信念を持つ。信念の強さと柔軟性というのは両立させるのがなかなかむずかしい。それが「学ぶ存在としての人間」という生き方から、ふたつとも力強く出てくる。これこそ、『論語』を訳していて、いちばん伝わってほしい、と感じているところです。

かつては、日本全体が学びの意欲に燃えていた時代、というのがたしかにありました。寺子屋の時代から、明治になって社会的な新しい文物を取り入れようとした時代。しかし、いまの日本で、「一生学び続けたい」という意欲に燃えている人がどれだけいるでしょうか。日本人は、潜在的にはその力を持ち続けていると思います。しかし、それを活性化させるには、きっかけが必要です。孔子とその弟子たちには、学ぶ意欲と教育欲、まるで本能のように内側から突き上げてくる、この力があふれていました。故郷を離れ、他国で流浪の状態にある、そんな逆境の中でも、学びに対しての強烈な意欲を感じさせる言葉を吐く。これは現代のわれわれにとっても強い刺激となって、内なる欲求を呼び覚ますことでしょう。

訳には一年半かかりました。訳は、まずすべて手書きでやってみました。考えながら、時間をかけて紙に書きつける、というのはおもしろいもので、だんだんその人間の肉声を感じられるようになってくるものです。そこで自分の中に形成されてきた孔子の全体像にしたがって、もっともしっくりくる解釈を選びました。一文ずつの正確さに配慮したのは言うまでもありませんが、それと同時に全体の空気も再現するよう努めました。

もちろん、完全な理解に達した、というつもりはありません。しかし、二千五百年離れているのをいいことに、あまり崇高《すうこう》で手が届かないものとしてではなく（弟子の顔回《がんかい》は、孔子の及びがたさについて嘆息していますが（子罕第九・11）、実際に目の前にいたら、それはそうだったでしょう）、はっきりと、共感できる、クリアな人物としての孔子を自分の中に形成させてもらい、それをわかりやすく伝えることを主眼として訳しました。

訳の解釈はいろいろあります。たとえば、「徳は孤ならず」という句がありますの徳目はそれぞれつながっているものであって、バラバラに孤立しているものではない。ひとつの徳が向上すれば、他の徳もそれについてくる」という解釈の方がしっくりくるように思えてきました。
はずだ」というように訳してみたのですが、訳を進めていくうちに、これは、「数々(里仁第四・25)。私は最初、これを「徳のある人間は孤立しない。必ず仲間ができる

これは私の「解釈」ですから、こちらの方が客観的に言って正解だ、というわけではありません。しかし、訳を続けているうちに、不思議なことに自分の中に「孔子」ができてくるのです。

最初は、もちろん、孔子の言葉を弟子の立場で聞くようなつもりで訳していて、その立場自体は最後まであったのですが、それとは別に孔子の気持ちが乗り移ってくるような気がしてくるのです。「こんなことがどうしてわかんないんだ」という苛立《いらだ》ち、「これだけはぜひ伝えたい」という熱意、「世の中はなんでこんななんだろう」という不満、そういう感情が湧きあがってくるのです。孔子というのは、非常に人間くさい

人で、そういう意味では、雲の上の相手ではなく、非常に感情移入がしやすいのです。湧き上がる感情というのが、孔子にはある。もちろんそれはきちんとコントロールするのですけれども、それが一種のミッション、使命感としての感情――『論語』の言葉でいうと「命《めい》」でしょうか――にまで高まってくる。感情というと、普通個人的なものに思われがちですが、そうではなくて、弟子たちに対する、あるいは社会に対する、そして天に対しての使命感というものになる。

そして、それが基になって、さまざまなものに対しての「憤」、いきどおり、を感じる。この「憤」というのは、「発憤《はっぷん》」というときの「憤」です。「憤りを発して食を忘れる」という言葉が、当の『論語』にありますが（述而第七・18）、まさに精神の湧き上がりを人に伝えずにはいられない、そういう人間だったからこそ、人を惹《ひ》きつけることができたのだ、と思います。たとえ、社会的に不遇であっても、その魅力で人が寄ってくる。「人間的魅力」というのは何か、とはなかなか定義しがたいものですが、その優れた例のひとつを、『論語』を読むことによって体験できるのです。

本書の原文は『論語』（世界古典文学全集4、吉川幸次郎訳、筑摩書房）によります。書き下し文については同書を参照しながら、私の解釈で書き下しました。

『論語』の解釈には、古注、新注をはじめ、日本でも伊藤仁斎《いとうじんさい》、荻生徂徠《おぎゅうそらい》以来、それこそ現代の諸訳に至るまで、水準の高い、しかし、それぞれ相異なる解釈がたくさんあります。本書では、それを並列的に紹介するのではなく、あれこれを参照したのち綜合的な判断で訳を作成しました。それぞれの学派による解釈については、ほかの書物を参照していただければ、と思います。

本書は二〇一〇年に刊行された『現代語訳 論語』（ちくま新書）の現代語訳に、『論語』の本文と書き下し文をあわせて収録したものです。

ちくま文庫

論語《ろんご》

二〇一六年十月十日　第一刷発行
二〇二一年四月五日　第七刷発行

訳　者　齋藤孝（さいとう・たかし）
発行者　喜入冬子
発行所　株式会社　筑摩書房
東京都台東区蔵前二―五―三　〒一一一―八七五五
電話番号　〇三―五六八七―二六〇一（代表）
装幀者　安野光雅
印刷所　株式会社精興社
製本所　株式会社積信堂

ISBN978-4-480-43386-2　C0112